# 谁有病？谁有罪？

## IN TWO MINDS

Stories of Murder, Justice and Recovery
from a Forensic Psychiatrist

[英]索霍姆·达斯（Sohom Das）——著
荀晓雅 刘慧宁——译

中信出版集团 | 北京

图书在版编目（CIP）数据

谁有病？谁有罪？/（英）索霍姆·达斯著；荀晓雅，刘慧宁译. -- 北京：中信出版社，2025.8.
ISBN 978-7-5217-7876-2
Ⅰ. D919.3
中国国家版本馆 CIP 数据核字第 2025SA3702 号

In Two Minds: Stories of Murder, Justice and Recovery from a Forensic Psychiatrist by Dr Sohom Das
Copyright © 2022 by Dr Sohom Das
The moral right of the author has been asserted
First published in the United Kingdom in the English language in 2022 by Sphere,an imprint of Little,Brown Book Group,London
Simplified Chinese translation copyright ©2025 by CITIC Press Corporation
ALL RIGHTS RESERVED
本书仅限中国大陆地区发行销售

谁有病？谁有罪？
著者：　［英］索霍姆·达斯
译者：　荀晓雅　刘慧宁
出版发行：中信出版集团股份有限公司
　　　　　（北京市朝阳区东三环北路 27 号嘉铭中心　邮编 100020）
承印者：　河北鹏润印刷有限公司

开本：880mm×1230mm　1/32　印张：10.5　字数：226 千字
版次：2025 年 8 月第 1 版　印次：2025 年 8 月第 1 次印刷
京权图字：01-2025-2954　书号：ISBN 978-7-5217-7876-2
定价：59.00 元

版权所有·侵权必究
如有印刷、装订问题，本公司负责调换。
服务热线：400-600-8099
投稿邮箱：author@citicpub.com

献给我的妻子和知己里兹玛，
以及我的两个小家伙，卡姆兰和拉雅安。

# 目录 Contents

（本书自"作者的话"至第17章由刘慧宁翻译，第18章至最后由荀晓雅翻译。）

作者的话　　　　　　　　　　　　　　I
序言　　　　　　　　　　　　　　　　III

## 第一部　戒备医院

第1章　源起　　　　　　　　　　　003
第2章　我的所为与不为　　　　　　013
第3章　所有恐怖分子都需要看精神科吗？　019
第4章　上班挨打　　　　　　　　　026
第5章　潜伏在心中的恶魔　　　　　036
第6章　是疯还是坏？　　　　　　　051
第7章　搅浑的伦理之水　　　　　　065
第8章　最荒诞的互动　　　　　　　075
第9章　熔岩洗礼　　　　　　　　　086
第10章　微观视角下的精神科戒备病房　093
第11章　为什么就是不想出院？　　　106
第12章　抓住绳子　　　　　　　　　122
第13章　可怕的隔离室　　　　　　　132
第14章　疑虑重重　　　　　　　　　140

## 第二部　监狱

第15章　狱中的精神科医生　　147

第16章　当精神病在深处酝酿　　157

第17章　赶走投机分子　　164

第18章　被蒙骗　　176

第19章　故意自残和自断后路　　183

第20章　监狱精神科医生面临的障碍　　195

## 第三部　法庭

第21章　牛仔专家　　207

第22章　胡言乱语的精神病学家　　215

第23章　半疏离　　225

第24章　谋杀的念头　　236

第25章　本性难移的杀手　　246

第26章　黑暗的现实　　255

第27章　骨子里的幽默　　263

第28章　控制戏剧性行为　　268

第29章　困惑　　277

第30章　心灵创伤者的精神科医生　　285

第31章　诱捕猎食者　　295

后记　　309

致谢　　317

## 作者的话

除了那些已经公开的案例，本书中的人物，包括患者和我的同事，都被进行了匿名化处理。我有意更改了他们的姓名和一些人口统计细节，以降低他们的可识别性。有时，我会将多个案例合并为一个案例来呈现。所有这些都是为了维护患者的隐私，也是出于对受害者及其家属的尊重。然而，我所有故事的本质都是完全真实的。(我的妻子和孩子都是真实存在的！)

# 序言

那天狂风大作。一行人——身着制服的警察，西装革履的事务律师和黑袍加身、头戴假发的大律师——在踏入老贝利街的一刹那，便毫无准备地被骤风伏击了。我差不多是两小时前到的，整个上午都在外面的街道上来回踱步。我无法自拔地一遍遍读着我的法庭报告，一根接一根地抽着烟，试图把自己从恐惧的情绪中拉出——在谋杀案审判中做证，似乎是戒烟后复吸的好理由。别说蝴蝶了[1]，我觉得我肚子里都有蝙蝠了，老贝利街的浮华矫饰更是加剧了它的存在感——那儿有柱子、雕像、石刻，还有拉丁语铭文。

终于轮到我站上证人席了，我穿着全新笔挺的西装，无视汗水顺着后背滑落。我开始宣誓："我郑重地、真诚地、如实地声明并确认，我将提供的证据是真相，全部是真相，只有真相。"我深

---

[1] 紧张或焦虑的感觉，通常被比喻为"蝴蝶在肚子里飞舞"。——编者注

吸一口气。等待着大律师和法官长枪短炮的交叉询问时,我喝了几口水,感觉自己像水源处的一只瞪羚,一边关注着逼近的狮子,一边心惊胆战地饮水。

那时我是个初级医师,我必须把所有的重要决定都交给领导——我们组的主任医师——来做。但是,我老板意识到这宗案例无疑会是一座知识金矿,能让我学习到司法精神病学领域最微妙的东西,所以他把这宗案子交给了我。我提交法庭报告几周后,法庭传唤我为一宗谋杀案的庭审提供言辞证据。如今,作为专家证人出庭已是我的专长,但那时我毫无经验。

站在证人席上时,我深刻地认识到司法精神科医生的鉴定有多重要。虽然我们出具的意见不具有法律约束力,但是我们的观点会很大程度影响法官的判断。在交叉询问中,如果证据背后的工作没有做到位,会产生重大的、持续的不良影响。我们的话语可以改变身处被告席之人的命运。我们可以将失去行为能力的、脆弱的、无力发声的人引导向康复和自新之路,远离监禁的一生。而我们如果判断错了,就可能让罪犯逍遥法外。

大多数精神病人并不具有暴力倾向。大多数暴力的罪犯都未患精神疾病。但一旦这两个世界碰撞在一起,结果可能是灾难性的。在老贝利街的这宗案件里,一个过往品行良好、没有反社会行为历史的前程似锦的年轻女学生,竟然在一次精神错乱发作中杀死了一个学步年龄的儿童,永远撕裂了一个家庭的结构。有一群人,他们面对那些因精神病症状导致暴力的人,他们的工作职责是对这些人进行评估、治疗和使其康复,他们也是在预防未发生的暴行,保护公众不受伤害。我就是其中一员。

我的职责是评估、风险预测、治疗和提供康复服务,业内我们将施术对象称为"有精神障碍的罪犯",但是八卦小报可能会将其叫作"犯罪的疯子"。我面对的对象通常会攻击人、抢劫、捅伤人、放火和强奸,有些甚至会杀人。他们的行为往往受偏执和妄想的驱使。有些人会听到命令他们实施这些暴行的声音。大多数人还伴有并发问题,如吸毒和酗酒,或有严重而普遍的性格缺陷,如缺乏悔恨感、道德感或同理心。这可能导致他们习惯性地撒谎,或冒犯、攻击、操纵和冷漠对待他人。这些特征被统称为"人格障碍"。

司法精神病学也是一个充满着同情心的世界。我的病人都属于受伤最深、最脆弱的人群,他们自己曾经也是受害者。在他们的童年时期,虐待就曾一次或多次出现。此外,他们还背负着双重污名:心理疾病和犯罪。在确认这些人的身份后,我们这些司法精神科医生负责在安全的精神病院内对他们进行康复治疗;我们深入分析他们的生活,试图了解他们犯罪的具体情况和原因,从而确定他们的危险系数。我们用数年甚至数十年的时间消除可消除的危险。我们努力为他们提供重新融入社会的最佳机会,而这个社会最多也只是希望能够忽视他们,甚至希望把他们关起来并扔掉钥匙。

她的名字叫亚丝明·卡恩。她用枕头闷死了自己两岁的侄子。

她相信自己是在为他除魔，他会醒过来的。她是我最初接手的其中一个刑事罪犯，也是因为她，我第一次踏进老贝利法庭。自那时起到现在，我已经经手了数百次的评估，治疗了大量的精神疾病罪犯。在接触了大量的重罪行为和残暴的细节之后，我很容易变得麻木。然而，有些案件却永远铭刻在我的脑海中。有的暴力行为令人震惊，或是毫无意义；有的受害者特别脆弱或是完美受害者，有的施暴者也是如此。有时，诊断模棱两可，难以捉摸。亚丝明的案例就包含了以上这些情况。

对于司法精神科医生而言，有四个天然栖息地可以落足，我们往往同时在其中的一到两个栖息地内进行工作。最常见的工作场所是戒备精神病院，我们在防越狱的、由指纹激活的、工业强度级别的巨大磁性门后面，被高大的铁丝网围绕。这些医院是为高风险患者准备的，安全至关重要，工作人员要高度警惕可能出现的攻击或躁动。我们中的一小部分人在社区心理健康小组工作，在病人从戒备精神病院出院后对他们进行跟踪反馈，帮助他们重新融入社会。这些工作让我们在精神科医生（以及所有其他医生）中显得独一无二，因为我们的任务还包括确保患者周围人的安全，如朋友、家人、身边的陌生人。他们是未来的潜在受害者。

司法精神科医生工作的另一个常见环境是全国各地的监狱内部。在这里，恐怖的尖叫声和满是脏话的抗议声不绝于耳，精神健康问题也十分普遍。在这里，我们通常是精神健康内部小组的一员，我们通常负责精神疾病临床诊治，并监管医疗中心的病人——这里的医疗中心就像是监狱内的病房,为那些饱受精神病折磨、需要最高级别治疗和观察的可怜灵魂而设。

我们的另一个工作场所是刑事法庭,或作为会诊联络和分流小组的一部分,或独立开展工作。在这里,我们的任务是在被告与法官会面之前对他们进行评估,包括从警察局(如果他们刚刚被捕)、社区(如果他们被保释)或监狱(如果他们被还押候审)来到法庭的被告。我们会识别那些有严重精神健康问题或其他弱点(如有学习障碍或物质滥用史)的人,并为他们联系上相应的医疗或社会护理服务。在极少数情况下,如果被告的精神状况极度不稳定,无法与这些社会机构合作,我们会将他们转送至戒备精神病院,对他们进行隔离。

有些司法精神科医生还从事专家证人的工作,这主要是私人工作,与上面描述的职责不同。作为专家证人,我们的职责是就一系列法医学问题向刑事法庭提供建议,如个人的精神状态是否可以作为理由完全免除他们的刑事责任(以精神失常作为无罪理由),或将谋杀指控降级为过失杀人(减轻罪责)。我们要确定哪些人需要紧急送往专科精神病院,那里是治疗最危险的精神病患者的地方,空间有限,而且康复治疗是探究性的,强度高、持续时间长。所有这些法医学问题以及更多问题,都出现在了亚丝明案这个异常棘手且复杂的案件中。

那天,在老贝利法庭上,出庭的大律师反对我的建议,既反对我出具的精神病辩护意见,也反对对亚丝明案的处理建议(即监禁还是住院）。她力主判处亚丝明终身监禁，但她不是在争辩精神健康法中的细微差别，也不是在质疑亚丝明那份诊断的有效性（确实存在不确定性）；相反，她试图攻击我作为专家证人的可信度，反复提起我有限的经验。如果我没听错的话，她说话时在强调"初级医师"中的"初级"，在确认了我的职位后不断提及这个词。她咄咄逼人，故意从我所说的话中做出无关紧要、不完全切题的推断，让我自相矛盾，并经常打断我的话，试图让我感到不安。但她只是在努力尽到自己的职责，我知道这一点。教父[1]曾言："这不是私人恩怨，完全是公事。"我的优势在于，我花了几个月的时间来评估亚丝明，我熟悉她的案件。大律师试图通过诋毁我的名声来一招制敌，这也在情理之中。我坚持己见，她则提出了一些诱导性的问题。我逻辑严密、中立地回答了这些问题。她对我所受的训练进行了误导性的推论。我予以回击。这是一场官方场合中冗长又重复的、消极攻击式的智力较量，由一位面部僵硬、铁面无私的法官监督。我想这也是他所受的训练吧。在证人席上，我的状态突然发生了变化：不仅最初的焦虑消散了，而且奇怪的是，我竟然开始享受这种感觉——西装革履、假发长袍、无关紧要的拉丁语，所有这一切的庄重感。再加上一点，我正在赢得这场辩论。

我现在依然能在脑海中完整地想象出亚丝明的样子。她那张

---

1 电影《教父》中的人物，该片改编自同名小说。——译者注

像老鼠的脸，她的辫子，她那挑动的眉毛。她的笑容空洞得骇人。至今，她的案件仍然是我职业生涯中最令人揪心的案件之一，而处理这宗案件的过程也是我投入最多情感的人生经历之一。这个病例给我留下了太多的疑问。当时，我和妻子正考虑在未来几年内组建自己的家庭。花了那么长时间建立起来的如此珍贵的东西，真的会在一瞬间化为乌有吗？一旦亚丝明的精神脑雾散去，她还能接受自己的所作所为吗？她的家人能原谅她吗？她能重建自己的生活吗？为了找到答案，我知道自己必须深潜进这个我才刚涉足的专业领域。但对我这样一个初级医师来说，这也是一次绝佳的学习机会，我非常感谢我的主任医师信任我，让我接过了缰绳。

在老贝利的经历让我明白了一些道理。蝴蝶和香烟都不是必要的。我会成为一个相当有水准的专家证人。考虑到未来要接受交叉询问，我的一些同行感到恐惧，我却乐在其中。在遇到这个案子之前，我对自己是否适合从事司法精神病学相关工作还有些怀疑。然而，在证人席上的经历唤醒了我内心的某些东西。这就是我想做的事。我还认识到，我需要学习的东西还有很多。我也确实在学习。我经历了数百起案件以及相应的评估和交叉询问，理清了一连串暴力袭击案、谋杀案和强奸案的头绪，才走到这一步。

第一部

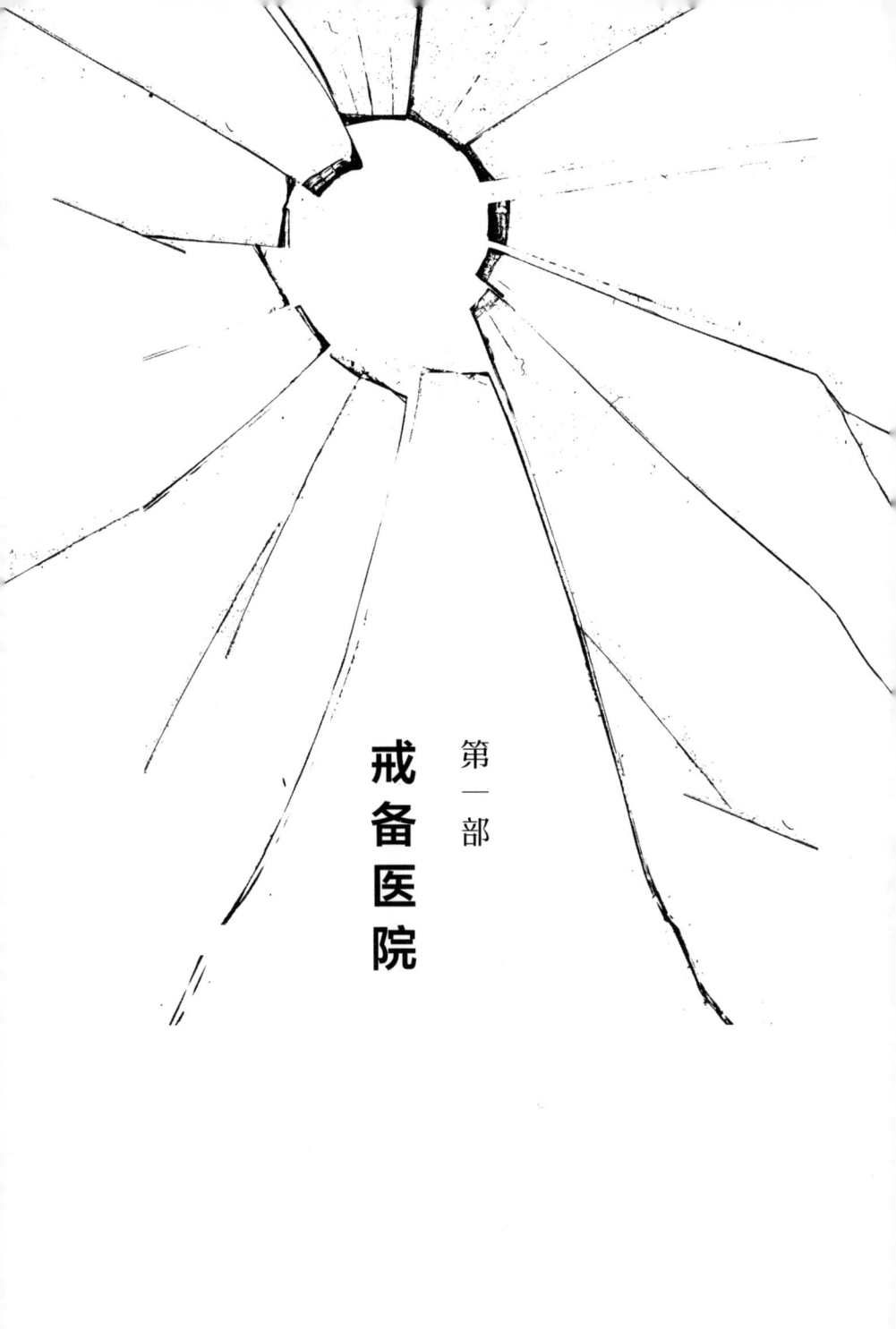

**戒备医院**

# 第 1 章
# 源 起

早在接触精神病学前,我就对犯罪研究感兴趣了。实际上,最先是说唱,再是犯罪研究,再是精神病学。从20世纪90年代我青春期早期开始,我就会满怀敬畏地坐着听柏山(Cypress Hill)、痛苦之家(House of Pain)和武当帮(Wu-Tang Clan)[1]光明正大、毫不羞耻地说唱着贩毒、打人甚至杀人的故事。这些艺术家让我对犯罪着迷,但让我大开眼界的是史努比狗狗(Snoop Doggy Dogg,后来他去掉了"Doggy",也许是觉得过于幼稚)。德瑞博士的制作大胆,突显放克元素,而史努比狗狗传达的信息更明确。这个如今在好莱坞电影中客串演出、在即食(Just Eat)快餐店广告中大摇大摆的男人,毫不隐讳地唱出他喝杜松子酒和果汁,吸食大麻,为一点小事或无缘无故就杀人,与各种易被引诱的女性发生肉体关系,但不会在第二天有礼貌地给她们打电话。当然,我现在不能容忍这些极度厌女、极度暴力的观点,但在当时,他传达信息的那种大胆态度,而非内容,让我对他的音乐深

---

[1] 均为嘻哈乐队。——编者注

度痴迷（父母在家时音量要调小，因为他们不能容忍脏话）。

  这一切的大胆态度让我痴迷。我在柴郡一个名叫波因顿的村庄长大，这是个枯燥乏味但也许有些田园氛围的村庄，我的家庭对我保护有加，家教更是严格。在那里，一根能荡很高的绳索秋千可能就意味着危险。警笛声、帮派争斗和监狱内的刺杀都仿佛属于离奇的奇幻世界。

  我的母亲曾是一家生产耳塞的公司的秘书，后来又成为一名大学讲师的秘书。我的父亲是一名化学工程师，他的工作非常奇特，是为香烟配制致癌物质更少且干燥更快的胶黏剂。他们各自在20世纪60年代初从印度来到伦敦，在众多兄弟姐妹中，他们的婚姻是独一无二的，因为他们是一对自由恋爱的夫妻，而不是包办婚姻。他们遭受了公然的种族歧视。无数次，门在他们面前"砰"地关上（既是比喻，也是字面意思），他们渴望融入和被接纳，最终他们获得了成功，有了地位。像所有印度父母一样，我的父母对我和姐姐的未来有着执着的追求。我很聪明，对理科也很有兴趣，因此，尽管我当时还不成熟，坦率地说也无同情心，但他们还是逼着我去医学院学习。他们来自一个无福利的国家，因此对他们而言教育至关重要。这可能将决定你未来是享受舒适生活还是饿死街头。他们会让我每天额外学习几个小时，以赶上同龄人和学校课程。我现在明白了他们的良苦用心，是他们的支持和鼓励，而非我那不温不火的学习兴趣，将我推进了医学院的大门，甚至推向更远的地方。我只在意骑行运动，后来又一门心思研究武术和电子游戏，甚至还开始用假身份证买酒、混迹于派对中。

  和许多同龄人一样，我在刚上中学时开始对暴力电影情有独钟。在超级任天堂上推出的《街头霸王2》(*Street Fighter II*)更是让我对暴力入迷，对我来说，那是人类造火之后最伟大的发明，甚至可以说是比火更伟大的发明。现在，我的厨房里摆放着一台全尺寸的《街头霸王2》街机：那是我妻子的眼中钉，我的掌上明珠。我对故事情节和角色发展的品味从来就没什么进步，所以在我看来，尚格·云顿不仅演技尚可，而且他的720°旋转踢也令人惊叹。虽然我的父母在宵禁、我的玩伴、课外活动和经济独立方面的要求比一般父母严格得多，但令人费解的是，他们完全没有任何顾虑就允许我从十几岁起每周五晚上从百视达录像店（愿它安息）租借仅限18岁以上人群观看的录像带。是暴力吸引我进了百视达录像店，《机械战警》(*Robocop*)、《终结者2》(*Terminator 2*)和《街区男孩》(*Boyz n the Hood*)在我幼小的心灵中留下了深深的烙印。它们一次次将我从枯燥乏味的、如课本般沉重的生活拉进幻想的领域，那时我根本不知道20年后我会时常与暴力罪犯擦肩而过。

　　1997年，为了尽可能远离沉闷的柴郡，18岁的我进入爱丁堡医学院学习，一直到24岁。我拥有和唱诗班男孩一样的街头口碑，但唯独没有重塑自我的决心。我在漫无目的中完成了学业。我和我朋友们的态度可以说是并不典型的：我们没有把大学当成学习专业技能和拓展社交的殿堂，而是当成了一场持续数年的狂欢盛宴，偶尔会因为要参加讨厌的讲座和临床培训而感到不便。达到合格的出勤率是避免被踢出课程的基础条件。如今，学校对出勤率的监督严格得多，但在我那个年代，在极少数需要签到的情况下（比如解剖学实操课），我们会选一个相当于"聚餐中的指定司机"的"签到专员"——这位壮士得挣扎着从床上爬起来,强忍宿醉折磨,在签到表上签下我们所有人的名字。在我难得上解剖课的那几次,我看到了死尸却并没有留下深刻印象。它们看起来和闻起来都那么不真实,由于被甲醛浸泡过,皮肤褪了色,我很难接受它们曾经是活生生的会呼吸的人。我的行为(或缺乏行为)造成了一些影响。一年级时,我的考试几乎全部不及格,我不得不在暑假补考,差那么一丁点儿(99微米,感谢解剖课)就要留级一年了。我决心认真对待学习,更加努力地读书。二年级开始,老实说,我的同学们一回来,我的决心就减弱了。尽管如此,我在本科余下的学业中至少没有颓废得更严重。现在回想起来,我那时完全不成熟。现在,40岁出头的我对工作充满激情,干劲满满。但在医学院时代,我的心态还停留于青春期。唯一不同的是,那时我不再有父母的宵禁,买酒也不再需要假身份证。

我在医学院中途休学一年,攻读药理学硕士。我很想说我对这个课题感兴趣,但实际上,我只是不想那么快成为初级医师。进入四年级时,我已经22岁,第一次接触精神病学。我被分配到爱丁堡一家医院的会诊联络精神病学团队实习,我立刻对这个专业产生了兴趣。这里的医生和护士对所有医科学生都非常热情友好。这与我的其他一些实习经历形成了鲜明对比,在那些实习中,资深医生把我们当成一直徘徊在身后的顽固胀气,我们大多不敢与医生进行眼神交流,更不用说问任何医学问题了。

以往的临床培训,我都是满嘴跑火车蒙混过关,这一次的精神病学实习也一样,我打算在最后几周内把所有的考试内容都补上。然而,出乎我意料的是,我虽在临床知识方面有所欠缺,但我的共情能力和沟通技巧却弥补了我的劣势。比如，有的病人在服用过量的对乙酰氨基酚后前来就诊，在完成了基本的风险评估和必要的医疗处理后，他们需要有人倾听他们的问题，而不是对他们妄加评论。我可以做到这一点！

老实说，我的同理心在此之前从未受到过真正的考验。我的朋友和家人从未经历过什么悲剧；我身边没有人去世，而且我在一个典型的坚韧的亚洲家庭中长大。这是我第一次遇到真正有问题的真实的人。虐待、贫困、酗酒、无家可归、关系破裂，当然还有精神疾病。我曾隐约意识到这个世界的存在，但在此之前，它就像史努比狗狗的街头飙车和帮派地盘争夺战一样离我很遥远。但在这里，我确实可以有所作为。

在实习的后期，我被派驻到几个不同的精神科病房。我与数十名精神病患者交谈过，并立刻被他们的故事和"经历"所吸引，其中一些故事和"经历"超越现实。听他们讲述他们的妄想，有时让我感到荒诞，甚至感到害怕，但我又总是痴迷其中。我很快就发现，和他们一起面对这些离奇"经历"时，共情和鼓励之间存在着微妙的界限。有一个酒馆老板相信自己在缩小，最终会消失。一位前大学教授相信自己是埃及艳后转世。一个骨瘦如柴的厌食症少年，认为自己体重超标而深感羞愧。最触动我的病人是一位名叫弗蕾达·米利肯的中年教师，她在七个月前遭遇了一场可怕的车祸，这场车祸夺去了她十几岁儿子的生命。她是被丈夫送到急诊室的，因为她已经三个晚上没有睡觉了。我从未见过如此悲伤的人。由于我在前几周的病房工作中表现出了敏锐的洞察力和灵活的反应能力，负责该团队的精神科医生波特允许我在无人督导的情况下独立地对她进行全面评估。虽然我对前一天评估过的酒馆老板产生了一些同情和共鸣,但他的精神病症状太离奇、太诡异了,对我来说,就像那些尸体一样不真实。弗蕾达的情况则不同,她经历的事可能会发生在任何人身上,也可能发生在我身上。

弗蕾达描述说,她每天都要经历好几次"肚子里有一个气球爆炸"的感觉,这与翻车时她经历的感觉相似,她还描述了儿子的鲜血在破裂的挡风玻璃上滴落的画面。她告诉我,她"被困在那一天的重演中",不得不"一遍又一遍地生活在那一天"。她报告的其他症状和行为还包括:经常感到悲伤,觉得太累而无法照顾好自己或做家务,无法跟上谈话,甚至跟不上电视画面的节奏。她的丈夫强迫她去玩宾果游戏,在事故发生前,她每周都会去玩。

她告诉我:"那段时间很悲惨,没有任何快乐的情绪。因为那件事,感觉所有人都在盯着我看。我迫不及待地想回家。"

弗蕾达害怕离开家。她害怕看到十几岁的男孩,尤其是又瘦又高、头发蓬乱的男孩,这些男孩让她想起了自己的儿子。只要看到他们,她就会陷入沮丧,并且接下来数小时都会有天旋地转的视觉影像侵入大脑。

她说到此处,泪水夺眶而出。我握着弗蕾达的手,给她递纸巾。我不停地对她说我很遗憾。一种陌生的冰冷的感受爬上了我的胸口,我从未有过如此强烈的怜悯之情。我将最近熟背的心理访谈模板放在一边,本能地转变了话题,开始询问她儿子的情况。一连串关于精神病症状的问题太公事公办、太冷酷,不适合此时此刻。他的性格是怎样的?他喜欢什么音乐?他最喜欢吃什么?他的名字叫安格斯,但他的伙伴们都叫他"蒙戈斯"。他17岁,痴迷于嘻哈音乐和电子游戏，是我心目中的好孩子。他最珍爱的东西是他最近新买的"转盘"（黑胶唱片机）。他放学后在当地的斯科特米德连锁超市做兼职，大部分时间和金钱都花在了罕见珍贵的唱片上。她越是描述自己的美好回忆，啜泣之间的间隔时间就越长。后来，我温和地进行了必要的询问。大约10年后，我成为一名在精神病学领域接受培训的初级医师，有人教我如何在谈话中巧妙地插入问题，而不只是单纯地罗列问题。那时，当我和弗蕾达谈论"蒙戈斯"时，我并没有意识到这一点，但我凭直觉这么做了。

后来，当我向波特医生汇报病例时，我能够将弗蕾达的描述匹配上实际的症状。我陈述时，教科书上的信息片段在我脑海中翻腾，一盏诊断灯闪烁着。她看见的那是闪回！

"这些问题持续的时间太长了，无法解释为典型的悲伤，"我边喝咖啡，边对波特医生说，"这位女士患有创伤后应激障碍。"

波特医生是我遇到的第一位允许在查房时喝咖啡的医生，而且他还为整个团队买了咖啡。我不禁想：所有的精神科医生都这么好吗？

"很好。还有什么呢？"

"我认为她患有临床抑郁症。呃，最开始是一种适应障碍，但已经发展成了临床抑郁症。"

"你的依据是什么？"

"她缺乏活力和动力，难以集中注意力，也许还有快感缺失（anhedonia）？"我说的最后一种症状是对以前会做的活动缺乏兴趣，这是抑郁症的核心症状。

"有什么合适的治疗方案？"

我开始滔滔不绝地报答案，自己都感到惊讶："认知行为疗法、眼动脱敏与再加工疗法、抗抑郁药。"

"哪种抗抑郁药是被批准治疗创伤后应激障碍的？"

"呃……帕罗西汀？"

"不错。"波特医生点头说。

"我认为她还患有广场恐惧症。她不敢出门。"

"且慢，我认为弗蕾达的回避行为与她的创伤后应激障碍有关。一有事物让她想起儿子，她就会闪回，所以她会回避。"

这确实更说得通。

"记住，精神病学不应该过于复杂。不必要的诊断只是给人贴上了标签，却很少能帮上忙。简洁才是关键。"

简洁。我就是这样的人！我想。

走出病房，我百感交集。我尝到了弗蕾达的痛苦，瞥见了现实世界的艰辛，这些逐渐渗透进我毫无价值的狂欢式的学生生活。与此同时，我也体验到了一种全新的感受。我感觉自己像一名医生了。

我逐渐意识到，仅有精神病学等少数几个医学专业是这样的（我也愿意将全科医生划进这一类别），在其中，个性和床边礼仪不仅是锦上添花，而且是必不可少的素质。你会希望你的心胸外科医生和你交谈时和颜悦色、彬彬有礼，不过只要他能成功做完心脏手术，其他的一切就显得不那么重要了。精神病学则不同，在我看来，与其说这是一门科学，不如说这是一门艺术。如果你希望病人接受你进入他们非常私密，有时甚至是充满妄想的内心世界，而不是拒绝你，其中的关键就在于沟通技巧和共情能力。

另一个相对不那么重要的启发是，跟我的医科同学相比，在与病人建立联系、了解他们的症状方面，我和他们做得一样好，甚至经常比他们更擅长。我开发了一种技能，能让人在我面前感到轻松，无论他们来自怎样的背景，有着怎样的人口统计特征：从患有精神分裂症的年轻帮派成员，到为了报复出轨的男友而服药过量的少女，再到患有阿尔茨海默病的老妇人。我可以吸引他们，解除他们的防备，用隐秘的策略引出他们的情绪。那些勤奋学习、在考试中碾压我和我朋友们的医科生，往往在沟通技巧方面显得十分呆板。大学四年里，我（有时汗流浃背，有时赤裸上身）在那些有人打着鼓、弹着贝斯的俱乐部里与许多陌生人随机地聊过天，那些不拘小节的对话让我感到放松，也许正是那些对话对我产生了影响。

随着自信心的增强，我对学习产生了渴望。我被所有这些奇怪的症状所吸引，从紧张症到思维中断和思维奔逸。奇异的病例让我深深着迷。这是我有生以来第一次为了自己而学习，我不再是为了安抚父母，或是在迫在眉睫的考试的阴影下学习。我所学到的每一个精神病学征兆、症状和综合征，都将成为新一块最终揭示诊断结果的潜在拼图。我还想熟识难以计数的药物，及其对受体、神经元和神经递质的影响，以扩大治疗方案的选择范围。

24岁那年，我拿到医学学士学位。我并没有立即投身于精神科医生的职业生涯，我觉得我在这个系统里还有些乐子可以找。我去澳大利亚游历了18个月，在急诊科和精神科病房轮班的间隙，我沉浸在澳大利亚的生活方式中。我的意思是，我穿着网眼背心、喝着迷你瓶装的啤酒、吃烧烤、在海滩上玩耍（不过，我显然不需要晒太阳来美黑)。当然,在求职面试时,我说我中断培训是为了开阔视野,体验不同的文化,也是因为我想沉浸在一个迥然不同的心理健康体系中,从而真正客观地赞赏我们体系的独特性。但事实上,我不能否认,我也是在以此躲避一系列我无法逃避的考试,如果要在精神病学专业等级系统中跃升,包括成为英国皇家精神科医学院成员,就必须参加这些考试,该学院是一个负责教育和培训的专业机构,同时参与制定并完善英国精神科行业标准。在治疗精神病罪犯之前的几年里,我在个人生活中做出了数个重要的承诺,并成功实现了重要的目标。也许这也让我不想过早地投身于事业。我30岁了,在伊斯灵顿区买了一套公寓,谈了恋爱,结了婚。我甚至还镶了一颗金牙,文了第一块文身。

2010年,当我第一次进入司法精神病学的世界时,我总算通过了之前一直在逃避的考试。当时我是资深住院医师的核心培训生,这是医科毕业生的初级职位,我们已经完成了在内科和外科病房作为"受气包"的强制服役期。培训内容包括在不同病房和门诊的多个精神健康亚专科进行为期六个月的轮岗实习。在这之后,我才开始接受更高层次的培训,并作为专科执业医师(我将接受高级培训,以成为一名主任医师)专攻治疗男性精神障碍患者。用早餐来比喻,资深住院医师培训就像一个品种丰富的套餐,而专科执业医师的职位则像是一大盒松脆可口但相当单一的食物。

当我开始为期六个月的司法精神病学实习时,朋友和家人经常会问我将要做的工作涉及什么。我必须承认,即使在我进行核心培训时,我也并没有完全理解这个领域的工作内容。我甚至还将电视上呈现的一些幻想场景当成了真的。

# 第 2 章
# 我的所为与不为

精神科医生负责评估、诊断和治疗精神疾病。就像外科医生专攻身体的不同部位一样，精神科也有许多亚专科的医生。每一类医生都擅长治疗特定类别的精神疾病，难以罗列。普通成人精神科医生是最常见的类别。此外，还有老年精神科医生和成瘾问题治疗专家。司法精神科医生与其他精神科医生不同；我们负责评估、治疗和改造罪犯，通常面对的是暴力犯罪和性犯罪的罪犯。对黑帮说唱乐和暴力电影有着病态迷恋的人可能会向这个领域靠拢。在刑事审判中，我们有时也会作为专家证人，针对有精神问题或被怀疑有精神问题的被告人，向法官和陪审团提供建议。

包括我自己在内的大众都认为司法精神科医生会去犯罪现场，但我很快就了解到，事实相反，司法精神科医生与此无关。电视上，疲惫不堪的谋杀案探员可能会喝一大口咖啡，然后向手下询问子弹的"司法鉴定结果"，而非常迷人的迪克·范·戴克可能会去当地的停尸房，询问尸体的"司法鉴定结果"，但其实他们询问的分别是弹道学检查结果和病理学检查结果。"司法鉴定"（forensics）一词通常与破案捆绑在一起。该词来源于拉丁语

"forēnsis"，意为"在集会前"；在罗马时代，刑事指控会在公众面前进行集会讨论，这就是现代刑事审判的前身。这个词一般囊括了普遍意义的犯罪、法律制度和法庭。在精神病学中，它将精神疾病和犯罪行为并置。其背景通常是借由事后检查证据来确定罪犯在犯罪过程中的精神状态。该分支解读一个人未来制造暴力的风险系数，并通过长期密集的康复和治疗来降低风险系数。所以，**除了破案之外，几乎什么都可以做**。

我们无法弄清楚芥末上校[1]是否在厨房里用烛台杀死了李子教授，但在他被起诉后，我们可以弄清楚是哪些人格特质和精神病症状促使芥末上校做出如此暴力、冲动的行为，并确认他是否负有刑事责任，对他进行改造，让他能够安全地重返社会。

犯罪侧写也不在司法精神科医生的任务表上。犯罪侧写是指确认可能的嫌疑人的特征，以协助警方，或将可能由同一犯罪者所犯的案件联系起来。它还涉及预测在逃罪犯的未来行动（根据我看过的电视剧，有时是通过心灵感应）。

"从他嘲弄侦探的方式来看，这个人是个自恋狂，可能在广告业工作。"

"他的犯罪行为在不断升级，而且越来越肆无忌惮。局长，我想他的下一次袭击会是在光天化日之下。"

……这些话我可从未说过。

在我看来，犯罪侧写充其量只是一门伪科学，往极端了说，这是一场骗局，尽管有人（并非司法精神科执业医师）以此为职

---

[1] 电影《妙探寻凶》中的人物。——编者注

业。目前缺乏科学研究或证据来证明其有效性、可靠性和合法性。该职业（犯罪侧写师）预设，罪犯的行为方式是可以预测的；同时，他们的作案手法和动机也是一致的——无论是对一个特定的罪犯，还是对多个罪犯来说。在阅读了数百份概述犯罪细节的案卷记录（其中一些文件中的犯罪细节描述的是同一个人），并与罪犯讨论了他们的思维过程之后，我可以肯定地说，这些模式有时确实会出现，但同样，它们也可能不会出现。在许多严重的犯罪中，存在着混乱、随机和机会主义。在我看来，没有足够的一致性，甚至没有足够的数据来推测罪犯的特征。

瑞秋·尼克尔谋杀案，是说明这门黑暗技艺阻碍警方调查的最引人注目的案件之一。1992年7月的一个凌晨，23岁的前模特尼克尔小姐带着两岁的儿子在温布顿公地遛狗时遭到性侵犯，并身中49刀。主要嫌疑人是一个名叫科林·斯塔格的男子，但警方几乎没有证据证明他曾到过谋杀现场。因此，警方请一位著名的犯罪心理学家为凶手制作了一份犯罪侧写，结果显示与斯塔格相符。随后，在心理学家的协助下，警方设计了一个诱捕行动，让一名迷人的女卧底警察与斯塔格交朋友，并与他调情，以诱使他说出他的暴力幻想并秘密录下，希望他能招供。虽然斯塔格在一定程度上"配合"了此次行动，但他并没有承认谋杀了尼克尔女士。不过，他还是被起诉了，这真是令人费解。在审判过程中，老贝利法庭的法官宣布此案审判无效，他宣称警方试图通过"最恶劣的欺骗行为"将嫌疑人入罪。警方和犯罪心理学家（英国心理学会指控该心理学家专业失当，但后来撤诉）都遭受了批评。2006年7月，在重新审查了一些证据之后，警方在布罗德莫尔精神病院询问了一个名叫罗伯特·纳珀的已定罪杀人犯，他患有偏执型精神分裂症和阿斯伯格综合征[1]，已随诊有 10 年。他因在 1993 年 11 月谋杀了一位名叫萨曼莎·比塞特的年轻女性和她四岁的女儿而被定罪，两起谋杀案有些相似。在审判中，他因想减轻罪责，承认了对尼克尔犯有过失杀人罪。法官下令将纳珀无限期地关押在布罗德莫尔精神病院。

在整个事件中，尤其让我感到不安的是，如果不是这个行为不端的犯罪侧写师主导的诱捕行动分散了警方的注意力，萨曼莎·比塞特和她四岁女儿的死亡也许是可以避免的。

当我第一次驶入司法精神病学的海洋时，我还错误地以为我们可能也会涉足另一项工作——对嫌疑人进行访谈。当我坐在嫌疑人对面，以智力博弈诱使狡猾的主谋自证其罪时，警察们在单面镜后面难以置信地观察着我，这听起来确实很诱人。我相信，经验丰富的探员已经磨炼出技巧，完善了心理游戏，可以做到这些事。准确地说，我自称在这方面拥有的任何不确定的能力，都是通过观看奈飞（Netflix）犯罪剧获得的。如果你把圆珠笔放在被告面前，而他们却不玩弄那笔，那就说明他们太冷静、太有心计、太没感情了。他们百分之百有罪。但这是否也可能说明他们

---

[1] 2013 年，美国精神医学学会出版的《精神障碍诊断与统计手册（第五版）》（DSM-5）已将阿斯伯格综合征并入孤独症谱系障碍中；2021 年，《疾病和有关健康问题的国际统计分类》（通称《国际疾病分类》，缩写为 ICD）第十一版也采取类似做法，将阿斯伯格综合征合并至孤独症谱系障碍的亚型中。关于阿斯伯格综合征是否应该被并入孤独症谱系障碍，以及其患者是否应享受同等福利，目前存在争议。——译者注

无罪？我在工作中绝对不会使用这些技巧。

尽管如此，我在评估过程中还是会考察受访者的言行一致性和可靠性。被告编造患有精神疾病当然不是罕见的，但这都是为了反驳或验证诊断而引出症状的情况，而不是在供认谋杀的情况下。

时至今日，仍然经常有人请我深入探寻连环杀手或恐怖分子的想法，解释他们的行为。有一次我当了回播客嘉宾，讨论了泰德·邦迪案，邦迪是美国的一个连环杀手和强奸犯，警方认为他在20世纪70年代杀害了至少28名女性。我指出，他具有精神病态人群的特点，包括表面的魅力、对他人权利的无情漠视、花言巧语和操纵他人的天性。主持人显然不满意，不断催促我解释为什么邦迪要实施数十起强奸和杀人案，就好像把我当成了被告人。我告诉她，那个答案，可能除了泰德·邦迪，没有人能想得到。在我的职业生涯中，我评估过一些多次实施谋杀和恐怖行为的罪犯。在初步评估后，其中大多数人都被排除了患有急性重度精神疾病的可能性，被告人将通过常规的刑事司法途径得到处理。他们如果没有明显的精神疾病，就没有什么可以治疗的，因此我的服务或专业知识也就派不上用场。值得庆幸的是，那种可怕的行为并不常见。与单纯的仇恨引发的行为相比，直接受精神病症状驱使的犯罪，就像鸡的尖牙一样罕见。我曾多次被问及连环杀手和恐怖分子的动机是什么，有一次还是在现场广播中。事实上，答案并不在精神病学的范畴内，而更多地需要从犯罪学的角度来解释。

有些人可能会说，连环杀手和恐怖分子的行为本身就证明他们一定患有精神疾病。这其实取决于你如何定义精神疾病。如果你认为有杀人的念头或宗教极端主义的仇恨，并有实施这些行为的信念，就应被视为患有精神疾病，那么是的，这些人显然就是精神疾病患者。然而，对于精神科医生来说，仇恨、愤怒、法西斯主义甚至宗教狂热本身并不是精神病的症状。在少数特殊的情况下，它们才是潜在精神疾病的产物或外在表现。只有这种极少数的病例，才有可能接受我们的治疗。

在我第一次实习期间，团队派我去评估的最初几个病例中的一例，就属于这种罕见情况。

# 第 3 章
## 所有恐怖分子都需要看精神科吗？

史蒂维·麦格鲁先生是一名55岁左右的苏格兰男子，脾气暴躁，性情阴郁，独自一人居住，有些离群索居。他的主要罪行（那些让他被送入精神病院的罪行）是以暴力威胁进行骚扰、制造炸弹骗局和发送意图致人困扰或焦虑的电子信息。2010年，我在伦敦北部第一次进行司法精神病学实习时，他被起诉并被还押到精神科。

在我评估过的少数潜在恐怖分子中，史蒂维是唯一真正患有精神病的人。那时，我天真地以为在评估间隙会有零碎的时间学习，于是随身携带了许多教科书。那天，在去他住的成人精神科病房的路上，我遭遇了一场"残酷的事故"，保鲜盒的盖子松动了，而盒子里装着满满的沙拉。我不仅毁掉了几本价值几百英镑的书，还不幸失去了午餐。

史蒂维在此之前唯一一次接触心理健康服务是在大约三年前，当时他确信街上那些包含他姓氏首字母的车牌，是对他的嘲讽。这是一种"妄想知觉"（delusional perception），他为一种完全正常的知觉赋予了一个错误的含义。他用棒球棍击打了其中一辆车（保时捷！），结果被逮捕了。从法庭出来后，他被直接关进了普通精神科病房，几年后我在那里见到了他。他被诊断患有精神分裂症，医生给他开了抗精神病药，几周后他的病情有所好转，然后他就出院了。事情就这样结束了，暂时告一段落。

史蒂维理应在回家后每天坚持服药，如果不服药，后果可想而知。他告诉我，药物"让我感觉裤子里有蚂蚁"，也就是不断有一种按捺不住的坐立不安的冲动，要缓解这种感觉就只能走来走去，或"像猫王一样扭屁股"。这是一些公认的抗精神病药的副作用，不过我们精神病学中对此的形容可没有史蒂维所描述的那样生动活泼。我们将这种症状称为失静症，它与多巴胺——大脑中控制运动的一种化学物质——的阻断有关，也与精神分裂症有关。史蒂维逐渐不按时服药。这种情况很常见，也是许多精神科医生的心病。不过，这种做法也是可以理解的。如果是我，我也不会因为一个我不信任的医生说的一种我不承认的疾病、一些我不相信的症状而服用有副作用的药。史蒂维明白，"车辆在嘲笑他"只是他想出来的，所以他认为，他只要不理会任何有蔑视意味的车牌，就没有必要服用这种难吃的药物。

停止服用抗精神病药物几年后，史蒂维突然接到一个营销公司的电话，对方询问他最近参加了一个可再生能源研讨会后有没有什么反馈意见。史蒂维从来没有参加过这样一个活动，当来电者转述了他的个人资料，包括他的地址和国民保险号时，他感到非常不安。你或我可能也会被这种事吓到，但我们可能做出的回应是咒骂几句或挂断电话，把这理解为对方在企图行诈，然后我们会回归正常的生活。但史蒂维坚信政府故意泄露了他的个人信息，于是他打电话到公民咨询局（一家专门提供关于英国法律、债务、消费者、住房以及其他问题信息的机构）投诉。他一连打了好多天，每天都要花几个小时，以求获得满意的答复，但据他说，对方不是没有回音，就是请他不挂电话等待，或者就是没有按照承诺给他回电话。史蒂维越来越气愤，他确信公民咨询局是想激怒他，因此一定也是这个阴谋的一部分。最终，他收到了一封写错了他姓氏的回复邮件，这更加剧了他的妄想症。他向警方投诉，不出所料，警方不予以受理，于是史蒂维开始向公民咨询局发送攻击性日渐加强的电子邮件。直到后来，他的话语升级到直接威胁要杀死工作人员。寄给我的档案中包含他发出的大约300封电子邮件的打印件，不过我在看完第一封之后就明白了大概。邮件标题包括"你们并不安全。我今天会在你们的办公室引爆炸弹！"和"我保证你们整个部门都会死得很惨"。现在，警察开始关注了。他们在搜查他的卧室时，发现了可用于制造爆炸物的日常材料。我不敢去想这件事本来可能会造成怎样的后果。

去普通病房探望史蒂维让我感到有些不适应。尽管我进入新岗位，在给罪犯特设的加强安保的司法精神病房里只待过几个星期，但我已经习惯了高度戒备的安保环境。这间病房只有一扇薄薄的蓝色门，门锁很简易，看起来一踹就能踹开，不能防止病人逃到外面的世界。来访者不会被搜身，病房里甚至男女混住。但我却有种矛盾的感觉，会觉得这里比我平时工作的地方更危险。史蒂维身材矮小（用他自己的话说就是"袖珍"），有着鹰钩鼻，头发稀疏，我很惊讶他竟然被允许端着热饮进入会话室。显然没人告知他我的来访。乍看之下，他似乎挺容易生气的，他对我打断了他的卡布奇诺时光感到恼火。他很多疑，花了三分多钟检查我的身份证，比接待处工作人员的检查时间多出 2 分 59 秒。

他似乎对我提前收到他涉嫌犯罪的案件档案感到不安，并反复询问我是如何收到这些档案的，以及其是否有密码保护。他态度粗鲁，不断打断我的话，且故意曲解我的意思。这些都是多年后在我成为专家证人时，对我进行交叉询问的律师故意使用的伎俩。

史蒂维把我的身份证扔到我的腿上："我已经有精神科医生了。连那个小丑我都不需要，我怎么会需要你？"

"好问题，麦格鲁先生，"为了不显得冒昧，我一般称呼进行一次性评估的客户的姓氏，不过如果是在自己的病房里对患者进行长期治疗，我就会称呼其名，"你的团队把你介绍给我们，因为他们想听听司法精神科的意见。他们确实应该告知——"

"那么就是说，我的精神科医生不够聪明，他自己不能对我进行评估？你是这个意思吗？"

"不不，只是我们是专门研究与犯罪相关的精神疾病的。"

"哦，这么说我有精神疾病，是吗？而且还是个罪犯？医生啊，看来你已经做好评估了，"他把咖啡放在桌子上，极具讽刺地缓缓鼓起掌来，"我得说，你干得漂亮。你有名片吗？我也许会把你介绍给公民咨询局的那些浑蛋。"

在评估史蒂维的过程中，我想到了两个问题。第一点是，他坚信的想法似乎是一种妄想，因此有可能得到治疗。妄想是一种坚定的、不可动摇的信念，但其源头让人无法理解，我们也无法进行理性的论证或以相反的证据驳斥。妄想还可能与个人的地区、文化和教育背景不符——这一条将某些社区"传授"的与精神疾病无关的古怪信念排除，如科学论派里就有一个多少有些讽刺的信念，即认为整个精神病学都是伪科学，再如某些宗教派别会认为非信徒是敌人，某些社会经济阶层认为古铜色的皮肤很有吸引力。妄想尤其是某种特定疾病（精神病性障碍）的特征[在心理学术语中叫作"疾病指标（的）"（pathognomic）]。第二点我想到的是，我也曾多次被各种服务机构要求等待，他们没有在承诺的时间给我回电话（我可能还幻想过如何让他们重视我）。

我的结论是，尽管史蒂维差点就达到标准，但他依然不适合辩护。他满脑子都填满了这样的想法：他是受攻击的目标，他是受害者。他无法吸收或分析其他信息，包括与他的法庭案件有关的信息。虽然除了最初的评估，我并没有直接参与史蒂维的治疗，但我对他很感兴趣，于是我通过电子邮件与他所在医院的精神科医生保持联系，密切关注他的康复情况。他的医生很明智，试用了另一种副作用更小的抗精神病药，这当然会降低史蒂维今后不遵医嘱的风险。经过几个月的治疗，他仍然觉得自己是受害者。他仍然觉得自己受到了不公正的对待，觉得应该有人回他的电话。然而，重要的是，他不再不断地怀疑有人在密谋害他。他现在认为，公民咨询局的行为是无能导致的。关于恶意伤害和背叛的妄想已经消除。这意味着他又可以过上从前那种生活，不必总是困扰于自己将遭迫害的念头。更重要的是，他不再有强烈的复仇欲望。

顺便提一句，我发现史蒂维令人着迷的一点是他能为自己的行为找到理由："我写了这么极端的邮件，只是为了让那些浑蛋不再无视我的存在。"他强调说，他收集的化学品不是用来制造爆炸物的，也不是非法的，只是作普通家用的。他的大律师在法庭上成功地论证了这一点，与制造炸弹有关的指控被撤销了。（认真的吗？他都没游泳池，要游泳池消毒液做什么？）这就是我们说的"外部控制点"（external locus of control）。归根结底就是拒绝承担责任。这种情况在罪犯身上非常常见，无论他们是否患有精神疾病，他们内心都以此为自己的不法行为辩解。在我的职业生涯中，有几例被告陈述能够说明这种奇怪的心理异常现象：

"如果政府没有停止给我发放救济金，我就不会入室行窃了。"

"我朋友一开始就不该让我帮他拿着刀。"

"医生，都怪酒精。它让我变得暴躁，也让她跟我顶嘴。这真的是不可避免的。"

史蒂维的情况和动机与绝大多数恐怖分子不同。2015年6月17日在南卡罗来纳州查尔斯顿一座教堂实施大规模枪击的美国白人至上主义者迪兰·鲁夫可以作为一个很好的对比。他有吸毒、酗酒和轻微犯罪史，但他并没有精神疾病，所以并未与现实脱节（关键在于，他无法因精神疾病免于刑事罪责）。据称，他经常声称"黑人正在占领世界"，他的行为显然来自根深蒂固的种族主义和仇恨。但我们必须认清，他的信仰无论多么令人反感，都不是一种精神错乱。这些信念并非源于精神错乱，因此，任何药物治疗或心理治疗都无法改变这些信念。

许多罪犯，从罪行轻微的罪犯到连环杀手，都有严重的性格缺陷，从缺乏共情能力到全能自恋。让我们继续说说"迷人"的泰德·邦迪，他就是一个典型的例子。他表面的魅力、虚伪、缺乏紧张感、病态的自我中心主义以及缺乏悔意，体现出他能过一种双重生活的能力。他有一段长期的恋情，上过大学，并有一份政治事业，与此同时，他还实施了一系列残忍的谋杀。他的英俊外表和个性都在一定程度上让他赢得了受害者的信任，甚至迷惑了执法人员和法律专业人士：这是典型的精神病态。有些罪犯可能会跨进人格障碍的门槛，他们的天生脾性和本性中存在着根深蒂固的、普遍存在的缺点。人格障碍和心理变态一样，都不是人的状态改变了，严格来说属于精神**障碍**，而不是精神**疾病**。有时这样的病例是可以治疗的，但需要进行多年的密集心理治疗，而且无法通过药物治愈。

尽管人格障碍的范畴模糊不清，但可以肯定的是，绝大多数犯下暴行（包括实施连环谋杀或恐怖主义行为）的人，并不患有可诊断的、生物学上可理解的、化学上可逆转且可治疗的精神疾病，就像大多数满怀愤恨的人——其中包括宗教狂热分子、右翼种族主义者，或者在我小时候拒绝还给我足球的路边老人——并没有精神疾病一样。极端，就像古怪或爱挑衅一样，是够不上精神疾病诊断标准的。

司法精神科医生无法帮助像迪兰·鲁夫这样的人，也无法比刑事司法系统或缓刑服务更有效地降低他们未来可能造成的风险。在对这些人进行初步评估以排除精神问题的过程中，我们或许能发挥一些作用，但在此之后，我们的价值就如同没有泳池的泳池消毒剂一样，几乎微不足道。

# 第 4 章
# 上班挨打

8月一个阴沉闷热的周一早上，我的核心培训即将结束。我刚刚开始在一个司法精神科病区的中度戒备病房担任住院医师。令我心惊胆战的考试已经过去，我的下一个挑战是下一年我要决定选择哪个亚专科作为专科执业医师的发展方向。一周的入职培训后，那是我第一天正式上岗。为了给同事留下深刻印象，我在当天查房前先去了我被分配到的病房，与一些病人进行了访谈。当时我在病房角落的一间私人访谈室里与一个病人交谈。他是一个超重的年轻人，名叫丹尼斯，他在出现幻听时陷入一阵狂乱并刺伤了自己的哥哥，这与他表现出的迟钝气质并不一致。幸运的是，他的哥哥体形健壮，在丹尼斯造成任何真正的伤害之前制服了他。哥哥的前臂只需要缝十几针（不过，我想以后的圣诞节家庭聚会注定会变得很尴尬）。为了安全起见，病房里所有的访谈室都安装了巨大的铁丝加固窗户，同时确保工作人员可见。我注意到另一个高个子年轻人从窗户外面往里看，他似乎对我很感兴趣。他不停地敲打窗户，边微笑边挥手致意。有几次，他甚至毫无分寸地从门外闯进来，打断了我的访谈，并随意就一些话题发表了言论，其中大部分与宗教有关。

"每个人都可以是神，但神之中必须有一个王。"

我礼貌地把他请出了房间。

一分钟后，他从门口把头伸进来："我不是说每个人。我说的只包括正义的人。"

他似乎认为我们是儿时玩伴，不停地向我打听他所说的我们一起打过的板球比赛。我把他当作大街上穿着荧光夹克的"慈善劫客"[1]对待。我把目光移开，低头不理他。

我对丹尼斯的访谈只触及了皮毛。我还有很多问题要问，尤其是他如何开始认定，他哥哥一直在通过心灵感应向他暗示在脸上文个鸡鸡的文身[这是一种被称为"思想插入"（thought insertion）的精神病现象]。不过，这都要等到下次有更多时间时再进行评估。这次会面只是为了进行自我介绍，顺便大致了解他的精神健康状况（老实说，也是为了给我的新主任医师留个好印象）。我走出访谈室，脸上洋溢着得意的笑容，手里拿着笔记本，完全没有意识到接下来会发生什么。那个之前一直打断我说话的年轻人跑到我身后，对着我的头侧面狠狠来了一拳，然后一溜烟跑了。这一切发生得太迅猛了，我甚至没有意识到自己被打了。等我回过神来，我一点也不清楚什么状况，只是发现自己正躺在地上，太阳穴部位跳动着。当护士把我扶起来时，肇事者已经回到了他的房间。

---

1 形容那些在大街上主动接近路人并试图说服路人捐款或参与慈善活动的人。这种人可能会让一些人感到困扰，因为他们可能会不断纠缠。——编者注

我并没有受到太大的惊吓，也许是因为袭击来得太突然，我的大脑来不及处理任何威胁的信息，但我知道曾有几位同事在工作中受了重伤。事实上，仅仅过了一个月，另一名住院医师就被一名精神病男患者困在了一间访谈室里，这名男子妄想这名医生是社会服务部门的卧底。他不让她离开，坚称她知道他年幼儿子的下落，其实他的儿子已被带走并送人收养了。虽然肇事者没有伤害她的身体，但他隔着窗户与病房工作人员交涉了半个多小时，才允许我的同事离开。她毫发无损，但显然遭受了心理创伤。她不堪压力，每周请假的时间不断增加，这种状况持续了两个多月。起初，包括我在内的同事们都很同情她，但随着时间推移，这种同情逐渐消失。观察这一过程，我感到很有意思。每天，我们五位住院医师都要代她值门诊、夜班和周末的班。

受到攻击可能而且确实会对人们的生活、自信和职业生涯产生深远影响。就我个人而言，这比任何事都令我尴尬。对于病人和员工来说，我从一名新来的医生变成了一名**挨过揍的新来的医生**。后来我才发现，袭击我的那个人患有分裂情感障碍，并患有一种特殊的妄想错认综合征，即所谓的"卡普格拉妄想症"（Capgras delusion）：一种认为自己被一个完全相同的人取代的非理性信念。这是他最初犯罪的驱动力；他随意走进一家咖啡馆，拿起一把椅子扔向一群毫无防备的陌生人，他认为这些人是多年前逮捕过他的便衣警察。那天早上，他确信我真的是一个伪装的老派恶霸。我并不觉得难受。在他看来，他的行为是正当的。由于他在袭击我之后很快就恢复了平静，所以虽然增加了药量，但他并不需要被转到隔离室。虽然我没有直接治疗他，但我经常会在病房里碰到他。实话说，他确实曾试图道歉，但是他又患有形式思维障碍，这是精神病的一种症状，其表现为思维混乱且断断续续。

"是的，医生。你曾是个玩板球的人，你不是那个家伙。本不该发生这种事，但谁知道谁是玩板球的，谁是真的神。如果我们都是神，你真的不能怪我。"

我想，重要的是心意吧。

当然，现在我知道我应该做的是，一进病房就提醒工作人员注意我的存在，并询问其中是否有人正处于激惹状态或难以预测。在那个年轻人几次打断我的谈话后，我就应该停止对丹尼斯的采访，并通知每天与这组病人打交道的护士。他们会比我更清楚袭击者对我的关注是否令人担忧。

至少，这次经历巩固了我的这些经验，而这些经验也内化为我每次踏入安全病房时的本能。老实说，我本该知道得更清楚。当时，我刚刚完成了为期一周的新员工入职培训，其中涉及中度戒备病房的安全策略。讲座和幻灯片让我眼花缭乱，教室后面免费的甜甜圈和咖啡让我分心。我的注意力本应由与生俱来的自我保护意识引导，而不是由体内的碳水化合物、糖和咖啡因含量来决定。

如果我当时留心了，我就会了解到这些专科病房的戒备分为三个方面：环境／物理戒备、关系戒备和程序戒备。

环境／物理戒备包括在医院场地周围安装栅栏，高度至少要达到5.2米，栅栏上的铁丝缝隙要非常小，这样就可防止人攀爬，也可以预防人们通过栅栏传递武器或毒品等物品。每个病房的门都上了锁，主要出口处还设有气闸：这里有两扇上锁的门，自动控制，每次只能打开一扇，服务台的护士或保安在透明玻璃窗或加固窗的另一侧值守。他们会在门与门之间的空间检查通过的人员，以防任何想溜出去的病人逃跑。工作人员还必须将钥匙串系在腰带上。哪怕是在这儿待了很久的正式员工，也会发生因为上班时没有系腰带而被拒之门外的情况。这样做是为了防止病人拿着钥匙逃跑（如果系在腰带上，那就得连人一起拖走，这样会妨碍行动，那整个逃跑过程可就有些尴尬了）。

关系戒备是指在病人间建立信任关系的过程。除去共情、礼貌和良好的沟通，病房娱乐活动也是建立友谊的关键；这些活动可以是打台球、集体用餐、一起看报纸讨论，任何形式都可以。护士们负责监督这些活动，因此在营造病房氛围方面发挥着非常重要的作用。

程序戒备指的是将风险降至最低的规程。这包括在病人入院和休假外出归来时对其进行搜查，定期进行毒品尿检，以及不定期安排警犬做突击检查。

当然，精神科病房并不是绝对危险的环境，但潜在的危险始终存在。暴力和其他意外事件（如死亡威胁、劫持人质、严重自残或火灾）发生的频率很低，但事件之间的相似性也很低。这也取决于病人的组合。有时，病人之间的关系相对和谐融洽。而在另一些时候就和监狱差不多了，病人之间可能会有矛盾。可能是多年前有过交集的两个或多个病人之间的长期深层次矛盾（令人沮丧的是，该系统中常客的比例相当高），也可能是公共浴室被使用后状况糟糕而引发的矛盾。我甚至还见过因为前一天晚上谁多吃了病房里的公共外卖而大打出手的。虽然两人都因此被停了两周的休息日，但并没有造成严重伤害。即使是最鲜美多汁的马萨拉鸡肉，也不值得人这样做呀。

在我的职业生涯中，我见识过司法精神科病房内部形成小团体，团体内部又会竞争，争夺那令人垂涎的阿尔法男性[1]的位置。我见过王冠的赢得和失去，竞争对手间互相散布谣言、互相威胁、发生肢体冲突，或只是进行简单的人气竞赛。我见过病人偷运毒品的行为、对工作人员的攻击，以及病人之间的欺凌，但我也见过病人之间的同情和友谊。有钱的病人为没钱的病人买零食。康复中的病人会贡献出自己的时间，为那些缺乏心理知识且通常心理状况不佳的同伴解释一些概念，比如《精神健康法》赋予他们的权利，以及药物的副作用。我见过那些曾经被自己的家人边缘化、躲避和忽视（更别说社会怎么对待他们）的人建立了终生的联结。我在司法精神科病房的第一天早上就评估的丹尼斯，他的大麻检测呈阳性，之后他的休假被停止了。这件事导致他又开始听见那些讨厌的声音，它们让他去攻击他人。到目前为止，他一直都在抵抗这些声音，但显然他现在对其他人构成了威胁。他的一个较年长的同伴，留着灰白胡子、沉默寡言的西莫斯为他跑了一趟腿，用自己的钱给他买了洗漱用品、一大块三角牌巧克力和一本健身杂志。在买了一块工业级体量的巧克力的同时又买了健身杂志，其中的讽刺意味我没去多想。我问西莫斯的是，他为什么要为一个他几乎没交谈过、几周前还威胁过他的人大费周章。

---

[1] 这一概念源于动物行为学，用来描述群体中占据主导地位的雄性个体。——编者注

"丹尼斯不知道自己在说什么。他脑中的声音告诉他，我故意用光了所有的厕纸。"

"你人真好呀，愿意照顾他。"

"精神疾病是很可怕的东西。我已经很多年没有幻听了，但我还记得那种感觉。它们是无情的。那真的很考验人的理智啊，医生。"

"我只能想象。"

"还有，人不该记仇。就像你挨揍也没记仇一样。"说着，他眨了一下眼睛。

"是啊，谢谢你提起这码事，西莫斯。"

"嘿，你不会告诉护士吧？"

医院强烈反对病人之间互相购买或出借物品，这样做会让弱势群体受到剥削或欺凌。如要这么做，则需要专门的文件记录，必须由护士监督，这也意味着要排队并接受文书记录。不过，面前的这件事显然没什么可疑的目的。

"如果你不说，我也不会说。"我回以眨眼。

12岁时，深受《龙威小子》(*Karate Kid*)鼓舞的我痴迷武术，如果当时的我知道将近20年后，我将接受格斗训练，那肯定会很兴奋。和这些病房的其他工作人员一样，司法精神科医生每年必须接受"控制和约束训练"。培训内容因医院而异，但在我工作过的一家医院，我们每年都要接受整整一周的培训。我们会穿着运动服和跑鞋出现在医院，培训师会教我们从缓和（de-escalation）技巧到如何自卫的所有知识。我们学习如何通过一系列按和抓的手法，在造成最小伤害的情况下强行约束和移动病人。我对这种培训有双重看法。作为一个刻薄多疑的人，我几乎立刻就认识到培训可为医院开脱责任，如果有员工在工作中受到攻击，试图起诉医院，医院方面就可以说："嘿，我们已经尽了责任。"另外，你即使牢记了急救技巧，也很可能在"战或逃"的那一瞬间遗忘——想象一下，一位有袭击前科的病人正经历幻听，他满腔怒火，正紧握拳头向你俯身。

经常有人问我，干这一行是否有安全感。大部分时间是有的。我在监狱或法庭见到的被告一般都会拿出他们的最佳表现，他们知道我要写一份关于他们的法庭报告，这将成为审判的证据，所以给我留下好印象对他们有利。但也有例外，那些对刑事司法系统怒不可遏的被告，会对司法系统的任何代表都表露出轻蔑的态度。再就是精神疾病患者，他们无法控制自己的行为。

被关押在精神科病房的病人就是另一种情况了。在监狱或法庭上，被告只需在评估的一两个小时内保持冷静，而他们一旦被困在医院里，作为住院者，他们的行为将在显微镜下被观察数年之久。他们仍然可能会听从司法精神科医生的话，因为他们的休假和最终能否出院都是由司法精神科医生决定的。那些发火的人，通常是处在特殊情境下，比如被设置了界限（如由于最近的暴力行为而被停止休假或不能参加团体活动）、未能通过毒品检测，或与其他病人发生了争执。与前文相似，无法控制的精神疾病症状也会引发暴力行为。

这份工作的危险性实际上就是个概率问题。即使95%的评估过程没有问题，我也可能在一次开庭中访问两三个人，在监狱诊所访谈多达 10 个人，在精神科病房访谈 18 个住院病人。如果我接触的群体是有暴力史的高危病人群体，那么他们迟早会爆发。言语上的爆发和威胁远比实际的暴力更常见。我的一些病人就是在这样的环境中长大的，这对他们来说是解决冲突的标准做法。我尽量不往心里去。当一天结束，我可以离开发生冲突的场所，回家与家人团聚（还有我心爱的《街头霸王 2》街机），但他们不能。

　　除了挨揍之外，另一种令人毛骨悚然的时刻是在查房时被扣为人质。我说人质，不是指病人以我做要挟，索要赎金、直升机，或需要警方谈判专家手持扩音器喊话。这件事发生在 2012 年，在挨打后我安然度过了两年，我就快成为专科主治医师了。在伦敦东区的一个司法精神科病房里，我有一位叫约翰尼·本森的病人，他是一个身高六英尺三英寸[1]、天生肌肉发达的年轻人，患有精神障碍，曾是一名半职业的综合格斗选手：这绝不是个好兆头。他因涉嫌在吸毒窝点强奸一名女性而入院，不过最终这项指控被撤销了。我最近才给他增加了药物剂量，在一次查房中，他表现得极富妄想、神志不清。他得知一个坏消息——他的弟弟因癌症去世。他本就处于脆弱的精神状态下，这个消息让他的病情瞬间恶化。在混乱中，约翰尼产生了妄想，认为一定是医院工作人员用致癌物质毒死了他的弟弟。他站在门前，以格斗的姿势堵着门，阻止我们离开，并依次对每一位工作人员进行威胁和侮辱。我们成功安抚了他几次，但也都只是暂时的。在那种时候，他会感到抱歉和困惑。但我可以看出来，在他失常的精神状态下，紧

---

1　约 1.9 米。1 英尺约为 0.3 米，1 英寸约为 2.5 厘米。——译者注

张和愤怒情绪在几秒钟内就又积聚起来，并渗透到他的面部表情中，然后他又开始咆哮。由于我刚加入团队不久，这是我第一次见到约翰尼。我记得自己当时非常不确定我是否应该主动去劝导他。一个陌生人跟他说话会不会让他更加激动？会不会加重他混乱的妄想？最终，我没有直接跟他说话，而是站了起来，轻松地走到房间的另一边，拿起塑料杯给自己倒了些果汁，然后给他倒了一杯。他接过杯子，向我道谢，暂时忘却了心中的愤怒。整个事件持续了一个小时。我们小组的社工在感觉到没法处理后，拉了警报，这惊动了应急小组，他们赶来制服了约翰尼，把他哄进了隔离室。尽管约翰尼感到困惑和愤怒，但他还是很配合。幸运的是，我们每周一次的控制和约束技巧，并没有与约翰尼几十年的综合格斗训练经验直接较量。如果发生冲突，我知道该把钱押在谁身上。

我开始意识到，我所选择的专业领域会激发人最极端的情绪。可以说，它比任何其他医学领域都更能激发人的情感。我曾为弗蕾达·米利肯失去儿子而深深同情她，也曾为西默斯对丹尼斯的慷慨而心生钦佩，也曾为约翰尼令人毛骨悚然的滑稽行为而惶恐不安。但我其实即将经历我职业生涯中最悲惨的病例之一，我将因此心碎不已。

# 第 5 章
## 潜伏在心中的恶魔

我至今仍记得第一次去老贝利法庭的情景。那里的一切——那里的风、紧张的踱步声、缭绕的烟雾、华而不实的装饰、大理石圆柱、拉丁语铭文——都让我头晕目眩。从亚丝明·卡恩女士的角度看，这是一场谋杀案审判，而从我的角度看，这是一场火刑审判。

当时我30岁出头，是一名地位低微的专科主治医师，一名中级精神科医生，从医学院毕业八年，但仍在三年高级培训的早期阶段，要完成这期培训，我才能破茧而出，成为一名完全成熟的司法精神科主治医师。

我也才刚刚与里兹玛结婚，她是一位非常漂亮、风趣且古怪的 A-Level[1] 心理学老师，对电影圈的边边角角如数家珍（靠她的这些知识，我多年来曾在各种知识竞赛中获胜）。几个月后，她告诉我，我们在伦敦市中心的一个派对上初次相见时，她无法相信我是一名医生——当时的我抽着烟，嘴里镶着金牙，穿着破旧、

---

1 指的是英国的普通中等教育证书考试高级水平课程。——编者注

宽大的黑白格子连帽衫。她在终于相信我后（得补充一句，我的保证并没能说服她，她后来询问了一些我们共同的熟人），答应如果我给她的学生们做一场讲述我作为精神科医生的职业生涯的讲座，她就愿意再见我一次。那一年，我做了这场讲座，并且在此之后的每一年我都做了这件事。我们的恋情发展得还算迅速，不到两年我们就结婚了，这进程已经超过了我的许多大学死党，其中有些人已经恋爱超过10年了（我敢肯定，我结婚也无意中让他们中的一些人有了求婚的压力）。我们的婚礼是2011年众多婚礼中的一场，那是我最喜欢的年份之一，那一年举办了数不清的神圣婚礼，以及（更重要的）婚前单身派对。我们的婚礼上有一场令观众惊喜的音乐表演——一位印度裔的猫王模仿者带来的表演，他的表演充分体现了我和里兹玛的古怪性情。为了请到他，我们还不得不跟他聊了聊我们对猫王的狂热。

尽管我对老贝利法庭并不熟悉，但我曾旁观我之前的主治医师在相对不那么宏伟的刑事法庭上做证，那些地方显然比此处少了许多拉丁语。此外，我还与其他轮班的初级医师搭档，在我们的教学课程中练习过几次。但亚丝明的审讯，不过是我第四次真正走上证人席。

亚丝明是一个受过良好教育的18岁女学生，过去没有任何不良记录。她小时候没有犯罪史、反社会行为史，甚至没有捣乱史。根据我从各类报告中得到的信息，她在青春期遇到的麻烦似乎比我少得多。她害羞胆小，只有几个要好的朋友。她被同学所接受，但如果把高中比作剧场，她坐的是廉价席位。她勤奋好学、沉默寡言，老师们都说她是个好学生。据了解，亚丝明从未酗酒或吸毒。她有三个兄弟姐妹，父母都是移民，他们在一家家族经营的报刊店辛勤工作，并把所有的孩子都送上了职业道路。他们家是一个内部亲密无间但与外界有隔阂的家庭。亚丝明在当地医院做志愿者，她最近在申请进入医学院，她想为此增加自己的履历。所有这些都使她有别于我的典型病人。我许多病人的背景都混合了贫困、被忽视、突出的犯罪记录和吸毒这些要素，他们的过去充满污点。

根据邻居的证词和与家人的访谈，在2012年春天案发前的几周内，亚丝明表现出了一些反常的行为。这包括斥责她的家人在电视上看"淫秽"节目（尽管他们向我保证，那是他们一起看了多年的情景喜剧），她还会听奇怪的长笛器乐（而不是她一般会听的麦莉·赛勒斯的歌）、吟诵和发表奇怪的言论（比如说她能看到自己的灵魂，天空是高高的天花板上的一幅画）。这显然是不寻常的，但很难让人想到会发生杀人案。现在回想起来，我认为这些言行是精神病的前驱症状——在出现幻觉或妄想等全面的精神病症状之前，有些人的感受、思想、知觉和行为会发生变化，这一时期通常持续几周。我一直认为前驱症状是精神错乱这盘主菜的开胃菜。

亚丝明的大哥是一名软件设计师，与妻子和儿子桑尼住在大家庭里。在发生命案的那个日子之前，亚丝明曾多次照看两岁的桑尼。那天早上，目击者看到她在五楼卧室的窗户前大声拍手、唱歌和吟诵，那扇窗户正对着公寓楼的公共庭院。她喃喃自语地对妹妹说看到了云中的天使，妹妹则不屑地对她翻了个白眼。她的其他家人都去上学或上班了，而小桑尼则被交给了此时并不值班的亚丝明,他们一起度过了一上午。

几个小时后,她母亲从报刊店回家,起初以为桑尼是睡着了。半小时后,她才发现桑尼毫无反应。当警察赶到时,亚丝明似乎对大家如此大惊小怪感到惊异,并要求他们"一同游行至议会大厦去逮捕腐败分子,让崇拜洋溢街道,让毒品从街上消失"。她向警察保证,她捂死桑尼,只是为了消灭他身上的恶魔,她还声称,"当下一个满月到来时,他会醒来,会比以前更强壮"。面对质疑,她若无其事地回答:"你们都会看到的,到时候你们就会明白自己的愚蠢了。"桑尼的父母赶到时,场面一片混乱。喊叫声在院子里回荡,使激动驻足的人群更加拥挤。亚丝明表面上看起来很平静。几个月后,她的哥哥这样向我描述:"她平静得令人毛骨悚然。"她不停地安慰越来越悲痛的人群,并认为只要他们"敢于相信天使",一切都会没事的。

在被警方拘留期间,亚丝明行为怪异,她吃纸巾,并因此生了病。她还尿湿了裤子。警察们很担心,并想到也许该请精神科医生诊断一下,但其中一些人抵制,他们不想让她获得"免罪金牌"。于是,她被还押到了霍洛韦监狱。

亚丝明在拘留所时病情悄悄恶化,几乎不与警察接触,也不理会其他囚犯。她拒绝家人探视,整天做折纸,从杂志上撕下小孩子的照片。这些行为也许很奇怪,但至少从表面上看,还没有显示出后来发现的复杂精神病和强烈妄想症的相关症状。看守所的工作人员似乎没有注意到亚丝明的行为,他们将她持续的不合作和不友好理解为一名年轻女性在自己犯下可怕罪行后的认命,她因内疚而将自己隔绝起来。

看守所是混乱不堪的地方，严重的激惹状况并不少见，通常是由打架、争斗、帮派结伙、霸凌和非法药物造成的，如果其中的人本身就患有精神障碍，就更是如此了。需要被送往司法精神病科隔离病房的患有精神疾病的被拘留者已排了好长的队，但除此之外，还有一部分人想通过编造或夸大自己的精神疾病来获得转院机会，或能吃上让他们兴奋的药物。再加上预算削减和招聘涉及的问题，大多数精神健康巡回小组（通常由司法精神科医生、护士和心理学家组成）常年都不堪重负。像亚丝明这样与旁人隔绝、不引人注意的精神病患者，就像一个已经坏了的轮子，吱吱作响的声音不够响亮，无法获得关注。这在一定程度上解释了为什么她迟迟没有转诊进入我当时工作的中度戒备女子病房。

第一次走进看守所大门见到她时，我的信心动摇了。我想向主任医师证明，我能够承受这份压力，但面对如此重大的案件，我又不禁焦虑不安。谋杀案的审理容不得半点马虎。万一我漏掉了什么怎么办？经过排队、机场规格的安检和嗅探犬的搜查，我最终坐在探视大厅里，不停地敲着手指。我一向不擅长等待，而且此刻我手边没有任何可以转移我注意力的东西。任何被认为是非必需品的东西，如书或一杯咖啡，更不用说手机了，都不允许带入看守所大门，为的是避免探访人为被拘留者夹带东西。唯一可以让我分心的是那一排排为囚犯贴的用语冒犯的海报，自那时起，那些海报（"香料——不合法、不健康、不值得！"）已逐渐让我失去新鲜感。这间大厅出乎意料地宽敞，摆放着鲜艳的蓝绿色树脂座椅和灰色的塑料桌。所有家具都用螺栓固定，以防探访互动变得过于"丰富多彩"。角落里摆放着闪亮的彩色塑料积木和孤独的翠绿色儿童地垫，这些都充满了讽刺意味。宽阔的房间里挤满了被拘留者、家属和律师，他们每一个人的着装、姿态和皱眉的程度都能让人辨认出他们的身份。时间一分一秒地过去。她去哪里了？约定的时间过去了半个小时，一位看守所警察对我表示同情。她通过对讲机询问了情况，然后护送我穿过主监狱那曲折的长廊，穿过无数扇沉重的大大小小的外门和内门，穿过一路上拘留犯的目光：有的在好奇，有的在怀疑，有的则通过眼神交流来标示自己的领地。警官带我来到亚丝明的牢房，打开门后在外面等候。我以前评估过一些暴力袭击者，但与亚丝明见面是我第一次与真正的杀手面对面。在此之前，我抱有某种想象，这对她不公平，也充满了个人评判。我一直以为会看到类似恐怖电影里的场景。我以为她会衣衫不整，可能会抱着头蜷缩在角落里。但是，亚丝明有一头乌黑的、编得整齐的长辫子，衬托出她那张朴实无华的脸，眉毛修得一丝不苟。她坐在床边，身体前倾，镇定自若，仿佛是她要审问我。她的微笑，是她全身最奇怪之处，像是画上去的，像她皮肤的贴面。

亚丝明说她忘记了这次预约，不过我对此表示怀疑，我认为她的日程应该相当空闲。在我的整个评估过程中，她一直维持着正常的表象。她完全否认了任何别人所说的在她侄子去世前的几周里她的古怪行为（即我怀疑是前驱症状的行为），并声称她对那件事完全没有记忆了。她的回答似乎和她的笑容一样虚假。她甚至否认了自己在看守所中的奇怪活动，尽管她的水槽下明显藏着堆积如山的折纸。亚丝明言辞谨慎，闪烁其词，但表面上友好和善。我试图与她建立融洽的关系，对她的背景和校园生活进行了不具威胁性的温和询问，然后才打算针对她的心理健康问题进行深入询问。她的回答富有消极攻击的特点，比如"我已经告诉过你了，我现在不记得了"，"医生，我真不明白这有什么相关的"。我没能提取出任何精神病理特征，无法整合出一份精神诊断。血液、石头、"平静得令人毛骨悚然"，精准的形容。

在离开看守所的途中，我路过更多紧闭的大门、排队的人群和怀疑的目光。那天回家的路上，我感到有些不安，不仅仅是因为伦敦地铁持续的摇晃和一波波冲击着我的体味。这一切都不对劲：她对警察说她的侄子会在下一个满月时醒来，恶魔与天使，她在家里、警察局和看守所的其他反常行为，杀戮的恐怖和随机，她在我评估期间展现出的冷漠和不满。疑虑在我的脑中蔓延。我当时还能从她嘴里套出更多信息吗？她拒绝向我坦白，是否因为我的方法有不妥之处？我应该更有压迫感吗？还是应该再轻松一些？警钟敲响。一个年轻的生命已经逝去，另一个也岌岌可危。如果谋杀罪名成立，她将自动被判处终身监禁。亚丝明完全不配合，但无论怎样，如果她的行为（无论多么令人难以接受）有任何可能是由精神疾病引起的，而她并没有罪，那么她就应该接受一次彻底的精神评估。最重要的是，如果她有可能被治愈，并且她将来实施暴力的风险可以降低，那么她就应该得到这样的机会。

我向司法部申请了执行令，并根据《精神健康法》的几项特别刑事条款，成功将亚丝明转移到我们的病房。她的案件被延期审理，以便我们有时间进行干预。只有六个星期，然后我就得去老贝利法庭做证。在严重精神疾病的世界里，这只是眨眼的工夫。

我和医院心理健康小组的其他成员在病房里对亚丝明进行了

密切观察。几周后，我们确信，在亚丝明理智的面具背后，有什么东西在潜伏着。她大多数时候都面无表情，行为显得机械呆板，但当别人询问她感觉如何时，她会用"快乐，非常快乐，我的心情极为平静"来形容。这一切都很不协调（incongruous）——这个形容词出自精神病学术语，后来逐渐变得常用。她偶尔还突然说一些奇怪的话，后来又否认说过或否定这些话，比如她会问护士如何净化邪灵，并请我把所有关于轮回的科学文献拿给她。

亚丝明起初拒绝口服抗精神病药。从她的角度来看，这并非没有道理；她不相信自己精神不正常。这种缺乏自我洞察的情况在精神病患者中非常常见，这也解释了为什么许多患者——比如威胁公民咨询局的苏格兰男子史蒂维·麦格鲁——会逐渐不遵从医嘱。下一次庭审临近，亚丝明对药物治疗的抗拒让我们陷入了困境。我们是否能通过慢慢建立治疗关系，逐渐说服她服药呢？还是说，应该狠下心，利用《精神健康法》赋予我们的权力，违背她的意愿，为她注射药物？尽管我做了很多努力，但她还是没能认识到自己的病情。不过，好的一面是，我对自己无力的说服能力有了深刻的认识。

最后，我们约束住了亚丝明，给她注射了一种被称为"长效注射液"（depot）的抗精神病药。我说的"我们"是指全体成员；虽然精神科医生会开药，但干脏活累活的都是护士。亚丝明需要每两周注射一次。第一次打针时，她又踢又叫。时至今日，看着我的病人被按在床上扎针，仍是我工作中最不舒服的事之一。然而，这也是必要之恶。第二剂后，亚丝明的依从性有所改善。让所有人都感到欣慰的是，她同意每天服药了。像对待大多数病人那样,在刚开始服药的那段时间,我们必须看着她用水吞咽药片,然后翻开舌头进行快速的口腔检查。

服药几周后,亚丝明的内心敞开了一些。她罕见地流露出的内心世界揭示了她在犯下重大罪行时的思维过程和精神病症状。她的家人在访谈中的说法证实了她的一些奇怪想法。我曾多次与她哥哥交谈,他在悲痛欲绝和难以置信之余,仍然非常支持我的工作,而且富有同情心。我记得在与他交谈的过程中,我时常挣扎于如何措辞,担心自己会显得傲慢。我忍不住对自己的言辞、语气甚至面部表情进行过度分析。我既想表示出他的妹妹未米仍有希望,也想对他儿子的死表示最深切的哀悼,还想成为或假装成为一位沉着冷静的专业人士,清楚未来的走向会如何。不过最重要的是,所有这些都是出于我为他感到难过。

在亚丝明案的审判开始之前,我提交了一份非常详细的法庭报告作为正式证据。报告体量巨大,60 页的 A4 纸,是我当时写过的最长的报告。我以分裂情感障碍的诊断为她辩护。这种精神疾病是幻觉或妄想等精神分裂症症状与抑郁症或躁狂等情绪障碍症状的结合,这在那两个世界中都是最糟糕的情况。

我向法庭提出的建议是以"因精神失常而无罪"为其辩护,这又称为"精神错乱辩护"或"特别裁断"。1843 年 1 月 20 日,丹尼尔·麦克·纳顿试图刺杀首相罗伯特·皮尔,却射中了他私人秘书的后背。以他的名字命名的《麦克·纳顿条例》规定,如果有证据表明被告在关键时刻有以下状况,则可以此为由进行辩护。

(a)由精神疾病引起的理智缺陷。

(b)由于精神障碍，被告不应对所指控的行为负责，原因在于：

ⅰ)被告不知道该行为的性质，或

ⅱ)被告不知道该行为是错误的。

尽管亚丝明嘴很紧，但通过所有我获得的客观证据，我能够证明在事件发生时，从概率上来看（可能性大于不可能性），亚丝明患有由精神疾病引起的理智缺陷；由于她患有分裂情感障碍，她妄想出她的侄子体内潜伏着恶魔，她必须除掉恶魔才能救他。她还相信，以后她可以利用满月的力量复活他。此外，她的精神障碍导致她情绪高涨，从而抑制了她的思考和行为，进而抑制了她权衡行为后果的能力。我认为，尽管她当时有可能知道该行为（闷死她的侄子）的性质，但是从概率上来讲，她并不知道该行为在法律上是错误的，更不要说在道德上是错误的。

以防法庭驳回这一辩护，我还有备用计划。减轻责任是有限的精神病学辩护，不能完全免除罪责，但可以将谋杀罪降级为过失杀人罪；前者会被强制判处终身监禁，而后者的量刑则完全由法官自由裁量。这种辩护的法医学鉴定标准与《麦克·纳顿条例》不同，但在所需证据和可提出的论证方面有很多重叠。

有些人可能会发出反对的喷喷声。这并非毫无根据，亚丝明确实杀害了一名无辜的两岁男孩。这些反对的喷喷声也肯定不是没有先例，我曾与其他人讨论过这个病例和其他类似病例（完全匿名，以防英国医学总会询问）。我的密友们、一位家人甚至一位医生同事都告诉我，凶手"逃脱了谋杀罪"（而依此，我就成了帮凶）。顺便提一句，不久前，一个理发师问我以什么为生，然后他惊恐地说：所有罪犯，**尤其**是那些患有精神疾病的罪犯，都不值得改造。他简直就是在说："应该把他们关起来，然后把钥匙扔掉。"我很想谎称我当时辩解了有时精神疾病确实降低了罪责，并坚称每个人都应该有改过自新、重新做人的机会，但我的头发才刚理了一半，所以我只是耸了耸肩。

为了打消怀疑者的疑虑，我解释一下，"因精神失常而无罪"意味着从技术上讲，被告在法律面前是无辜的，但这并不意味着没有任何后果。有时，如果罪行较轻，法院可能会宣告无罪，特别是如果犯罪行为不太可能再次发生，且被告将回到一个稳定的、有支持的环境，如一家疗养院。更常见的情况——特别是如果所涉罪行严重，或者存在持续的潜在风险的情况下——是精神错乱辩护会导致被告在可预见的未来被安置在精神病院。在亚丝明的案例中，这意味着她将被送回所在的中度戒备女子病房，继续接受治疗和康复训练。第三种情况是，根据金发姑娘原则（Goldilocks model）[1]，如果罪行的严重程度不高，也不算低，则可以根据监督令将罪犯释放到社区中，由缓刑监督官等专业人员对其进行密切观察。

我一丝不苟地撰写报告，因为我知道，我的文字将对法庭的判决产生重大影响：亚丝明是要在女王陛下的恩典下度过余生，还是要在医院里度过数十年。依据《精神健康法》的另一项刑事

---

[1] 该名取自骚塞的童话故事《金发姑娘和三只熊》，大意是一切要恰到好处。——译者注

条款（第37条），以及附加的"限制令"（第41条），我向法庭提出了"住院令"的建议。这是针对高风险被拘留者中的等级较高者。对于这些案件，司法部与负责病人住院治疗的司法精神科主任医师共同承担决策责任。通常情况下，每个病人什么时候可以离开社区，什么时候经过足够的康复训练和治疗可以最终出院，都由精神科医生自主决定。但是，如果有限制令，司法部就必须对上述所有重要事件做出决定。司法部还会在这些人出院后对其进行跟踪。

与人们普遍的猜想相反，被送往司法精神科隔离病房并非易事。在大多数情况下，刑期是有限的，而且是预先确定的。只要司法精神科主任医师（在上述特殊情况下，再加上司法部）依然认为有必要降低病人的风险，病人就会待在我们的病房里。病人如果患有抗药性疾病、拒绝药物治疗、违反规定、在病房中表现出攻击性、不参与治疗或不洗耳朵背面（开玩笑的），就可能需要在病房待上数年甚至数十年；这有可能让他们的住院时间超过其原始罪行的同等刑期（俗称"量刑标准"）。

隔离的司法精神科医院和监狱当然有一些相似之处：被污名化、采用食物配给制、自由被限制、大门紧锁、制度严格、非法药物会流入，有时还会发生暴力事件。不过，医院终归是一个提供治疗和康复训练的场所。病人最终能否出院，取决于他们是否遵从医嘱，这是一种相当强大的激励，尽管我确信，如果被**威胁**永远不能出院，那么"出院"一词可能更像是棍棒，而不是胡萝卜。他们还需要接受教育或职业培训，为出院后的生活做好准备。监狱中也不同程度地存在这些干预措施，但这些措施并不是强加给囚犯的,也不会直接影响个人的关押期限(刑期很长的囚犯则例外,除非他们申请假释,否则无须接受培训)。

上老贝利法庭的那天风雨交加,我满头大汗、结结巴巴地说完了我的证词,尽管控方大律师使出了浑身解数,竭力诋毁我的可信度,但法官还是接受了我的建议,做出了"因精神失常而无罪"的判决,并根据住院令和限制令的规定,让亚丝明继续住院治疗。我知道,漫长的监狱岁月绝不会让亚丝明恢复正常。也许我在证人席上的表现具有说服力,但我相当肯定是当时的情况更有说服力:一个以前从未有过劣迹、彬彬有礼且谦逊的年轻女孩,一个支持她、宽容她的家庭,一例突然暴发的精神病,以及一宗难以解释的罪行。

亚丝明最终在医院康复了,但遗憾的是,我没能完全见证她的转变。在她的判决下来几个月后,我不得不离开中度戒备女子病房,转回我的培训传送带上。不过,我还是与亚丝明的治疗团队保持了联系,并了解到经过将近一年的药物治疗和其他治疗手段后,她的精神病面具进一步脱落。她透露了大量偏执且夸张的妄想,这些妄想一直被她隐藏着,因为她害怕人们会认为她疯了(这个猜想倒并不完全错误)。她描述说,她在家中窗帘的图案中看到了上帝隐藏的信息,然后又在看守所墙壁的污渍中看到了上帝的信息,随后又在病房的地毯图案中看到了上帝的信息。她坚信自己是天使,有净化灵魂和让灵魂转世的能力。然而,随着药物治疗的进行,这些信念开始松动。她开始发出疑问,然后是开始怀疑,最后是否定。

亚丝明症状的缓解只是她康复的开始。当她对自己令人发指的行为产生的恐惧逐渐渗入她的意识时，一种不可避免的、深沉的、黑暗的、隐袭的抑郁便开始涌动。这时她不仅需要接受药物治疗，还需要接受病房心理学家的认知行为治疗。家庭治疗——在可控的、受监督的空间内逐渐与她的亲属重新建立联系——也是一个优先选项。亚丝明的哥哥，也就是桑尼的父亲，不仅原谅了她，还非常支持她，并参与了她的康复过程。

我在老贝利法庭的经历让我学到了很多复杂的法医鉴定知识，也让我见识到了大律师们残酷的诋毁策略。在我职业生涯的那个阶段，亚丝明案件对我来说是一次宝贵的受教育机会。我获得了自主权，可以就精神错乱辩护和限制令形成自己的独立意见，并在老贝利法庭上做证。

不过更重要的是，我了解到精神疾病引发的暴力对人类造成的伤害远超常人想象。我在教科书和期刊上读到过很多案例，在讲座和会议上也听说过，但直到我与一个拒绝接受自己的所作所为、戒备心极强、患有妄想症的 18 岁女孩进行交谈时，直到我和她的哥哥坐在一起，都在试图理解这一毫无意义的行为时，我才真正**感受**到了这一点。作为一名司法精神科医生，自那以后，我还遇到过许多悲剧。但是，亚丝明的行为是如此令人**刻心刻骨**。还有什么比一个手无寸铁的孩子被杀更让人伤心欲绝的呢？而且他还是被一个本应照顾他的亲戚杀害。这件事也让我意识到亚丝明的哥哥和其他家人原谅她是有多伟大。如果是我，能有这样的胸襟吗？当时我并不知道。后来我有了两个孩子，我还是不知道。

精神病很少像这样突然显形。更罕见的是，它竟然造成如此严重的后果。但这件事确实发生了。如何从杀人犯和其他罪犯混乱纠结的干草堆中找出那些精神病小针头,我已了解这一系统。然而,亚丝明的案件也让我明白了为什么这个系统至关重要。它一针见血地指出正义与治疗之间的微妙平衡,以及复杂交织的伦理问题。保护和复健精神障碍罪犯的需要,与为受害者伸张正义的需要,必须得到认真权衡。

# 第 6 章
# 是疯还是坏？

2012年底至2014年左右，雷吉·华莱士先生被关押在伦敦北部同一中度戒备病区的一间男子病房里，与亚丝明差不多同一时间。他有一串前科，多到法庭书记员不得不把警方的案件档案分成三个不同的电子邮件附件发给我。这可不是什么好兆头。超过100项犯罪行为，72次定罪。这虽然不是我见过的最高纪录，但也值得特地提一句。

他的罪行可谓一顿违法自助餐：违章驾驶、多次袭击和十多项藏毒（大麻、可卡因和海洛因）指控。其他违法行为包括绑架和折磨一名男子超过四天：用烟头烫他，用刀刺他，甚至把尿洒在他的伤口上。我怀疑受害者是他贩毒的竞争对手，但显然他在警方调查时没有主动说出来。

除了我的理发师之外，大多数人一般都会同情亚丝明·卡恩。我们承认，她的急性精神病症状直接致使她杀害了自己的侄子。她没有任何暴力史或犯罪史。在这一事件之外的任何时候，她都没有犯罪或攻击行为。她只是疯了，但不坏。这很简单。

雷吉则与此相反。他是个毒贩，最初来自加纳，后来到了伦敦南部，40多岁。雷吉身高六英尺四英寸[1]，脸上有一个文身（一朵玫瑰，这挺讽刺的），身材十分强壮、结实。他有过反社会行为的前科，11岁时在商店行窃被捕，据说还在高中二年级时用黑板擦（chalkboard eraser）打伤了一位老师的鼻子。顺便提一下，当时我朋友的七岁儿子在烧烤时无意听到我谈论这件事，就问我粉笔（chalk）是什么。我回答说："在触摸屏黑板出现之前，老师们用压缩彩色粉尘棒在黑色的石板上写字。"

雷吉第一次接触精神健康帮助是在本顿维尔监狱服刑期间，他入狱是因为他性侵了自己的继妹。缓刑报告称，他会引诱女性瘾君子到他的毒品窝点，怂恿她们大量购买可卡因和海洛因以欠下高额债务，由此迫使她们卖身成为他和他团伙的性奴隶，来偿还债务。他的继妹拒绝这么做。当时警方怀疑还有更多弱势女性接受了这种安排，不过她们并不想主动向警方提供信息。

在狱中，雷吉被判断患有妄想症。他坚信来自伦敦南部敌对帮派的囚犯正在密谋刺杀他。到目前为止，这一切都是说得通的。但后来他确信囚犯、狱警甚至监狱长都在夜间吟唱咒语，引诱巫毒神灵缩小他的生殖器，这时他的临床表现已发生了变化。监狱精神健康团队给他开了抗精神病药，两星期后他的病情有所好转。

服刑四年后，他又"上路"了（看，我很爱用这些行话）。他送包裹、洗钱、折磨他的"对头们"（我还是没忍住），没有抽出时间参加任何一次精神科门诊预约。他没有在全科医生处登记，因此无法领取医生建议他继续服用的处方药。

---

1 约1.93米。——编者注

雷吉引起我们专科部门注意的罪行（他的指标犯罪）是在公共汽车上袭击一个陌生人，他声称这个陌生人是乔装跟踪他的敌对帮派的头目。这件事被归结为认错了人，但我不禁怀疑这是否意味着他的精神病复发了，这一点一直被忽视。这一点从未得到调查。没有请司法精神科医生，也没有征求专家对他犯罪时的精神状态出具一份意见书。

回到监狱后，雷吉的妄想症再次复发，不久就又出现了先前的黑魔法妄想。这一次，他拒绝接受药物治疗，认为管理人员在药片里放了改变激素状况的化学物质，想把他变成雷吉·华莱士夫人。他的状况迅速恶化。他开始攻击其他囚犯。他用水壶向狱友的头部上方砸去，这个事件让他最终被关进了隔离关押室（狱政术语，即关禁闭）。雷吉被设置为"双人解锁"，这意味着他已被视为高危囚犯，只有两名狱警都在场时，才可以打开他的牢门。他去任何地方，狱警必须护送他去，以保护其他人，这类似于反向保镖。

被诊断出患有精神病后，雷吉最终被转移到了伦敦北部的中度戒备病房。到这里后，他的挑衅行为似乎更加严重了。也许是他的病情发生了自然波动，也许是因为离开了紧锁的牢房，也不再有魁梧的狱警持续跟踪，他胆子大起来了。他会威胁并辱骂其他病人和工作人员。他在病房里确立了自己的阿尔法首领地位：考虑到当时的病人成分，这可不是件容易的事。他的行为往往源于精神疾病导致的偏执信念；他认为其他病人与敌对的贩毒团伙有联系，是被安插来监视他的，而负责他案件的司法精神科医生也与此有牵连。不过，他的迫害视角似乎也与他天生的性格和观念有关。雷吉显然不喜欢别人告诉他该做什么，当在病房里被强制要求遵守纪律时，他经常会做出一些出格的举动。即使是一些基本的规定，比如调低音乐音量、去医院商店购物后上交钱（这是基本规定，以防止病人的贵重物品丢失），也会引得雷吉大声咂嘴、埋怨、咒骂，有时还大声喊叫，他的话里经常夹杂着俚语，令我尴尬的是，我听不懂他的意思。我甚至在谷歌上搜索了"废物"（wasteman，我想我并不像我希望的那样熟悉这些行话）一词。雷吉依然保持着企业家作风，甚至私带自己的产品卖给其他病人。在最初的几个月里，他可没有请过假，也没有过访客，因此他的事迹更加令人惊叹。

药物治疗起效后，雷吉的妄想症状有所缓解，但仍留有潜在的轻度妄想。除了上文提到的天生的性格特点外，这似乎还与他的经历和成长环境有关。他所从事的行业肯定也与此有关；我猜想在他的行当中，被竞争对手和警察监视是很正常的事。另外，他脸上的文身也会让陌生人多看几眼。对于一个天生多疑的人来说，这不是一个很理想的装饰，但我肯定不会向他指出这一点。

虽然雷吉的妄想症通过药物治疗有所缓解，但他的许多反权威行为并没有减少，他对其他病人或明或暗的欺凌和恐吓也没有减少。坦率地说，我们真不知道该怎么医治他，有时甚至与他相处都是艰难的。尽管他的治疗团队给他划定界限、强调规则、加以训斥，但都收效甚微。我们只是护士和医生，不具备像狱警那样控制或恐吓病患的体格。我们团队，包括我在内，眼中满含疲惫，带着恼怒的情绪，因为我们不断对他进行烦冗的训斥，并且每周数次重复病房的规矩，面对的却是他的辱骂和啧啧声。

我经常在同一天，在院子对面的女子病房里评估亚丝明的精神状态。我和她的交流虽然也富有挑战，但要愉快得多，没有那么多的敌对情绪。我就像一个抵制罪恶念头的小学生一样，忍不住在心里问出了一个该遭天谴的问题：亚丝明比雷吉更值得获得我们的治疗吗？我们应该只治疗疯子，只惩罚坏人吗？我与精神科医生、其他精神健康专家、朋友、邻居和理发师交流过此事，大家各有各的看法。

大约在这个时候，我作为一名专科主治医师，正在寻找我的立足点。在医院和监狱的评估中，我已接触过几十个案例，我还在刑事法庭上提供过几次证词。发现症状群中的模式并提取相关风险因素已经开始成为我的本能。我把法庭报告草稿寄给我的主任医师检查，报告返回时上面的红色笔迹越来越少。我一次又一次地面临令人头疼的难题，要确定被告人或病人是"疯子"还是"坏人"。这个问题是对司法精神病学中一个无法回避的核心概念的粗略提炼。然而，做这种区分是公平的吗？这重要吗？某种程度上是重要的，的确很重要。

当公众听到令人发指的罪行时，他们会呼吁血债血偿。杀死自己孩子的母亲，刺伤陌生人的少年，在公交车上随意殴打他人、性侵自己继妹的雷吉。如果行凶者患有精神疾病，那么"疯或坏"的区分就成了划分责任的关键。我们对罪犯的鄙夷是否合理？我们应该把多少责任归咎于报纸上那个面目可憎的罪犯，又该把多少责任归咎于精神疾病？

当法官在法庭上审理案件时，司法精神科医生的证词会将这种划分具体化。法官大人可以据此判断被告人是否有罪，他们是否应该被送往医院,而不是送往监狱。即使罪犯不符合这一标准(《精神健康法》刑事条例规定的拘留标准),但只要有证据表明他们在实施犯罪时患有精神疾病,法官就可能以此作为从轻处罚的依据,减轻对他们的刑罚。

对于证人席上的司法精神科医生来说,我们做出这种区分是为了给法庭提供指导。对于医院里的司法精神科医生来说,这对进行风险评估和对患者的康复治疗指导也是至关重要的。严格来说,一旦患者穿过我们戒备病房的那扇工业强度级别的、防越狱的、上闩锁的大门,他们就是我们的病人,而不再是被告人。简单来说,"坏"多过于"疯"的人更危险,也更难治疗。我们需要更多的资源、监督和支持来控制他们未来的风险。对我们来说,"疯或坏"不应该是一种道德判断,而应该是一种临床判断,尽管在某些情况下,两者的界限是模糊的。要想无视某些罪行的恶劣性质,就必须铁石心肠。我们还必须准备好应对病房里的反社会人格患者。客气点说,我们的一些病人可能相当……**粗暴**。"疯"一般代表患有精神病,"坏"则一般代表有人格障碍。反社会型人格障碍(antisocial personality disorder)是违法者中最常见、最显著的人格障碍,但他们也可能患有其他人格障碍。

人格描述的是思维、感受和行为的特征模式,这些模式让我们成为我们,并形成我们对自己和周围世界的感受。你脾气暴躁的阿姨;过分友好、过分健谈、带着莫名欠揍表情的邻居;你六岁的儿子总是答应吃饭,但在你辛辛苦苦花了将近两个小时做好鸡肉蘑菇派之后,他吃了一口就吐了出来。当一个人的人格出现障碍时,他可能会在如何看待自己和他人,以及如何感受自己和他人方面遇到困难。这些困难是持续性的、令人困扰的，会对他们的幸福、心理健康以及与他人的关系产生负面影响。不良的人格特征与实际可诊断的人格障碍之间的主要区别在于功能如何。如果你在人际交往方面很吃力，以至于影响了你的日常生活，妨碍了大部分人际关系（友谊、家庭和恋爱关系），那么你就在界限的那一边。

我的大部分病人都有人格障碍。这并不奇怪，因为他们经历了残酷可怕又异常混乱的童年。反社会型人格障碍，有时也被称为非社会型人格障碍（dissocial personality disorder），它是精神病态的弟弟，这是一种精神状态，其患者总是不分是非对错，无视他人的权利和感受。患有这种障碍的人往往会与他人对立，操纵他人，苛刻或冷漠地对待他人。他们对自己的行为毫无愧疚或悔恨之心，他们经常触犯法律。他们可能会撒谎，有暴力或冲动的行为，并有吸毒和酗酒问题。由于这些特征，患有这种障碍的人通常无法履行与家庭、工作或学业相关的责任。这种诊断在男性中的比例较高，这并不令人意外。这就是我们科室对雷吉·华莱士进行全面评估后给出的标签。

根据我的经验，宽泛地说，反社会型人格障碍患者通常是职业罪犯。他们喜欢奢靡的生活和一副黑帮形象。许多人从小就被迫干这一行，他们与反叛、不守规矩的人为伍。许多人甚至在接受了心理治疗和药物治疗（我们的康复治疗）后，仍会继续犯罪。臭名昭著的克雷双胞胎无疑符合这种情况。他们是伦敦有名的黑帮分子，在流行摇摆乐的20世纪60年代活动，直到1969年因谋杀等各种罪行被定罪。克雷兄弟是多面手，他们涉足众多非法领域，从勒索、纵火、袭击、恐吓证人到杀人，无所不沾。顺便提一句，他们中的罗尼被诊断出患有偏执型精神分裂症，在布罗德莫尔精神病院住了将近20年，这说明他既疯又坏。

我们还常见到边缘型人格障碍（又称情绪不稳定），多发于女性。这是一种严重的精神疾病，会导致情绪、行为和人际关系的不稳定。其特点是人际关系不稳定或不断变化，容易出现冲动或自我伤害的行为（如过度消费、不安全的性行为、药物滥用、鲁莽驾驶、暴饮暴食、自残），以及脾气问题，如经常发脾气，或与他人有肢体冲突。虽然显然我从未有幸亲自对埃米纳姆进行过评估，但我一直怀疑这位有史以来最有才华、最具原创性风格的词作人之一符合这一诊断。他的私人关系具有教科书般的边缘型特点，极富爆炸性和动荡感；他曾被自己的母亲起诉，曾与同一个女人金结婚两次，还写过非常有画面感的关于强奸前者、杀害后者的歌词。他曾"辱骂"过许多说唱歌手和名人，并曾患过抑郁症，与毒瘾做抗争。这些性格特点显然没有扼杀埃米纳姆的音乐才华和创造力，甚至从某种角度可以理解为为他的歌词内容增添了一种独特的魅力。

我的经验是，边缘型人格障碍患者通常无意冒犯他人，但他们无法克制自己的情绪，尤其是处于危机或对抗中时。他们会过度地做出冲动的、富有攻击性的情绪发泄行为。与反社会型人格障碍患者不同的是，他们往往会在事后后悔自己的行为，但当时却无法控制自己。我们科室对雷吉进行了分析，认为他具有边缘型人格障碍的"特征"，但他的程度并没有过完全诊断的那个基准线。

偏执型人格障碍虽然比较少见，但肯定也是司法精神病学"名人堂"的入选者。顾名思义，这种障碍的患者非常多疑。他们会猜疑别人的动机，认为别人想要伤害他们。这种病症的其他特征还包括不愿向任何人倾诉，心怀怨恨，甚至在最无恶意的评论或事件中也能发现贬低或威胁的含义。患者会很快对他人产生愤怒和敌意。在我的职业生涯中，一些案例给我的印象是，偏执型人格障碍患者如果一个人待着，就不会攻击他人，但他们不会容忍他们眼中的别人的不公正言行或侮辱，往往会因此进行暴力报复。雷吉也表现出了这样的特征。

在一个偶然的机会下，我对雷吉的背景有了更深入的了解，自此我对他以及"疯或坏"这一问题的看法变得模糊不清。在隔离病房医治罪犯，最初吸引我的点在于我们可以深入、密切地了解病人。他们在病房里一住就是好几年，在此期间，我们会对他们的家庭关系、以前的生活、童年经历和历史创伤进行详尽的考察，以确定其情绪和行为的触发因素以及由此产生的性格缺陷。心理学家的作用不可估量；他们不仅要收集材料，还要努力改变根深蒂固的负面认知、情绪和态度。他们是心理文身的清除者。

我们团队的心理学家逐渐了解到雷吉悲惨的成长经历。那是一般人印象中的那种重击不断的艰难生活。他在冷漠的母亲和护理院之间辗转。父亲难得露面一次，但却会对雷吉、其他三个兄弟姐妹和母亲大打出手。雷吉一岁时，因为哭个不停，甚至被父亲打折了胳膊。无论我多么不喜欢眼前这个让人不敢接近的46岁文身大叔，也无论他以前犯下的绑架、折磨和性侵他人等罪行多么让人难以接受，我都无法不对那个孩子心生同情和恐惧。他对当下的状况完全没有概念,却承受着巨大的痛苦。我的工作是要理解为什么人们偶尔会像亚丝明那样,在剧烈的精神错乱的情况下伤害婴儿。但是,即使这些年来我见过那么多暴力事件,治疗过那么多精神病患者,我还是无法理解为什么会有人故意伤害那样一个无辜纯真的生命。

经过职业治疗师课程的教育,有件事显现出来,即雷吉患有严重的阅读障碍,几乎不能读写。他从前的老师似乎从来没有去了解他这个问题。平心而论,在躲避砸来的东西时,要再做好这方面的工作的确很难。雷吉的受教育需求导致的不良行为或沮丧情绪是否从未被考虑到?他贩毒的一个原因是不是他没有其他的职业选择?

雷吉还向心理学家表露,他的哥哥鲍比在十多岁时被人谋杀——在酒吧里打台球时被刺死。他是这样描述鲍比的:"在我的成长过程中,他是家里唯一关心我的人。"雷吉想通过加入帮派来获得归属感,尽管他也觉得需要借此保护自己。据说,起初他对自己的胡作非为感到内疚,其中包括坐公交车去伦敦西部的高档街区偷学生的零花钱和任天堂游戏机(也偷其他品牌的游戏机)。他回忆说,有一次,他的朋友们在麦当劳把一个年纪较小的孩子推倒在地上,还在他的眼镜上踩了一脚。雷吉讲述他们是如何哄笑着走开的,他也跟着笑,但当他回过头去看那个男孩满脸是血地捡起被踩坏的眼镜时,他心里很不是滋味。这个画面在他脑中停留了好几个星期。但几年下来,雷吉对每天目睹和做帮凶的残暴行为已经习以为常。他不再感到内疚。他持续接触暴力,这让暴力对他造成的影响弱化了。我很清楚这一点。

雷吉的背景故事对我来说非常熟悉。我在探寻司法精神病系统中大多数病人的背景时，也会发现类似的悲剧。这些人生起伏通常既容易导致犯罪，也容易导致精神疾病（被称为干扰因素），几乎在他们的每个人生十字路口都存在。这包括遭受身体侵犯，尤其是在幼年时期，以及其他形式的忽视、情感虐待和性虐待。每一个"坏"的背后都不可避免地存在着"悲"。一个令人不安但又无法回避的事实是，大多数身体暴力的施暴者本身也曾是受害者。有精神病史和犯罪史的人往往也经历过就业困难、贫困和无家可归。也许最重要的干扰因素是物质滥用。一些恶劣的物质，尤其是酒精和可卡因，以增加易受影响者的攻击性而闻名；而另一些物质，如安非他命和强效大麻，则以触发精神病而闻名。

读完心理报告后，我想知道雷吉被剥夺了哪些资源，他的童年环境有多险恶。他不仅得不到父母的基本照顾，也得不到老师的基本支持。我所代表的制度本身也可能是其中一部分。如果他在最近一次犯罪时可能患有精神疾病，为什么逮捕他的警察、与他讨论案件的律师或参与审讯的大律师和法官都没有发现这一点？或者在他还押候审时，监狱工作人员（包括一名司法精神科医生，我得赶紧补充一句）也没有发现这一点。他本可以更早地从偏执妄想的流沙中解脱出来，错失良机的情况比比皆是。

同样令我失望的是，雷吉从上一次被释放后，那么容易就掉进了精神健康系统的夹缝中。不按时服用处方药、不去全科医生处登记，并不是关键原因。并不是只有他会这么做，我见过许多其他不愿遵医嘱的病人在社区得到了更积极的支持。那些病人更接近中产阶级、更有亲和力、具有更少的黑人血统。例如，亚丝明是一个平和有礼、经历干净、脆弱矮小的女性，有一个爱她、支持她的家庭，她如果不配合治疗，也会被那样消极地对待吗？

在我看来，"疯或坏"的区分是必要的，但这只是从临床角度，而不是从道德评判的角度。作为司法精神科医生，我们对病人进行风险评估，以决定何时将他们遣送回社区，以及之后如何控制他们的危险性。为此，我们需要分析可能导致暴力和精神病复发的因素。我们还必须明智地分配有限的资源。直截了当地说，如果我的病人像亚丝明一样纯粹是疯了，那么我所要做的就是把"疯"这个因素从等式中剔除，重点是确保她出院后遵医嘱服药。这其实很简单。尽管她最初犯下的罪行是一场可怕的悲剧，但再次发生的可能性非常低，即使再次发生，也很可能是在类似的情况下。她在医院里（最终）也很配合和顺从，所有这些都表明预后良好。

而要控制雷吉的风险则困难得多。在我们消除了他的"疯"之后，还有他的"坏"（他的反社会型人格障碍、反权威立场以及不愿意合作的基本性格）这个更顽固的污点。坏可以治愈吗？这是一个复杂的、涉及多方面的问题，司法精神科医生和社会上其他人对此有完全不同的两种看法。如果探讨此问题，那就像掉进虫洞一般，而且有时会引出哲学思考。不过，为避免让你我都头疼，我还是给出个简短的答案——坏有时可以治愈，但前提是患者有内在的驱动力。正如一句老话所说，司法精神科医生可以将一匹马引到水边，但我们无法改变马的性格[1]。根据我的经验，在

---

1 这个表达源自一句谚语：你可以把马带到水边，但不能强迫马喝水。——编者注

极少数情况下（这概率低得令人沮丧），这种救赎确实发生过，但通常是在经历了监狱、医院、手铐、警察局、亲属的哭泣以及站在被告席上的反复循环之后。只有在这个时候，病人才会最终有所醒悟。他们的反社会同龄人已进入下一阶段，事业有成、家庭美满，而他们是派对上留到最后的人，他们意识到该回家睡觉了。

当我还是个涉世未深的初级医师时，我目睹那些看似走上正道的、有潜力恢复的病人最终还是病情恶化、重新犯罪并被送回这个系统，几年后我才悲观地意识到：如果病人自己没能顿悟，我们强迫他们维持的道德底线和价值观几乎不能（也可能是根本不能）改变他们的处世态度。

雷吉没有改变他的生活方式，他甚至没有假装他改变了。这意味着，即使他在出院后真的控制住了自己的精神疾病，他再次犯罪的风险因素还是有很多：他的个性、他的核心理念、他的生活方式、他的职业、他的伙伴、他将毒品当作消遣的习惯，以及有限的其他职业选择等。雷吉再次犯罪的概率远远高于亚丝明，他需要更多的关注和资源，即使他最近的实际罪行（在公共汽车上袭击陌生人）远没有亚丝明的那么令人发指。我们可以预见他可能会犯下的罪行和暴力行为的多种形式。在他这个案例中，我们知道我们无法管理他的所有风险因素，但我们至少知道我们的限度。MAPPA（multi-agency public protection arrangements，多机构公共治安管理，由警方、缓刑和监狱服务机构，以及其他机构组成的沟通网络，用于管理暴力和性犯罪者）的密切监督是最有效的安全网。

顺便提一句，与其他领域的医生相比，我工作中的另一个异常之处是患者的感激之情非常有限：我们的地位堪比足球裁判、交通协管员或税务人员。我们的工作对象是有暴力史的人,我们会在他们处于最低谷的时候进行干预(他们可能会说是干涉),把他们关押很长一段时间,针对他们自己没有发现的症状,强制他们服用他们不喜欢的药物。我们还会责罚像雷吉这样已经成年、已经对权威产生了抵触情绪的人,因为他们在病房里不遵守规定。这些年来,我从病人那里收到的圣诞贺卡用一只手(甚至用不上两根手指)就能数过来。但我又必须满足,我以自己微薄的力量拯救了公众(免受伤害)、一些病人(免于牢狱之灾)和一些树木(免于被制作成卡片)。

雷吉对我们的服务毫无好感,这是可以理解的。他对我唯一一次表现出好感(或者至少可以说是敌意减少),是在病房里的一次访谈中,当时他房间里播放着一首英国老派地下嘻哈歌曲[罗德尼·P 的《最佳节奏》(Riddim Killa)],而我恰好知道,也喜欢这首歌。不过,在他离开病房的那天,雷吉的姐姐参加了他的最后一次出院会议。之后,她特意向所有参与照顾他的工作人员表示感谢。她告诉我们,这是第一次有人想要帮助他。这些话让我很触动,不仅是因为我们的服务很少得到感谢,更重要的是我想到雷吉一直生活在这样一个被边缘化、被忽视的环境中,我心痛不已。在那天开车回家的路上,我注意到了一位交通协管员,我从他身上感受到了一种很少受到感谢的工种之间的联结。我认识到,他正在帮助我们减少道路拥堵。虽然自那天以后,我收到过十几张违章停车罚单。全都见鬼去吧!

亚丝明和雷吉是光谱上的两个极端。我的大多数病人都介于两者之间。在另一个病例中,疯与坏的界限并不那么清晰,这又进一步搅浑了伦理之水,点燃了哲学之火。

# 第 7 章
# 搅浑的伦理之水

查利·韦杰先生现年 30 岁，被诊断出孤独症。孤独症谱系障碍[1]涵盖一系列障碍，从严重的孤独症到较轻的缺陷。症状主要表现在三个方面，即社会交往、语言和非语言交流，以及重复性或仪式性的行为。成人孤独症的常见症状包括难以领会他人的想法或感受，以及难以解读面部表情、肢体语言或社交暗示。尽管绝大多数孤独症人士在分类上并不具有暴力倾向，但最近发生的几起备受关注的悲惨案件却让人们聚焦于那极渺小的相关性。

一个极端的例子是阿列克·米纳西安，一名 25 岁的年轻人，没有犯罪前科。2018 年 4 月 23 日，他租了一辆面包车，表现出明确的动机，想在多伦多碾轧数十名陌生人，以此出名。他的律师团队试图用他的孤独症作为辩护理由，甚至错误地将其比作精神病。他最终被认定犯有 10 项一级谋杀罪和 16 项谋杀未遂罪。

在审判期间，米纳西安被发现曾研究过杀人狂，并公开承认

---

[1] 孤独症谱系障碍是一种神经发育障碍。如今有一种观点认为其为一种神经特点，属于神经多样性的范畴，非疾病。——译者注

幻想过实施校园枪击。他还研究过埃利奥特·罗杰，此人在 2014 年刺伤、射杀并碾轧了六人后自杀，他的个人宣言与"非自愿独身主义群体"（incel population）有关。incel 这个词是"involuntary celibate"的缩写，是指在互联网上兴起的一场由没有性经验的青年男子发起的运动；也正因此，他们持有一种令人不安的厌女观点，认为自己理应拥有性权利，并将矛头指向所有女性，尤其是那些他们认为无视了自己的富有魅力的女性。就我个人而言，我十几岁的时候曾是一个没什么"嬉戏机会"的脸上长痘的处男，所以我无法理解他们为什么不寻找其他……嗯，独自的活动来释放他们的性挫折感，等待时机，直到他们最终找到有意义的关系。虽然绝大多数 incel 成员都只是在用幼稚的性别歧视言论和理论相互鼓动，但也有极少数人因为坚信这一信念而为极端暴力辩护。在 2021 年 8 月的英国普利茅斯，22 岁的杰克·戴维森枪杀了五人（包括自己的母亲和一个三岁的女孩），打伤两人，然后开枪自杀。他曾公开宣布自己信奉 incel 哲学。

从米纳西安的背景来看，有一些因素可能导致了他的愤怒和孤独感。他在学校受到欺凌，是社会的弃儿。他憎恨被拒绝，尤其是被女性拒绝，这也是 incel 式的想法。事实上，在他的庭审过程中，有人提到了一件特别的事，当时他在大学图书馆正想与一名女性调情，但遭到了拒绝，他对此尤其耿耿于怀。他孤独症的某些特征很可能导致了他被边缘化，使他更容易成为被霸凌的目标并被女性拒绝。他很可能在人际互惠性和社交暗示的理解上遇到了困难，这些则影响了他的调情能力。可以推测，由于他的利益受到损害，相比一般人，他可能对杀人狂更加痴迷。孤独症人士的另一个特征是他们无法以健康和可被人接受的方式表达愤怒、沮丧等情绪。

尽管米纳西安试图获得"不负刑事责任"的判决，即相当于前文案例中的"因精神失常而无罪"，但法院不予承认（我认为这是正确的）。

据调查，米纳西安的行为是蓄意的，而且是事先计划好的。他当天租了一辆面包车，目的很明确，就是要任意谋杀，他甚至对一名精神科医生说，他真希望自己能撞死更多有魅力的年轻女性，他很高兴自己得到了关注。从一个角度可以解释为，由于他患有孤独症，无法理解他人的视角，所以他无法完全明白自己所造成的痛苦和苦难的程度。不过，这并不直接影响他的刑事罪责。

不久之后，一起骇人听闻的案件震惊了英国乃至全世界。2019年8月4日，年仅17岁的乔蒂·布雷弗里抱起一名六岁的法国男孩，将他扔到伦敦泰特现代美术馆的栏杆外面。他最开始乘坐地铁到伦敦桥，然后准备前往碎片大厦。他向一名工作人员询问了门票价格，但价格太高，于是他最终改去了泰特现代美术馆。他乘坐电梯来到十楼的观景平台，看似随意地走向平台边缘，然后扫视平台。据目击者描述，他看起来很放松，还对孩子们微笑，但孩子们觉得有些不对劲，于是纷纷走开。受害者及其家人乘坐电梯到达，当电梯门打开时，小男孩突然跳到平台上。布雷弗里把他抱起来，从边缘扔了下去，他坠落了30米，几乎丧命。布雷弗里在被公众扣留时面带微笑，据说他很平静，没有情绪波动。他说："这不是我的错，是社会福利制度的错。"然后他问新闻是否会报道此事。那个可怜的男孩被诊断出脑出血、脊柱骨折、双腿和双臂骨折。他至今仍坐在轮椅上,需要长期护理,能否完全康复还不知道。

将近一年后,布雷弗里在布罗德莫尔精神病院通过视频连线出庭受审,在认罪谋杀未遂后被判刑。布雷弗里显然负有刑事责任。

他的袭击与米纳西安案件骇人地相似,都是有预谋的。虽然他先打算去的是碎片大厦,后来不得不调整计划,但是他还在事发当天早上用互联网进行了一些显示他有罪的搜索("如果你有孤独症,这能保证你不会坐牢吗?")。他想上新闻的说法显然表明,他知道自己的所作所为在法律上是错误的。在审判中,法官裁定布雷弗里的孤独症谱系障碍不能解释此次袭击,而且他"对公众构成了严重的直接威胁"。他因谋杀未遂被判处至少15年监禁。

2013年,我进入高级培训的第三年,也是最后一年,我的主任医师让我对查利·韦杰进行评估。这是一次性的评估,目的是撰写一份法庭报告,评估他是否适合出庭辩护。我去探访他,他住在一间专门收治有孤独症等学习障碍罪犯的精神科专科病房,该病房位于我工作的伦敦东区医院的另一侧。查利30多年来的大部分时间都是在收容机构度过的,从特殊需求寄宿学校到各种护理院。尽管天气和病房的气氛都阴沉沉的,他还是戴着墨镜,穿着一件鲜艳的夏威夷衬衫。当天早上,主会议室里已经在热火朝天地开展查房,而唯一的办公室中正在进行某种文件审查。因此,我被要求在病人的娱乐室里进行评估,在台球桌上写笔记,这无疑给我们之间的互动增添了几分荒诞的味道。

查利最初的罪行是性侵一名在公共汽车站等车的妇女,当时她的孩子正在身旁的婴儿车里。他走近她，就时刻表问了几个问题，然后突然抚摸她的乳房并试图亲吻她。她推开他，尖叫起来。查利一溜烟跑了，但几分钟后又回来问她要电话号码。她朝着他尖叫，然后他又跑了。他的护理院就在拐角处，受害人看到他进了哪扇门。她报了警，查利很快就被逮捕了。

警方调查发现，此前曾发生过类似事件；查利曾接近过多位单身女性，并进行性侵犯。虽然他在侵犯过程中没有明显的威胁或暴力倾向，但这些行为显然会让受害者感到非常痛苦。他之前甚至被逮捕过三次，但每次都被警方以"他就是有点疯疯癫癫"的非官方理由销案（这也是一种扭曲的积极歧视）。每一次，警方都会对查利厉声训斥、指指点点。每一次，他所在的护理院的工作人员都承诺会提高警惕，只有在他看起来情绪稳定时才允许他独自外出。然而，护理院的各扇门并不上锁，而且查利也不是根据《精神健康法》被拘留的病患，因此从法律上讲，工作人员无法阻止他离开。此外，工作人员与病人的比例是四比一，而所有病人都有许多需求。查利就像《天龙特攻队》中的现代版莫多克一样，不断给他们制造麻烦。在我看来，这与乔蒂·布雷弗里的情况如出一辙。在他将那个无辜的男孩扔下泰特现代美术馆观景平台那噩梦般的一天之前，他也经常被允许独自外出，尽管人们对他的危险性以及他对工作人员的暴力行为有过担心。似乎没有人考虑过合法拘留布雷弗里。

我看得出查利在犯罪过程中的举动似乎杂乱无章，他不符合一个危险的性侵犯者的特征。但我不得不考虑，他为什么要逃跑？是真的出于悔恨吗？还是害怕被报复？还是因为被拒绝后感到尴尬？然后，他又回来要她的电话号码，这表明他对自身行为的不恰当缺乏认识，也没有意识到自己可能造成的伤害。

在评估过程中，在确定了常规背景信息（如他的童年和他对自己以前犯罪的态度）之后，我开始询问我不明白的地方。查利对这次事件和其他事件都非常坦诚。他太坦率了，几乎像个孩子，似乎对他可能给我留下的印象并无觉察：这本身就表明他无法充分认识到自己行为的后果。他知道自己做错了吗？经过详细询问，他解释说他有性冲动，希望得到缓解。我试图了解他对"同意"概念的理解。

他说："你试着亲她们，她们如果回应了，那就是同意了。"

"如果她们拒绝呢？"

查利耸了耸肩："那就不是了。"

"那这种情况下你会怎么做？"

"继续尝试，她们可能就会答应。"

这让我想起了某位前总统关于"同意"的哲学。我问查利为什么在被女人推开后逃走。

"因为她很生气。我知道自己惹上麻烦了。"他回答道。

我们正要接近问题的关键："她为什么生气呢？"

"因为他觉得我太丑了。"

我问查利对他的受害者感到不安有何感想。他思考了一会儿，摆弄了一下墨镜，回答道："我还是应该被允许尝试交女朋友。这是我的人权。"这句话似乎是"incel"运动核心理念的愚昧简化版。

尽管查利对"同意"有粗浅的认识，但是对其复杂性仍感到困惑。他的孤独症导致他对人际互惠性和社会规范概念的认识有限,这也是原因之一。但同时,他也觉得自己在性方面天生有权利,这压倒了他感知到的受害者的情感。显然,这也是强奸犯的思维过程。

在查利的康复过程中,我们需要对他进行关于"同意""尊重"的教育,甚至要教他彻底认识性的概念。我们需要根据他的智力水平和认知特异性进行密集的心理治疗。这不是一蹴而就的事情。当然,这也不是我在一次性访谈中就能解决的问题。尽管我很想纠正他、教育他,但我知道我无权干涉他未来的治疗。这会不尊重他的治疗团队,因为他们希望以一种慎重的、系统性的方式来解决他的问题。

在这个具体案件中,我判定查利不适合辩护。尽管他对法庭程序有非常基础的了解,但他无法理解任何复杂的事情(再次让人联想到某位前总统)。查利一再恳求我告诉法官他感到很抱歉,保证再也不和女人说话,乞求我释放他,这些都反映了这一点。当我试图解释我无权这样做时,他对我破口大骂,这进一步加深了我对他不懂他所处的法律状况的看法。他收到了法官签发的住院令,并被送回学习障碍病房进行长期康复治疗。因此,没有进行审判,他的罪责也没有在法庭上受到审查。尽管我在做证过程中从未被问及此事,但我意识到自己一直在思考查利的态度——它在"疯与坏"的天平上处于什么位置。由于法庭对我关于他是否适合辩护的意见感到满意,而且他的治疗也不属于我的管辖范围,所以我没有再与查利接触。此时,他很可能已经出院了。孤独症不是一种可以"治愈"的病,但查利的认知和行为模式是可以调整的。希望他已经在学习后改变了自己的态度以及与女性交往的方式。

大约一年后，我评估了另一个类似的案例，一个名叫塔拉尔的 19 岁阿斯伯格综合征（孤独症中的一种，症状较轻，不存在语言发育迟缓的现象）患者，据称他强奸了自己的表妹，并试图说服她保守这个秘密。这次评估的重点与查利的相似：一份关于他是否适合辩护的法庭报告。塔拉尔沉默寡言，谦逊，有点孤僻——这些都是这种综合征的典型特征。当时他 17 岁，受害人 13 岁。他声称完全不记得指控的这三起事件，而这三起事件也不过是发生在一年半之前的暑假，当时全家人去野营了一个月。我在法庭报告中转述，这似乎与他的其他叙述不一致。他能够清楚详细地概述自己生活的其他大部分方面，而且在回忆中没有任何遗漏。实际上，被告人声称自己不记得所指控的罪行，这对我认定他们是否适合认罪没有任何影响，一如这（是否有罪）与他们的愧疚或无辜无任何关系。任何人都可以说自己不记得了，而且别人很难反驳。

我是在塔拉尔的事务律师的事务所里对他进行评估的，在主会议室里，他被一张庞大的橡木桌挤在墙边，这让我想起了在对查利进行评估时，那张既不方便又不符合人体工程学的台球桌（显然没有足够的空间挥杆击球）把我挤到了墙边。塔拉尔不仅西装革履，而且表情非常严肃庄重。他的面部表情给予的反馈有限，这在阿斯伯格综合征患者中也并不罕见。塔拉尔回答问题就像在面试。由于他母亲在场，评估让他感觉更加不自在。她显然在指导他说什么，而他也不断地向她寻求答案。在"面试"过程中，她还时不时地打断我和她儿子的谈话,发表一些非常具有引导性的言论。

"医生,他深受这种可怕疾病的折磨已经很久了,这病让他很困惑。他并不总是知道自己在做什么。

"像您这样的专家,当然不会指望我的孩子能记住那么久以前发生的那些无关紧要的事情,尤其是如果并没有发生任何不幸的事情。

"他很聪明,但他压力过大。对他来说,法庭上的流程太复杂了。他觉得法官戴着那傻乎乎的假发很吓人。您知道他们这样的人是什么样的,总是用一堆让人听不懂的专业行话。"

回到办公室后,我出于好奇调出了查利的报告。浏览的过程中,我感觉到在过去一年的时间里,自己对法律术语和概念的熟悉程度大大提高了,而我最初看得糊里糊涂的。那些我记忆中让我犯犹豫的领域现在看来是概念清晰的。我不禁在想,塔拉尔是否真的犯有被指控的罪行,他是否可以被归类为彻底的**坏人**。也许吧。如果他打算让受害者隐瞒他的行为,那他一定明白自己的行为是不道德的。他的情况与阿列克·米纳西安有很多相似之处。在这两起案件中,阿斯伯格综合征必定让犯罪者的共情能力受限,使他们无法完全理解自己的可怕罪行所造成的影响。我在想,如果塔拉尔的综合征没有妨碍他建立健康的恋爱关系和性关系,他是否也会像米纳西安一样做这样的事呢?也许不会。但这是借口吗?绝对不是。

这些问题很复杂,核心概念也很模糊,这里有许多灰色地带,我有时也会纠结于此。但法律不喜欢不确定性,它不能容忍"也许"。被告人要么有资格获得精神病辩护，要么没有；要么有罪，要么无罪；要么进监狱，要么进医院。我逐渐意识到，专家证人的工作远比我想象的要复杂。但是，这些哲学、伦理、医学和法律上的雷区非但没有让我望而却步，反而像火焰吸引飞蛾般吸引着我。

# 第 8 章
## 最荒诞的互动

在我作为专科主治医师的最后一年即将到来之际，一天下午，我接到任务，要在低等戒备病房对一个名叫约瑟夫·杰斐逊的人进行评估。这家医院是我们位于伦敦东部的中度戒备病房的附属机构，距离我们只有半小时的公交车车程。约瑟夫患有躁狂症，并处在发作的急性期，他穿着内衣走进一家服装店，偷走了一个人体模型，原因不明。我设想了几种可能的情况，都不太能说得出口，而且对那些人体模型来说也挺惨的。他被商店的保安追赶，在一条繁忙的主干道上穿行，造成了一起虽然不算特别严重，但在我看来相当滑稽的戏剧性事故。约瑟夫被转诊，病情一直很稳定，但是在我见到他的前一天，约瑟夫的主任医师从病房的护理人员那里得知，他的病情在过去几天里有所恶化。

与医学的所有其他领域一样，司法精神病学的培训包括年度考核和无数次在工作场所开展的评估，这些评估听起来有趣，实际也确实有趣。我们需要执行特定的临床任务，同时由一名资深医生观察表现，并走走形式地打个分。我的任务是进行全面的精神状态检查。这就相当于对有身体健康问题的人进行身体检查，只不过是换到了心理领域。我们不是听你的胸腔,不是将一根巨大的做棒棒糖用的木棍塞进你的嘴巴,也不是一边用手电筒照亮你的眼睛,一边分享我们上一顿饭的味道,而是询问或暗中评估你精神状态的表现,包括你的情绪、你的言语(如语速、语调和音量)、你的所思所想是否包含妄想,以及你对任何人体模型所可能怀有的意图。

在主任医师的注视下,我走进诊室,发现约瑟夫正懒散地趴在椅子上。他近 50 岁,身材微胖,长着一张小天使般顽皮的脸,留着萨尔瓦多·达利式的小胡子。他打着领结,穿着亮黄色的马甲,戴着一副没有镜片的眼镜。他还留着一种我只能形容为"反版莫西干头"[1]的发型:蓬松的头发中间剃掉了一英寸宽的长条。他正拿着一个小瓷杯喝茶,每喝一口,小指头都要翘起。躁狂症会让患者失去控制,容易兴奋,异想天开。有时这种状态也反映在他们的穿着打扮上。在我的患者群体中,这是一种常见的病症,是双相情感障碍的急性期。患者会在抑郁、正常情绪期(通常叫"快乐期")和躁狂的阶段间摇摆不定。躁狂的症状包括:感到非常高兴,语速很快,自视甚高(自大),突发奇想,有重要计划,注意力极易分散,易激惹或焦躁,通常感觉到精力充沛、不需要太多睡眠。此外,还有抑制力下降,会导致冲动的行为和不考虑后果的错误决定。我相信我们中的许多人都曾在公司圣诞聚会上喝了太多的金汤力酒后,说过一些不该说的话,或做过一些不该

---

[1] 莫西干男子的发型很特别,头顶两边光秃秃,中间头发向上翘起好似马鬃。约瑟夫的发型与之相反。——编者注

做的事（可能是和一个同事）。我相信，我们一定还记得第二天在晨光中清醒后的那种恼人的羞愧和尴尬。那么现在你可以想象一下，精神疾病导致的数周的判断力低下。吸毒、滥交、过度消费和赠予财产等一反常态、冲动冒险的行为是躁狂发作时常见的行为。在我的病人群体中，也有一部分人会出现性冲动失去抑制的行为，从身体暴露、当众手淫，到真正的强奸。

一看到我们，约瑟夫就跳起来行屈膝礼。"这是莫奈的原作。"他指着一幅平淡无奇的谷仓画，用低沉高雅的声音说道。"这是凡·高最好的作品之一。"他指着一张海滩的照片点了点头。他咧嘴一笑，拍了拍肚子，端起瓷杯喝了一口，然后低头看向我。"我想不出其他的著名艺术家了，老兄，帮帮我吧。"他低声说。

我意识到，我还没有自我介绍，可能会被主任医师扣分。我请约瑟夫坐下，他坐了下来，尽管他依然兴奋地扭动着身体。在我解释我来找他的原因时，他突然站了起来。

"糟糕，兄弟！我不记得那些画家的名字了，但你知道我想讲什么。他们的作品价值数百万，"他搓了搓手，"这栋楼至少值10亿。对于像你们两位这样高贵的绅士，两位受人尊敬的心理学家，我将以三亿英镑的价格出售它。"他向手掌吐了一口唾沫，然后伸出了手。他神志不清且不受约束，思维奔逸，这是典型的躁狂症状。

"约瑟夫，我们是精神科医生，不是心理学家。"

约瑟夫仰头大笑，笑得肚子咣咣响。我发现自己也在微笑。情绪高涨是躁狂的另一个典型症状，甚至在这种情况下产生的反向移情（countertransference，即治疗师对患者产生情感）——在他那极富感染力的笑声下——也反映了这种疾病的特征。

我深吸了一口气,抑制住傻笑的冲动。"我们能谈谈你的症状吗?"我问道。

"这是我的底线。我们都知道,我做出了让步。"他用低沉有力的声音说道。

这时,主任医师插话,请约瑟夫注意听我的问题。约瑟夫对我的同事(他至少比我年长20岁)嘘了一声,说:"安静!大人在说话。"

约瑟夫最终让我发言,我们就他的症状进行了一次荒诞的交流,感觉就像在演喜剧小品。

"你感觉自己的思维加快了吗?"

"嗯,是的,和凡人相比是的。但这不是我的错,我是个天才。"

"好吧,你说自己是个天才,你为什么会这么认为?能给我举几个例子吗?"我试图引出他强化自我重要性的具体细节。此刻,诊断结果毋庸置疑,不过,记录下所有症状对判断严重程度会有所帮助。这样,在调整约瑟夫的药物剂量后,就可以在几周后对他进行彻底评估,并将他未来的精神状态检查与我正在进行的检查进行比较。

约瑟夫咯咯笑,喝了一口茶。他从袜子里掏出一张皱巴巴的纸递给我。纸上画着几个看起来是在一个像蜘蛛网的东西里的圆柱体,还有乱七八糟的箭头和一个无意义的等式"$x=x+1=y=z+2$"。最上面用稚嫩的笔迹写着"盒电站射计"[1]。

---

[1] 原文为错误的拼写:Dezine for newclear oprated power plant。可能是对"光伏电站智能接线盒"或相关设备的误写。——译者注

约瑟夫一把夺过我手中的纸，满腹狐疑地看着我。"等专利通过后，你就可以仔细看了，"他喝了一口茶，继续说道，"约翰·纳普斯，一位获得了诺贝尔和平奖的伟大的数学家。你知道的，他患有精神分裂症。"

"纳什。"

"纳兹？"

"不，纳什。他叫约翰·纳什。而且我猜，他获得的应该是诺贝尔经济学奖。"

约瑟夫得意地笑了笑："好的，年轻人，如果你相信你在报纸上读到的一切。"

"这就是你想达成的吗？诺贝尔奖？"

"不，我已经得过一个了。"他已经把自大展露得无疑。

"哦，是吗？是什么方面的奖？"

"了不起奖。你知道我可以做一万个俯卧撑吗？"约瑟夫躺在地上做了大约五个。

他站起来用背心擦了擦眉毛，说："我等会儿再继续。"

他很容易分心，说话有种急迫感，有明显的思维障碍（在不同话题之间跳跃），这些都是符合诊断的更典型的症状。我们接着继续查实躁狂的症状清单，约瑟夫声称他有这些症状，但并没有不舒服。主任医师在一旁记笔记。我不知道自己是否给这位评估者留下了深刻印象。访谈是如此随意和不连贯，但同时我又引出了许多症状。

在接下来的10分钟里，我终于过完了我的询问清单，其间约瑟夫还停下来做了几个开合跳，并用歌声回答了我的一些问题。就在我准备告别的时候，他告诉我，我没有问到他的一个主要症状。

他称之为"病痛之首"。

"快请告诉我,约瑟夫。"

"是痔疮,小医生。痔疮。"

我看了看主任医师,他仍然面无表情。我礼貌地解释说,我很乐意提醒他的病房医生,但这与躁狂无关,躁狂才是我评估的重点。

"哦,是吗?那你怎么解释这个?"他解开腰带,拉下裤子。我愣住了。主任医师跳了起来。"评估结束了!"他叫道。

"但我还没就自残的想法向他提问。"我说。这时主任医师已经拿起笔记本匆匆出门了:"没关系,我会给你分数的,我们走吧。"

约瑟夫又对我眨眨眼睛。"别担心,医生。我在开玩笑。我没有疯。"他说着,咧嘴一笑,重新系好了腰带,"我只是想吓吓那个古板的老家伙。"

"好吧,我想你成功了。"我也冲他眨眨眼睛。

我离开时,身后回荡着约瑟夫的狂笑声。

又是值班的一天。我没有再遇到约瑟夫,因为我在另一个病区工作。我希望他能从躁狂(和痔疮)中恢复过来,并保持住幽默感。

我通过了评估。主任医师在所有项上都打了"优秀"的钩,在"建议发展的领域"部分却什么也没写。这让我觉得,要么他觉得我在评估中表现出的能力无懈可击,要么他认为这整件事只不过又是一个麻烦的行政负担,他想忘掉那一整个下午——忘掉约瑟夫的痔疮。

在司法精神病学的培训中,我还通过了许多其他类型的评估,但这一定是其中最荒诞的一次互动。我还须向多位同事和病人发送问卷，以获得他们对我的技能和能力的反馈意见。对我来说，这些官僚任务就像在拥挤道路上通勤或在戒备病房和监狱中漫长的安检一样，都是留不下任何印象的麻烦的必要程序，是工作的一部分。到目前为止，培训中最有启发性的是观察主任医师们的工作。他们也是方式各异。大多数人都乐于助人，提供支持，具备渊博的知识。最好和最差的两个医生，恰好给了我最多的启示。最好的是林福德医生，我担任专科主治医师的三年进行到一半时，他成为我的导师。尽管他外表看起来内向，但他非常专注、充满热情。他就像一位睿智的功夫大师，言谈举止慢条斯理，考虑周全。他对病人的情况了如指掌，并在脑海中制订了严谨的护理计划。他有效地领导团队，总是知道谁应该在什么时候做什么。最令人钦佩的是，无论他有多忙，他总是有时间关照病人，经常工作到规定的下班时间之后。即使是对于对他怀有敌意的少数病人，他也是如此，而他们之所以对他有敌意，通常是因为他不得不停止他们的休假（例如，他们的毒品检测结果呈阳性时）。他会忍受偶尔的谩骂，尽管他本可以轻易地回避这些人，把任何冲突推迟到下一次查房，因为那时将会有多名工作人员在场。我对此表示敬意。林福德医生公平地对待我，并鞭策我努力。他对我犯的每一个错误都进行了苛刻但有建设性的批评。他性格天生温和，但并不会过分友好。这促使我不断寻求他的认可。他的苛刻让我不得不一直全神贯注，最终我养成了习惯。有一次，查完房后，林福德医生把我拉到一边，告诉我他发现我犯了几个错误（我忘记根据之前的谈话开具药方，还不小心把两个有类似病症的病人的背景信息弄混了）。他彬彬有礼但态度坚决，这让我对他审视的严格程度格外敏感，从而避免了今后再犯错误。

与林福德医生共事结束后，我立即开始了为期六个月的实习，指导我的是佩克医生，她是我遇到的最糟糕的主任医师。她做事马虎、没有条理，虽然化了很多妆，但面容却像鬼一样，简直就像个小丑。她总是病理性地迟到——几乎每次开会都迟到，经常让满屋子的专业人士（有时包括专程赶来与她讨论病人情况的外来访客）干等着，却从不道歉，也不解释。她的查房混乱无序，有时我甚至不确定我们在讨论哪个病人。更糟糕的是，她的查房过程冗长无聊，像是一种酷刑，我不止一次睡着了（说句公道话，无论如何我都不该睡着）。她喜欢自己的声音，会重复那些关于病人心理活动的假设，这些假设既不有趣，也不相关。有一次的对话是下面这样的。

"弗雷德当然总是比他弟弟获得较少的关注。他只能在超市工作，勉强维生，但他弟弟却当上了飞行员。弗雷德的内心深处有根深蒂固的不安全感，他会迫害那些让他觉得自己的智力低对方一等的人。"她说。

"当然是这样了，佩克医生。但护士们需要知道的是，你认为他的情况是否稳定到可以休假？"我问道，我可能没太认真掩饰我的消极攻击态度。

她不愿意做决定，也不给治疗小组提供任何指导。我是她的副手，她把最乏味的工作都推给了我，而不是那些我可以从中获得经验的任务。每周的督导会议，她要么很晚才来，要么根本不参加。平心而论，我也不是完全没有错。我没有做到足够灵活，也许还有点分不清权力主次。我自以为是，也直率坦言。我会打断佩克医生的话，重复提出她用漫无边际的心理学术语回避的问题。我们发生了冲突。我承认我越俎代庖,偶尔还会向团队下达指示。鉴于我的等级,这无疑是一种失礼。在她看来,这是极端的傲慢,但说实话,我觉得应该有人来领导这个团队,嘿,我可是那个不顾周折地参加了会议的人,有时还是房间里唯一的医生。佩克医生从来没有在这个问题上质问过我,所以我一直以为这不是什么大问题。

我与培训项目主任(负责监督所有主治医师的培训实习)约见进行年度进展会议,我走进她的办公室,本以为我们会就未来的目标和培训需求进行一次相当轻松的交谈,没想到却遭到了佩克医生的攻击,她向主任发表了一连串对我的负面评价。虽然我觉得其中有些批评是有道理的,但大部分批评并没有道理,而且**所有**这些批评涉及的事,都应该在事态升级之前和我商量一下。佩克医生对我的一连串不满中,有一条据她的说法是,我在她告诉我她将不上班的那几天请了圣诞假(团队里只有两名医生,任意一天我们中必须有一人在岗)。如果我们有过这样的谈话,那我是真的忘了。但显然她可以提醒我,而不是向负责我接下来培训的人告发我。突然间,我对我的病人群体对告密者的态度产生了同理心,这种态度显然受到了监狱状况的影响。

她说:"而且显然你在查房时一再发表讽刺性言论。"

"真的吗?比如呢?"

她拿起一份正面印有我名字的文件,翻阅起来。

"佩克医生说,你的'花'病房里有个叫马丁的病人。有一次,你当着整个团队的面说,你认为目前没有一个像样的治疗方案,"她翻开一页,仔细看了看,又从镜片上方看了看,"佩克医生认为这是对治疗团队的不尊重,因为他们一直在努力工作。"

我的心怦怦直跳。我感觉自己快要融化在那张低矮的椅子里了。

胡说八道!我想。护士和心理学家们因为佩克医生不为马丁做任何事都受够了。一天早上,当我们都在等她来查房时,他们就直接告诉了我!但我不能说我老板的坏话。粪水总是往下流,而不是往上走。我知道这一点。

"但我真的认为我们需要一个更好的计划。"我无力地说。

"但你能明白吗,这可能会让人觉得……"她清了清嗓子,"刺耳。"

如果我早知道会有这些指责,我至少还能准备一些辩解,但我被意外的袭击打蒙了。我感到一阵晕眩,只想赶紧离开办公室。

培训项目主任正在认真考虑停止我的培训,或者延长我的培训,让我接受佩克医生的额外督导。我恳求她让我换个主任医师,因为我知道如果换个更好的导师,我可以证明自己。她同意了,我最终成功地做出了补救。整个经历对我的自尊心和价值感造成了毁灭性的打击。在此之前,我一直得到前任导师的正面评价,并认为自己是个像样的医生。现在,我开始怀疑自己是否真的能胜任这份工作。之后的几个月,我一直怀疑自己做出的决定,对自己的临床技术也产生了信任危机。我还有了妄想,在工作中感到尴尬,感觉自己就像一个偷钱后收到了最后警告的收银员。

我必须在我的评估报告上签字,同时我得到了一份佩克医生的反馈意见,我的培训项目主任一直从眼镜上方细读着这份反馈意见。佩克医生本该只在页底的"建议发展的领域"小方框里写上意见,却写了将近四页纸。佩克医生从不按时参加会议,提交的报告也是半成品,她把最多的精力投入在了这份报告上,而这恐怕是我与她共事期间看到的唯一完整的报告。我把那份评估文件放在办公桌最上面的抽屉里,偶尔在需要灵感的时候翻阅一下,提醒自己成为一名主任医师所必须克服的困难。

幸运的是,我接下来的高级培训相当顺利。我非常感谢佩克医生教会了我两件事:当你不是主任医师时该怎么做,以及如何管住自己的嘴(至少在我还在接受培训时)。

耐心从来不是我的优点之一。在我三年高级培训生涯即将结束时,我自信满满,认为自己已经掌握了一切,并迫不及待地想成为一名主任医师。我太天真了。我没有意识到做主任医师的真正核心并不在于诊断和治疗病人,那只是必须做的事,核心在于**管理**的艺术。管理精神健康团队,监督初级医师、护士、心理学家、职业治疗师和社会工作者;确保每一位成员都能感受到价值感、满足感并各尽其能。管理期望值:承认虽然大多数病人的康复过程都是可以合理预测的,大致呈线性发展,但"人算不如天算",哪怕是最周密的计划,也会出错。此外,还要管理时间和文书工作。二者缺一不可。时间极其稀缺,而文书工作则往往极其繁多。还要管理风险:尽管我们在医院里做了很多努力,但我们无法控制出院后病人所受到的外部影响,因此我们要找到一种沉着冷静的应对方式。我们必须承认,有一部分病人一旦离开我们的庇护,病情就会复发、恶化,他们会再次犯罪。当然,我对这些有一定的了解,但一次猛烈的觉醒才让我真正将这些观点铭记于心。这次觉醒与我的升职——担任三个月的临时主任医师——有关,而这个职位到来的时间实在太不凑巧。

# 第 9 章
# 熔岩洗礼

在最后一年的高级培训开始后不久，我得到了一个为期三个月的职位，"充当"主任医师。伦敦东区一个中度戒备病房的心理健康小组没有主任医师，而且出于我无法知晓的原因，高层管理人员不想找人替代。相反，他们招聘了一批即将毕业的实习生，每次为期三个月（为了不影响正式培训，这是所被允许的最长时间）。我知道，这份工作是一份苦差事。团队成员已经不抱期望。这能怪谁呢？他们所谓的领导每三个月更换一次，但他们仍然肩负着让危险病人康复的重担。但我又怎么能拒绝呢？这是一个承担所有责任的机会，我也可以借此尝尝当主任医师的滋味，毕竟这可能就是我接下来职业生涯的写照。虽然我曾经担任过司法精神科医生的其他角色（在监狱里看门诊、接收从刑事法庭转诊的精神病人，以及担任专家证人），但我一直以为，至少最开始是这样以为的，我会在一家戒备精神病院担任主任医师，因为我对那里最熟悉。

我妻子里兹玛生下我们的第一个孩子卡姆兰后不久，我就开始了这份为期三个月的工作。出现在我面前的是一个脸上有褶皱、长着一双大大的手的小男孩，他令人惊异地拥有一头乌黑秀发，眉头紧皱的样子颇有喜剧效果，看起来疑心重重。我工作的头两个星期是我唯一可以休陪产假的时间。这并不是一个很好的开场，虽然我很想让这个已经深受忽视、没有舵手……心怀不满的团队感觉得到了一些重视、有了一些方向感而心情开朗一些。在陪产假期间，我愚蠢地接受了几份由刑事法庭单独支付报酬的精神鉴定报告。我的想法是，可以用这笔钱买汽车座椅、尿布和多到让人无法理解的用于婴儿护理的柔软棉布。我甚至打算去参加一个朋友在波兰的婚礼，但被妻子严词拒绝了，她认为在国外照顾新生儿太麻烦了。我觉得她有点太小心了，但那个小生命正在吮吸的是她的乳头（并最终给她带来了乳腺炎），而不是我。我在兄弟姐妹和表兄弟姐妹中排行最小，以前从未真正接触过婴儿。不过，婴儿并不会造成什么麻烦。如果他们哭闹，你只需要喂奶和/或摇晃他们，对吗？我这辈子从来没有如此大错特错过。虽然在小家伙出生后的前六个月里，里兹玛承受了更多的情感和肉体上的折磨，虽然我的乳头基本上没有受到什么伤害，但我每天的感觉就像在山上冲刺，然后又从山上滚下来，在下山的路上没躲开任何一块尖锐的石头。啊，好吧，至少当时我正处于职业生涯中最重要、压力最大的阶段，这在某种程度上帮助我转移了注意力。

老实说，这段时间我的脑海一团模糊，我的生活充满了各种体液、哭泣声和不眠之夜（而且还不全是因为孩子！）。我不知道我的模糊记忆是创伤的一种防御机制，还是因为我睡眠不足，无力编码记忆。我确实记得，在穆斯韦尔山那狭窄的公寓里，我不得不在客厅的折叠床垫上躺下，才能勉强入睡，然后就要早起穿上西装，每天都是如此。我感觉自己就像一个衣冠楚楚的难民。

可以说，主任医师这份工作最紧张的部分就是开始阶段。我必须了解病房里所有18位病人的背景信息和危险因素，了解他们和他们的缺点，包括他们的个性和行为。然后，我必须尽快了解我的团队成员的缺点、个性和行为。我必须研究前任主任医师以前批准的行动计划，并在经过评估后对其中的一些计划进行调整。不出所料，这个特殊的团队已经感到自己没有得到足够的重视。哪怕我与前任主任医师的性格相当不同，也没起到什么作用。我受到的接待并不冷淡，但可以说是不温不火。我想他们是在打量我，看我是否有足够的热情真正投入这份工作，是否会直面临床难题、做出棘手的决定，而不是仅仅在这三个月为下一任"傻瓜"保住位置，并充实我的个人简历。

我买了一套崭新的海军蓝细纹西装——如果我看起来像一位权威的资深医生，我就会觉得自己是一位权威的资深医生，希望如此。从办公室到病房的两分钟路程里，我已经被护士们围住，面临着各种难题。其中包括如何让两名阿尔法男性（一个是臭名昭著的帮派成员，另一个则差点捅死自己儿子的社工）在上周斗殴之后保持距离，是否允许另一位病人的妻子探视他（他的妻子是当初导致他入狱的袭击事件的受害者），以及如何保护另一位住院病人（他被指控下载儿童色情产品）免受无情的霸凌并提供支持。

我们的工作对象是一个复杂的、难以相处且可能非常危险的病人群体。因此，团队成员之间的意见之争有时会很激烈、很情绪化，有时意见还会相互矛盾。在这次"熔岩洗礼"中，我很快就了解到，管理每个人的意见和投入的精力是一门艺术，其中就包括哄骗戴着超大眼镜的胆小的职业咨询师埃米莉亚主动说话。几周后,我意识到她有很好的想法,但除非直接问她,否则她不会主动说出来。那两名敌对的阿尔法男都在努力成为嘻哈音乐制作人。埃米莉亚可以在当地的青年中心争取到一些免费使用录音室的时间。她或许可以通过给他们提供受监管的录音时间来促成他们之间的和平,但前提是,任何音乐项目能否继续都将取决于他们的表现。我还注意到,团队中有几名成员并不总是能按照约定完成任务。我不想区别对待他们,也不想让他们难堪,所以在每次查房后,我都会通过电子邮件向每个人发送一份详细的工作清单,这样每个人(包括我自己)就更难逃避责任了。

我的下一个障碍是极度悲观的社工马戈,她的外貌、说话方式以及迈步的样子都像一只斗牛犬,她基本上会否定任何意见。

"我认为亨利不应该有休假。他太难以捉摸了。"她在一次查房时抱怨道。

几周后,我发现了其中的诀窍,那就是承认她的观点,礼貌地同意她的看法,然后再礼貌地表示不同意。"你说得对。亨利是个难以捉摸的人,他可能还有幻听,即使他否认这一点,"接着,我以过分友好的态度反驳她,"但他已经四个多月没有发火了,我不确定我们是否能进一步减轻他的症状。我们就忍一下,尝试一次短暂的有人陪护的外出。否则,我们可能永远没机会让他出院了。"

她后来说:"没有必要把马库斯交给那个社区戒毒和戒酒小组。我以前和他们打过交道,他们从不回应,这完全是浪费时间。"

"没错。他们的跟踪做得不是很好,被忽视的沮丧感受我懂得。但即使服务机构不回应，至少我们也有文件证明我们尝试过。这样，出院后负责监护他的社区心理健康小组将来就可以再次转介他。他们甚至可以复印我们的文件。"

她叹了口气："我不明白为什么我们要做所有的工作。"

"因为在出院之前，他还是我们的病人。这样吧，我来起草转诊信。你只需要发邮件就可以了。"我一边微笑着说，一边在桌下握紧拳头。

第一个月结束时，我已经了解了全部病人的情况，并获得了他们中大多数人的一些信任（不过，有一位患有妄想症的老人坚信我想娶他的前妻，认为我们把他关在医院里就是为了不让他碍事）。我从埃米莉亚那里费劲地得到了一些主意，也成功地让一些懒惰的同事做完自己的任务。几周后，我逐渐感觉到自己不再像一个小孩子试穿爸爸的外套和鞋子，假装自己是个大人。在还是医科学生时，我模仿平易近人的态度，结果真的变得平易近人了，在这里，我也是一样，假装自己是一名领导者，于是我就真的成了一名领导者。我在三个月的任期内努力工作。在家里，我无数次在晚上被孩子吵醒，偶尔还会做光着身子查房的噩梦，这让我疲惫不堪。不过，我和我的团队还是顺利让四名病人出院了，其中包括两名长期高危的病人，我的前任主任医师们都没能让他们出院。其中包括一名多次纵火的50多岁的精神分裂症患者。20多年来，他反复经历着同样的循环：出院后功能水平相对较高，但在停药后不可避免地复发。复发后他会产生一种妄想，他认为自己能够控制火焰。在这个病例中，关键不在于治愈，而在于将他的精神分裂症长期控制在一个安全范围内。我们给他注射了抗精神病药物，让他的病情稳定下来，这种药物须由护士注射，因此不像服药那样可以自行停药。我们把他送进了支持性住房（supported accommodation），每天有工作人员在那里值班12个小时。基于一种协议（称为社区治疗令），他出院了，但必须每月服用抗精神病药，否则将被立即召回医院。我们还释放了一名近40岁、患有非常严重焦虑症的酗酒者，他曾用仿真手枪抢劫过两家邮局。经过以建立自信为中心的密集心理治疗、药物治疗和戒酒后，他的精神状态大为改善。他之所以笨拙地抢劫了邮局，是因为他没有多少赚钱的手段，而且他的焦虑程度高到无法工作。在他被捕的那次抢劫中，他使用了一支用记号笔涂成黑色的木制枪，工作人员看到他手掌上的墨水时发现了端倪，于是将他摔倒在地。在埃米莉亚的帮助下，这名患者不仅接受了咖啡师培训，还在当地一家咖啡馆找到了一份兼职工作。我们第一次见面时，他焦虑得甚至不敢和我说话，但当他离开时，他甚至会开玩笑——说他在庭审期间学习了很多法律知识，他本可以成为一名大律师，而不是咖啡师（不错的笑话，三颗星）。在住院期间，他与疏远的母亲重新取得了联系，母亲甚至在他出院后为他提供了住宿。

同样重要的是，我最终赢得了团队的尊重。在我领导期间，有一些令人难忘的时刻，如一次轻微的车祸，以及一位员工在查房时突然泪流满面（与出轨的未婚妻有关，与我的领导能力无关）。最后一周，我在巡视时上衣口袋里插着一支渗出墨水的红笔，我毫不知晓自己看起来像胸口刚被刺了一刀。这种形象出现在任何医院都让人觉得大事不妙，在司法精神科病房尤其如此，因为这里的几名被拘留者曾捅伤过人，而且至少有一人过去曾袭击过一名精神科医生。这直接导致一名护士拉响警报器并惊声尖叫，听到警报我跑向她所在的护士办公室。其他组员看到我衣裳上沾了血，就呼叫了应急小组。我冲进门，护士跑到我面前，开始解开我的衬衫扣子。应急小组匆匆赶来，这反而让这场骚乱更加难以收拾。在我们反复道歉之后，他们离开了。我的脸和我的衬衫撞色了（鉴于我的肤色较深，能看出脸红相当不容易）。

在学习如何领导心理健康团队的同时，我也逐渐意识到，幕后的文书工作、电子邮件处理和一般行政事务远比我以为的要多得多，其中有些工作对我来说毫无意义。这给我埋下了一颗怀疑的种子，并在日后开花结果。

但我也意识到，我已经准备好了。即使睡眠不足、家中一片混乱、团队士气不高，我也能胜任主任医师的职责。我有能力在没有任何支持、监督或后援的情况下做出重要决定。那么这必然意味着，我可以在正常条件下茁壮成长，对吧？我感觉自己就像一个在高海拔地区训练的长跑运动员。一旦我回到海平面高度的地区，马拉松比赛只会变得更轻松，不是吗？

# 第 10 章
## 微观视角下的精神科戒备病房

我第一次见到乔丹·多里安是在 2014 年 5 月，他是我最棘手的病人之一。几周前，我获得了司法精神病学的"培训结业证书"，这一证书证明一名医生已经完成了英国批准的培训项目，成了一名有资质的主任医师。我再也不用接受督导了，再也不用为我的决定寻求批准了。这让我觉得自己就像黑手党里的老大。有些医生会把这张证书裱在办公室里，你在晚宴上不会愿意坐在他们旁边。我甚至不知道我的证书现在在哪里。

我有些担心无法在伦敦或伦敦附近找到一个主任医师的长期职位。由于就业市场不景气，我的几位前辈在完成培训后不得不举家搬迁到其他地区。尽管担心，我还是幸运地被选中，在埃塞克斯郡一个僻静的小型防护病房工作，通勤大约一小时车程。我选择了一个兼职职位，每周工作三天，这样我就可以利用空闲时间做自由职业——我自己的法医工作。这里面有相当大的风险，这类工作不签合同，因此没有保障，但在老贝利法庭做证的经历让我对那种感觉上瘾了。

在家里，我们的儿子快满一周岁了，他越来越胖，眉头仍然皱得很滑稽，每次换尿布时都凶巴巴地和我扭打在一起，让人感觉他是在保护自己的粪便不被人偷走。我的妻子在休完产假后重返工作岗位，成为一名 A-Level 心理学教师，成人的陪伴让她恢复了理智。我们的夜晚仍然充满创伤，但哭泣和哀号的频率在减少。我又回到了双人床上，与折叠床垫相比，双人床堪称豪华待遇。

我现在是一名正式"成年"的主任医师，乔丹是第一个由我全权负责的病人，他在医院康复的整个过程都由我负责。从最初的评估，到根据《精神健康法》对他进行分科，再到监督他的治疗和康复，直至最后的出院，整个过程中没有上司过问我的临床工作，我完全自主。

我第一次见到乔丹时，他 19 岁，处于被监禁状态，情况很糟。在我们见面之前，我从法庭文书中读到，他入狱的理由是被指控故意纵火伤人。他母亲在楼上睡觉时，他把家里所有的门都锁上。他用打火机油在厨房里点起火。即使作为一个无神论者，我也要感谢上帝，他的母亲被烟味熏醒了。她试图逃跑，据我所知，她没有试图带走乔丹，而乔丹正坐在狭小厨房的早餐桌旁，目不转睛地盯着熊熊燃烧的黄色火焰。前门是锁着的，钥匙不见了。乔丹对母亲的尖叫、抓挠和巴掌毫无反应。她惊动了邻居，邻居报了警，并用砖头砸破了起居室的窗户，让她逃了出来。最终消防员不得不把乔丹拖出来。

我在泰晤士河畔监狱对他进行评估只花了短短的 10 分钟，而在此之前我在伦敦的交通堵塞中度过了两个小时，在监狱门口排了半个小时的队，然后又在监狱安检（经过搜身、指纹扫描、探测棒检测、嗅探犬检查等）中度过了45分钟。泰晤士河畔监狱于2012年3月启用，与贝尔马什监狱等其他监狱相比，它建成较晚，也更现代化。这里的装潢有一种机场般的时髦感。我对这座监狱有点小小地怀恨在心，大约一年前，我在预约后第一次前往泰晤士河畔监狱对一名囚犯进行评估，他们随意指定了一条走廊，让我在那儿等了两个多小时，最后我被告知探视取消，而且没有得到任何解释，他们态度粗鲁，毫无歉意（一颗星）。

当我和一帮律师在一名监狱官员的带领下穿过又一组紧锁的巨型大门时，一名狱警拍了一下我的肩膀。我的心猛地一沉，以为乔丹拒绝见我，或者又是管理出了错，我的探视被取消了。无论如何，这都意味着我浪费了一个上午的时间，本来我可以用这些时间干掉（可惜不是字面意思）如往常一样堆积如山的文书工作。然而，狱警说的是，他必须直接带我去见乔丹，因为他整整一周都拒绝离开牢房。通常狱警不会这么做，因为这样就会少一名狱警看守；监狱里长期人手不足，狱警就像精神科的护士一样供不应求。这个提议表明，他们一定特别担心乔丹。我穿过监狱深处时，不得不既礼貌又坚定地驱赶几名向我靠近的囚犯，以往也是如此。有些人问我是谁；有些人猜测我是医生（毫无疑问，我的种族和西装暗示了这一点），想告诉我他们患的是什么病。有一个人甚至跳到我身边，抬起他缠着绷带的脚，询问伤口愈合缓慢的原因。我猜他已经习惯了被监狱工作人员搪塞，所以他并不接受我的解释，而且我本就对他的病症没有进行过专业的了解，最终我用一段台阶阻止了他进一步询问。狱警解释说，乔丹自还押以来就没有和任何人说过话，也没有洗过澡，最近也没有吃过饭（更糟糕的是，他并不知道这种挨饿的情况到底持续了多久）。乔丹还一直在喃喃自语，他的话语让人难以听清，但时常出现"耶稣"和"天堂"这类字眼。在震耳欲聋的"哐当"开锁声和刺耳的开门声之后，我走进了他的牢房。他蜷缩在一个角落里，紧紧抱着自己的膝盖，看上去既困惑又惊恐。他很年轻，脸色苍白，头发蓬乱，胡子拉碴。他的手指在抽搐，指甲上沾了泥土，好像在弹奏一架我们看不见的钢琴。他的牢房光秃秃的，墙上没有贴任何性感的裸体女人画，我参观过的几乎所有男性牢房都会贴。乔丹几乎不理会我。房间里的恶臭扑鼻而来，但我还是以专业人士的身份（而且因为家里有一岁大的孩子，我对各种恶臭气味已经习以为常）蹲在他身边，向他做了自我介绍。

"多里安先生吗？"

他什么也没说。

"我能叫你乔丹吗？"

还是没反应。

我又问了他几个问题，问他此刻在哪里，他记得的最后一件事是什么，是否能听见声音，是否感到安全，但同样没有得到回应。我盯着他的眼睛看了足足一分钟。我不确定我希望看到什么，但他的眼中只有空洞。我告诉乔丹，我觉得他需要转介到我的精神科病房。"别担心，不管你怎么样，我们都能帮助你。"我说。

我看到他在努力处理这些信息时脸上闪过一丝苦笑。

**但愿如此**，我心想。

乔丹表现出明显的思维障碍和言语贫乏。思维障碍就像脑雾一样，你突然忘了一个词或一个人的名字，但它的威力比脑雾大得多，会干扰你的每一个想法。即使我只是目睹，也会感到不安。言语贫乏是精神病学中对"不爱说话"现象的一种专业表述，它是思维障碍的外在表现。这些症状都可能暗示着精神病的存在。

我离开监狱时，乔丹依然一言不发，我写好申请文件，向司法部申请调令。几天后，乔丹被转移到了我们的小病房。现在，我全权负责他的治疗和康复，不过现在最为紧迫的事是他拒绝进食，我还得负责他的生命安全。

乔丹住进病房后，他的妄想症状在几天内就减轻了。他从一开始看起来因惊恐而呆滞，变成了只是一般程度恐惧的样子。他的眼睛不再死死盯着面前的空地，而是开始在房间里四处张望。此时，他还没有接受药物治疗，所以我只能认为他的这种好转是由于搬到了医院这个更安全的环境中。塑料植物、和蔼的护士和紧锁的病房门取代了金属栅栏、粗犷的警官和紧锁的牢门。虽然我仍心存疑虑，但这是个好兆头。尽管笼罩在浓重的精神迷雾中，乔丹在某种程度上一定意识到了周围的环境。

病房工作人员用轻柔空灵的声音说服了乔丹每天喝几瓶"营保健"。这种饮料类似于给营养不良者喝的奶昔，富含热量、蛋白质、维生素和矿物质，适合那些进食困难的患者，比如患有厌食症或处于肠道术后恢复期的病人。他一直拒绝进食固体食物，这种情况并不理想，但至少"营保健"为我们争取了一些时间，避免了通过鼻胃管强行喂食的强硬方案。

为了最终让乔丹愿意吃固体食物，我们给他吃了一些药物，用了相当长的时间持续劝说。成功给他用药后，接下来要迎接的就是一场消耗战：他没有洞察自己的能力，不明白自己身体状况不好，而我挂心着他的健康，试图说服他、迷惑他，除了不能硬来，什么都做了。他现在的状态只能说几句话，不过每句都很简短，而且都是喃喃自语。一提到药片，他就急忙摇头。

我第一个愿意承认抗精神病药（像大多数精神类药物一样）并不完美。镇静剂只要大约半小时就能开始起效，但要让精神病症状缓解却需要四周到六周的时间，有时甚至更长。这对被囚禁在外部世界之外的精神错乱的人来说是很长很长的时间。我想，即使是最顽固的嬉皮士，也会对持续几个月的迷幻之旅望而却步。这些药物有令人讨厌的副作用，包括镇静、躁动、不自主运动障碍、阳痿、体重增加和糖尿病。通常情况下，最初选择的药物并不一定有效，这意味着我们必须试用几种不同类型的药物。曾有数十名患者指责我拿他们做药物实验，他们的想法并不完全是错误的。不过，我认为最根本的问题在于，他们有时会觉得我们精神科医生这样做是为了一己私利，也许是为了推销某个牌子的药物以赚取非法的钱。而从精神科医生的角度来看，有时我们不得不测试几种药，因为尽管我们知道这些药一般都有效，但我们无法预测某一种药对具体个人的疗效。我们工作使用的工具确实有点钝，但我们不是野蛮人。基于这些原因，我理解为什么许多像乔丹、史蒂维·麦格鲁和亚丝明·卡恩这样的病人会拒绝服用抗精神病药。我也不愿意每天都摄入化学物质，让自己变得昏昏沉沉、肥胖、嗜睡，并患上糖尿病。但如果不吃，就要被可怕的精神病症状困扰，药物治疗肯定是两害相权取其轻。我有责任治疗乔丹，而且我敢说根据《精神健康法》，我有权在必要时违背他的意愿强制他接受治疗。我可以召集一组护士对乔丹进行人身限制，并给他注射长效注射液，尽管这可能会破坏我们之间本已脆弱的关系，粉碎任何一点逐渐培养起来的信任。这种进退两难的境地与处理亚丝明的情况如出一辙，只是少了谋杀案待审时的紧迫感。在最初的几个月里，他几乎不反抗。乔丹服用了药片，我怀疑是因为有人告诉他应该这样做，而且他思维混乱，无法思考自己的选择。他的情况逐渐好转后，显著的改变是他开始偶尔走出病房去探索，与其他病人一同坐在休息区，最终开始主动与其他病人交谈。他仍然有奇怪的宗教倾向，会问工作人员和病人一些奇怪的问题，比如这里是否有犹太恐怖分子，或者如果穆斯林不小心吃了猪肉，是否会下地狱。对我来说，乔丹好转最明显的标志是他的眼睛。我第一次见到他时，就看到他眉头紧皱，目光四散呆滞。他的整个面部表情逐渐趋于平静：从像车灯前的小兔子一般惊慌失措，到带着担忧的好奇，再到最终的正常。这是我工作中最有成就感的部分。我不用摇摇晃晃地穿着白大褂，头发乱糟糟地跑向急诊室。我不用大喊"注射10毫克肾上腺素，马上"，也不用抓起除颤器，大叫："他处于心室颤动状态。在我值班的时候可不行！所有人后退。让开！"（事实上，在每年所有精神健康小组的成员都要参加的强制性急救培训中，我都要在假人身上做这些事。）但是，我确实能够逐渐打破精神疾病的枷锁，释放患者的心灵，把他们从可怕的内心动荡混乱中解救出来。

　　乔丹一旦有了洞察力，他的反抗行为就开始出现。他被抓到私藏药片：把药片藏在嘴里，吐到房间里，然后藏起来。囤积药物有潜在的自杀风险，在病房里是不被允许的。我给他开了奥氮平，这是一种可以溶解的药物（药剂师经常提醒我，这种药物非常昂贵），放在舌下会很快融化。乔丹开始服用奥氮平后，我的同事发现他会给自己催吐。如果他上过我在医学院上的生理课，他就会知道这些化学物质会绕过消化系统直接进入血液中。他的呕吐物中只含有他的最后一餐。

乔丹扰乱药物治疗，拒绝与团队的心理学家和职业治疗师接触，导致他的住院时间延长了几个月。目睹这一切，我感到非常沮丧。他还年轻，正处于人生的黄金时期。就这样，一场熟悉的戏码开始了。我每隔几天就会去病房探望乔丹，劝说他服从安排，我感觉自己就像一个二手车推销员，试图向他推销康复计划。乔丹会被动地点点头，就像一个脾气差的青少年又一次被唠叨的父母教训。与此同时，他的母亲会在医护监督下探视他。她住在米尔顿凯恩斯（Milton Keynes），由于路途遥远，再加上工作上的原因，她很少来探望乔丹。她身材臃肿，戴着过多的金戒指和金手镯，身上散发着浓烈的烟味（当时我正处于烟瘾复发的间歇期，她身上的烟味确实有影响到我，我有权说一句）。显然，他们之间的关系很复杂，毕竟乔丹曾试图活活烧死她。她似乎更关心儿子的经济状况，而不是他的治疗情况，我怀疑她在从儿子身上榨取钱财。当她被邀请参与查房时，她没有问任何关于他的药物或住院时间的问题，却问了很多关于他的银行账户和福利的问题。我无权说什么。她还经常在最后一刻取消对乔丹的探视。他似乎对此无动于衷，但我还是忍不住替他感到不被尊重。

乔丹的整体形象也开始发生变化。来访的理发师（一位从前的病人，曾在住院期间接受过培训）给他理了个时髦的发型。他穿上了时髦的衣服（如果我没听错，他将其称为"哢衣"），大部分衣服都是在网上买的。他有一个定期进账的银行账户。他称这是母亲打给他的钱,但我心存疑虑。他曾经眼中满含感情地对我们的社工说:"不要问我任何问题,我也不会对你撒谎。"在牢房里待的几周让他脸色苍白,但现在取而代之的是一种温暖的光芒。就连他脸上的胡子似乎也整齐了,尽管这可能只是一种视错觉。他比其他大多数病人都要年轻,面容光滑,有些病人已经被严重的精神疾病折磨了几十年。这摧残了他们的容貌、健康,有些人的时尚感也消失殆尽。

乔丹很好地融入了病人群体。只要他愿意,他就会变得风趣迷人。药物似乎不仅消除了他的思维障碍和言语贫乏,还不知为何产生了超出预期的效果。他和护士们戏谑打闹,在厚脸皮和调情之间游刃有余。他偶尔也会露出阴险的一面。如果他觉得自己不被尊重,如果病人不给他烟抽,或者护士让他等很久才带他去医院的小卖部,他就会爆发出一连串的威胁和咒骂,瞬间化身为海德先生[1],让人害怕。这让人感觉他的行为是经过深思熟虑的,而且完全在他的掌控之中。他知道什么时候该收敛(比如在有可能被隔离或注射镇静剂时)。这与当时病房里的其他病人形成了鲜明对比,那些病人偶尔的愤怒爆发是由精神疾病引起的,比如双相情感障碍。

---

[1] 英国作家罗伯特·史蒂文森的小说《化身博士》中的一个关键角色。小说讲述了伦敦科学家亨利·杰基尔博士的故事。他发明了一种药剂,能够释放出他内心深处的邪恶一面,从而形成一个独立的人格——爱德华·海德。海德先生是一个矮小、凶残且充满暴力的人,代表了杰基尔博士被压抑的邪恶欲望。——译者注

住院大约九个月后，乔丹变得更加配合。我怀疑这是因为他看到其他能力比他弱的病人被送出医院或出院。他想继续生活，按照**他的**方式，而不是我的方式。每当乔丹态度和善，能洞察自己的康复需求，似乎很愿意与我们合作的时候，我都会有一种类似成就感的感觉。我真心喜欢我们之间的一些互动。他经常模仿医院的员工，模仿得惟妙惟肖，实在非常惊人，这既让我觉得好笑，又感到不舒服，因为他让我被动地允许他这样做。虽然我可以没有顾虑地执行医院的正式规定，但在规定未涉及的事上，我总是觉得责备病人有些不舒服。我记得有一天早上，我坐在医院的公共咖啡厅里的桌子旁，和他一起喝咖啡。这是不寻常的做法。病人和员工之间存在着一种不成文的自愿隔离规则，病人使用一边的桌子，员工使用另一边的。这引起了两边人的注视和窃窃私语。人们看我们的眼神就好像我们是敌对的帮派成员，一起坐在戒备森严的监狱食堂里。但那只是一杯咖啡而已。而在另一些日子里，乔丹会对我不屑一顾或冷嘲热讽，他对待我就像对待一个带他来审问的警察。我们都知道——你没有我的把柄；他的蔑视似乎在说：我会胜利。

然而，如果不谈乔丹的同情心和人性，他的故事就不完整。他对几个年长的长期患病的脆弱病人很有好感，这些病人的功能和能力几乎都被慢性精神疾病严重削弱了。他会给他们香烟，给他们买可乐，让他们打台球。他似乎不遗余力地照顾斯坦利，这位老人有着水手的面容和浓密的大胡子。斯坦利饱经风霜，患有慢性耐药性精神分裂症，几乎整天都坐在病人休息大厅里他最喜欢的扶手椅上。尽管我们对他进行了各种治疗，但他还是常年神志不清，嘴里喃喃自语，不知所云。他最初的罪行并不是特别严重：携带一把大砍刀抢劫仓库，并且最终失败了。然而，由于他的精神病难以治愈，他已经在医院里住了 15 年以上。我偶尔能从斯坦利口中听出几句话，要么是关于鬼魂的妄想，要么是他问我他在哪里。当我告诉他时，他会对我"哼"一声，骂我是骗子。乔丹偶尔会整理斯坦利的房间，并把其他病人从他的扶手椅上赶走。我常常在想，乔丹为什么会喜欢斯坦利。斯坦利对他而言代表着他对自己精神病世界的短暂一瞥，而且他庆幸自己逃过了这一劫。乔丹是一个多面而复杂的人物，他想掩饰的一个特点便是善心。

在埃塞克斯担任主任医师让我倍感压力，但压力并不主要是乔丹或其他病人带给我的，更多的是这份工作对时间的要求。我当时是兼职工作，我自己的法医兼职事业也在蒸蒸日上，这对我的银行账户来说是个好消息，但我的法庭工作开始占用我每周两天的空闲时间。由于我不可能改变和家人同住的状况，我唯一能做的就是不要命地早起（凌晨 4∶30 至 5∶30 间），挤出几个小时写报告。这种情况不知不觉从偶尔为之变成了常态，进而连我的周末也这样度过。在葡萄牙度过的两周家庭假期中，我甚至每天早上都要挤出几个小时来写报告。对于我的工作压力，里兹玛一直以来都很理解。

2014 年下半年，我妻子怀了我们的第二个孩子，这促使我们从穆斯韦尔山的小公寓搬到了伦敦北部恩菲尔德一个更绿树成荫、比之前更北一点的地区。大约在这个时候，我的社交活动大幅减少。以前我和大学同学会去电音音乐节，现在这些时间则被无休止的早午餐取代。我逐渐认识到,我们可以选择不在家里责备我们蹒跚学步的孩子把半罐酸奶、勺子和炒鸡蛋扔在地上,而是花钱赢得在公共场所和其他家长一起吐槽的特权,虽然我们聊的似乎只有养育孩子的诸多困难,我们互相比较夜晚的生活有多混乱,并以此为乐。现在回想起来,我的法医兼职有点占据我的生活了。我会不停地查看电子邮件,在孩子午睡、洗澡以及在早午餐后的间隙,抓紧时间阅读报告草稿,或在iPad(平板电脑)上匆匆浏览案件文书和证人证词。说实话,这样做并无必要。不停地有截止日期在逼近,但时间总是有的。我开始着迷了。我无法停止对案件的思考。更奇怪的是,难得有一次我的工作进度超前,没有待处理的报告,我却感到坐立不安。我不知道这是强烈的职业道德,还是焦虑所致。也许两者都有?奇怪的是,这种焦虑并不是产生于刑事审判中我在评估的病人的犯罪、暴力或危险行为,或医院的病人群体,而是因为我担心有损自己的专业形象。我从来没错过法庭报告的最后期限,并决心保持我的纪录完美无瑕(直到今天我也是这么做的)。尽管每天都有几封邮件被我置之不理,但我还是会为无法回复邮件而焦虑不安。我的一些主任医师同行就没有这么认真,有几个人偶尔会要求延期开庭,因为他们低估了提交报告所需的时间。我为什么如此在意自己的职业形象?也许是佩克医生的批评带来的那种无意识中的恐惧根深蒂固地侵入了我的灵魂。

我在埃塞克斯郡的精神病院工作时,要参加数不清的会议(有的有价值,有的没有),指导下级医生,撰写写不完的医疗记录,与其他专业人员联络,与病人家属交谈。在那些繁忙的日子里，我真的很难花时间与病房里的病人待在一起，不仅是没时间进行具体的评估，光是在场都没时间。聊聊天，下几盘棋，偶尔玩玩扭扭乐游戏（不，这个没玩过），我最终要对被拘留人负责。我觉得自己这么忙是对他们的不尊重（他们中的许多人已经对权威有抵触情绪，并伴有被遗弃情结）。在我接受培训期间，我目睹了各类主任医师对病人的态度以及为了与病人沟通所做的努力。有些人，比如伦纳德医生，经常出现在病房里；而有些人，比如佩克医生，出现在病房里就像雪山野人被目击一样罕见。我发誓绝不做佩克医生**那样**的人。

乔丹在进步，虽然没有我希望的那么快，但至少他在朝着正确的方向前进。他多次的叛逆行为让我平添几根白发，也让我重新陷入尼古丁的慰藉中。终于，在乔丹进了医院大门近 18 个月后，我觉得他的情况已经稳定到可以试试看休假了。但这时，问题才真正开始。

# 第 11 章
# 为什么就是不想出院？

一旦病人状态稳定下来并开始接受治疗，就可以从精神科病房请假外出。被拘留者是否能请假外出，这大部分是由领头的精神科主任医师决定的（但对于像亚丝明这样被下了限制令的人，医生还必须获得司法部的许可）。虽然这最终由我决定，但我想让整个团队都参与进来。他们为乔丹的康复付出了很多，因此寻求他们的赞同似乎是一种礼貌。然而，乔丹获取休假许可的过程并不容易。在这个特殊的团队中，我有幸遇到了一位非常优秀的心理学家帕梅拉，她曾成功地瓦解了许多病人的防卫心理。虽然她在乔丹的治疗上取得了值得称赞的进步，但她经常发现乔丹并不配合。乔丹会向她敞开心扉，诉说自己小时候的不满足感，告诉她他的母亲是一个派对狂，在酒吧、朋友和男人之间周旋，让他觉得自己就像一个不方便的附属品，她不再想要他，但因丢了收据无法"退货"。然而，就在帕梅拉取得进展的时候，他却像捕蝇草一样迅疾地关上了自己的心门，用讽刺、不真诚的场面话或明显的敌意把她推开。这是一种防御机制，以此保护他脆弱的心灵。

长期以来，精神科医生和心理学家就被混为一谈。首先，精神科医生是上过医学院的医生：穿白大褂、解剖尸体、在医院实习，甚至跟在真正的医生后面蹒跚学步，就像小鸡跟在母鸡后面一样。因此，我们懂得躯体疾病方面的专业知识，明白这些疾病与精神疾病之间的联系。我们只处理真正的精神疾病。我们还可以开药，并有权强制病人入院治疗。心理学家的工作重点是评估情绪和人格，他们的工作通常但并不总是建立在精神疾病的基础上；运动心理学家就是一个例外。心理学家为病人提供心理咨询治疗（谈话治疗），通常会深入研究以前的创伤和人际关系，其中有些人更愿意被称为客户，因为他们并不认为自己患有精神疾病。心理学家接受心理健康方面的专门培训，而不涉及一般的身体健康知识。如果他们拥有博士学位，就可以被称为"X 博士"，但他们不是医学博士。精神科医生和心理学家都不会让你躺在沙发上。就我的个人经历而言，人们弄错我的职业、称我为心理学家的情况，几乎不少于弄错我名字的情况。我毫不夸张地说，我几乎每天都会在邮件中遇到这种情况。在这里我要说清楚，Sohom（读作Sh-hom，经常被读错）是我父母给我起的名字，我的一生都在与这个名字做斗争，我的名字不是 Soham，后者是剑桥郡的一个小村庄的名字，这个村因 2002 年 8 月伊恩·亨特利谋杀了两名 10 岁女孩而有了不好的名声。

我们的职业治疗师伊莱恩与乔丹的关系也很复杂。在英国，所有的司法精神科病房都有职业治疗师，他们为帮助病人开展了一系列活动，从遛狗到烘焙，从足球比赛到健身课程，涵盖范围广。大多数精神科病房的住院者都长期失业（进入监狱和精神科的经历往往会给个人简历留下污点），而且受教育程度往往很低。

有些人甚至自带犯罪基因，或者天生适合违法犯罪的世界。让病人直接出院在社会有限的选择中谋生，就是在为他们的失败铺路。职业治疗师还帮助患者获得教育和资格证书，如协助他们参加在线课程或本地大学课程。此外，他们还培训病人的基本技能，如印制T恤、收银、做咖啡（如那位曾抢劫邮局的患有严重焦虑症的酗酒者）或理发（如给乔丹做了个时髦发型的理发师）。

伊莱恩告诉我们的团队，乔丹在学校的成绩低于平均水平，尽管他很聪明。虽然他对在医院里为未来职业磨炼技艺的想法很抵触，但他很快就学完了那些理论上超出他能力范围的学习材料和书籍。他只对当一名DJ（唱片骑师或打碟者）感兴趣，而医院既不能为他提供演出机会，也不能为他提供调音台，所以他对为未来就业做准备并不感兴趣。我们强烈怀疑，他其实在出院后有其他的赚钱手段，而且可能是不光彩的、需保密的手段。

乔丹再次证明了他的康复是按照自己的意愿进行的，他非常愿意合作，个人魅力十足，热衷于与我们的社工玛丽打交道。她会帮助乔丹处理财务问题并安排探访。精神科社工的另一项基本任务是代表病人与家人和朋友联系。然而，在乔丹这个病例中，玛丽解释说，他对自己的底细守口如瓶，似乎希望与最亲近的人尽量少接触。

上述员工统称为"多学科团队"（multi-disciplinary team），不知为何，总让人联想到我小时候看的"18禁"（适合18岁及以上的成年人观看的）超暴力电影中的少林武僧，他们会接受多个门类的武术训练。团队的大多数成员都在病房外有办公室，这里可以说是一片宁静的绿洲。而另一方面，护士们则位于风口浪尖。

他们整个班次都在病房工作，需要一周七天、全天候监护病人。他们要开展一系列日常活动，其中一些相对更有意思些。这是一个相当有母职特点的角色，他们的工作内容包括让病人下床，鼓励他们自己穿衣，监督他们进餐，为他们配药，让他们取用锁在护理站里的钱和贵重物品。他们还护送一些病人到社区休假。此外，护士还密切观察高危病人（可能攻击他人或故意自残的病人）。优秀的护士（我们的团队中有不少）会努力与病人建立联系。他们与病人进行一对一的交流，就像病人的知己、父母和朋友。糟糕的护士（数量较少）只关注其角色的专制和限制性特点。他们总是在教训人，却很少给予激励。

护士在很大程度上是整个系统的中坚力量。他们也是眼睛，虽然司法精神科医生会定期对病人进行精神状态检查，但我们只能得到病人的一些大致的信息。护士整天与病人待在一起，因此能捕捉到更细微的症状。谁有幻听却在隐瞒？谁的药物过量了？谁声称自己感受到副作用，但只有在医生在场时才会颤抖？我并不羡慕护士。精神科戒备病房的环境，会因为病人的组合和每个人的状态而改变，有时可能变成混乱、令人紧张的地方。我有时会感觉到幽闭恐怖，尽管我是可以离开这里的。护士们在面对躁狂的、愤怒的、激惹的或痛苦的病人时，不得不忍受谩骂和脏话。在我看来，鉴于他们工作的辛苦程度，他们的工资水平并不合理。这恰恰说明，他们中大多数人都是出于同情心才做这份工作的。乔丹与护士们的互动又一次让人喜忧参半。天气好的时候，他会表现得和善可亲、魅力十足，但任何一位护士如果责备他，那这位护士就惨了。他好争辩、爱讽刺的尖酸刻薄的一面就会显露出来。他十分擅长结合对方的特点快速找到一个独特的角度进行谩骂，可能是对方的体重、年龄、种族或是性取向。

乔丹的状况相对稳定了，尽管他偶尔会紧闭双唇，皱起眉头，但团队中的大多数人都认为是时候放手一搏，对乔丹进行休假测试了。

最初是在护送（由护士陪同）下进行15分钟休假，然后是30分钟，最后是一个小时。只要不出问题，就可以升级为无陪护休假，但仍在医院范围内。大多数精神病院都设有商店、咖啡厅、健身房和花园等公共区域。在实行禁烟令（执行情况比人们想象的还要糟糕）之前，病人经常聚集在长椅上，一边抽烟，一边与其他病房的病人闲聊。绝大多数被拘留者都能在精神病院内正常休假。我年轻时曾天真地认为，病人几乎不可能在医院范围内胡作非为。我所知道的最值得一提的恶作剧，是一名男性和一名变性女性在医院咖啡厅的厕所里赤身相对。尴尬不说，还很不卫生。如果患者行为得当，他们就可以进一步在医院员工的陪同下去社区休假。这样的休假同样也是最开始时间很短，后面逐渐延长。

如我们所预料的，乔丹在有人陪同的休假期间表现良好，但当他在无人陪同的情况下休假时，他再次压低底线。他经常只晚几分钟回来：这么短的时间足以让我们担心，但还不足以成为限制他自由的理由。

当病人获准在无人陪同的情况下离开社区时，他们需要有一个目的和一些安排——无论是去看电影、上大学、购物、去网吧，还是去探亲。他们在无陪护休假时不可避免地会接触到一些诱惑（或用心理学术语来说是"不稳定因素"）。除了酒精之外，他们还可能会去拜访一些不应该拜访的人，比如前伴侣、前受害者（通常是同一个人）或犯罪同伙，这些人可能会引发他们从事非法活动。每次医生批准休假时，被拘留者潜逃的可能性都显然是一个令人担忧的重大问题。有些被拘留者甚至在被押送时逃跑。在我工作过的戒备病房里，这种情况每年都会发生一两次。这些被拘留者并不是高智商罪犯，而且他们的钱不多，家人的地址警方都知道，警方通常不需要花很长时间就能找回这些大手大脚的病人。

让医院员工和医院管理层血压升高的是那些直接从医院逃跑的住院者，而不是在休假时逃跑的患者，因为前者本来就更加危险，不应该出现在公共场合。从戒备精神科病房逃跑的情况非常罕见，这一点本应如此。那些5.2米高、防攀爬的、内政部规格的网状围栏可不便宜。在我目前的职业生涯中，这种情况只在我所在的病房发生过两次。

两次都是在21世纪初我接受专科主治医师高级培训期间。第一次是在一个繁忙的夏日午后，有许多访客进出气闸大门，有一个病人混在离开的人群中溜出来，看管他的人没看住他。那天，保安对身份证的检查一定很松懈。另一次是，越狱者从工作人员专用的行政走廊门溜走，那天门没锁，他闯入一间空办公室，拧开了整个窗框。幸运的是，这两次逃跑事件中灾难都得以避免。这两名被拘留者出去后只是肆意吸毒，在被当局发现时还未犯下任何其他罪行。我离开后，我受训的那间伦敦东部中度戒备病房发生了一起严重事件。

在2015年7月的一次围攻事件中，六名工作人员被困在一间办公室内，据报道，当时有五名病人拿起碎玻璃当武器。值得庆

戒备医院

幸的是，没有人受重伤，配备泰瑟枪的警察帮助控制住了这些围攻者。他们被指控犯有暴力骚乱罪、非法监禁罪和扰乱公共秩序罪。其中两人被送往布罗德莫尔精神病院，三人被送往监狱。

1952年，连环杀手约翰·斯特拉芬在翻过10英尺高的围墙逃出布罗德莫尔精神病院几小时后，杀害了一名小女孩，这是一起更加臭名昭著、骇人听闻的案件。受害者名叫琳达·鲍耶，年仅五岁。当时她正在伯克郡的阿伯菲尔德村骑自行车，就在这家高度戒备的医院附近。斯特拉芬在逃跑后的短短四个小时内，先是绑架了女孩，然后勒死了她。第二天，孩子的尸体在田野里被发现。

1951年，斯特拉芬被送到布里斯托尔的霍瑟姆聚居地，这是一家针对"智力障碍"人士的机构，医护人员给他贴上了"智力障碍"的标签，说他的认知年龄只有10岁。据说斯特拉芬从小就对警察怀有"难以压抑的仇恨"和"强烈的怨恨"，他屡次杀人的动机之一似乎是想给警察造成最大程度的痛苦。就在他被送到霍瑟姆聚居地的同一天，他杀害了一个名叫克里斯蒂娜·布彻的年轻女孩。不久之后，斯特拉芬又杀害了五岁的布伦达·戈达德，他把她引到一片灌木丛中，勒住她的脖子，用石头猛击她的头部。他把她的尸体留在那里，然后去电影院看了一部关于杀人犯的电影。三周后，他又在巴斯杀害了一个名叫西塞莉·巴特斯通的女孩，他勒死了她，并把她扔在了田野里。他公开承认了自己的谋杀行为。他被宣布为不适合受审，并被送往布罗德莫尔精神病院，在那里当一名清洁工。他们要求他打扫一间附属建筑，他爬上一个棚子逃了。当时他穿着便服，逃跑持续了几个小时，他走了七英里[1]路。

警方最终在阿伯菲尔德将他抓获,他告诉警方:"我不想再犯罪了。"第二天,琳达的尸体被发现,斯特拉芬被捕并被控以谋杀罪。先是裁定了之前的谋杀案可被纳入审判,然后陪审团认定他有罪。他被判处死刑,但就在原判下达一个多月后,内政大臣以其"智力低下"为由,改判为终身监禁。斯特拉芬成为当时英国服刑时间最长的囚犯,此后只有恶名满贯的"荒野杀手"伊恩·布雷迪打破了他的纪录。斯特拉芬在狱中度过了55年,2007年死于弗兰克兰监狱。

当然,"智力低下""智力障碍""弱智"等词语后来都被淘汰了,换成了听起来更舒服的"学习障碍"。

我从未担心过乔丹会像斯特拉芬一样逃跑并大开杀戒,但每当他的休假时间临近,我都会烦恼。大约在被允许无陪护休假两个月后,一名员工看见乔丹坐在一家咖啡店外面,与一名陌生的棕色头发的女子亲热。他并没有告诉我们关于她的事,而且我们询问此事时,他充满敌意和防备地否认了她的存在。我们的团队必须了解患者在医院以外的恋爱关系甚至是友谊关系。这部分工作,让我成为奥威尔式的老大哥角色,总是让我不舒服。我参加那些让人筋疲力尽的考试,记住教科书的内容,并不是为了成为一个光荣的保姆,照顾那些脾气暴躁、难对付的年轻人。从某个方面说,我觉得告诉一个成年男人在他的感情生活中可以做什么,

---

[1] 1英里约为1.6千米。——编者注

不可以做什么，本来就是不对的。但如果这个未知的感情接受者很脆弱呢？或者，如果她是——上帝保佑希望不是——未成年人呢？如果他突然病情反复，伤害了她怎么办？万一他又放火，而这次消防员没能及时干预呢？虽然在我看来这种情况不太可能发生，但也不是没有可能。**我对乔丹负有最大的责任。**

这个神秘的女人成了我们之间争论的焦点、心头的那根刺。乔丹愤慨地坚决否认这个人的存在。我们没有任何证据。那名员工也可能看错了。我不确定停止乔丹的休假是否公平。我怀疑他在撒谎，但这已超出合理怀疑的边界。似乎没有一个可行的解决方案，既能对他公平，又能确保这个可能并不存在的年轻女人的安全。当我为难地向他提出疑问时，乔丹破口大骂，并将订书机扔向病房办公室后面的窗户。窗户用铁丝网加固了，所以没碎，但订书机却不幸地再也无法将文件装订在一起了。随后，一场带有种族主义色彩的谩骂劈头盖脸地袭来。我本该感到害怕，但当时却没什么感觉。我不知道是我天生性格沉稳（迫不得已的情况下），还是我已经习以为常了。两个护士听到有人高声说话，从门外探进头来。乔丹冷静了下来，他不再谩骂，转而死死盯着我。我摇摇头，把护士赶走了，尽管说实话，其他大多数病人这时都会被送去打针和/或去隔离室。我似乎总是对乔丹网开一面，有时是下意识的。但他的辱骂足以让他停止休假两周。两难的问题解决了，尽管是一场付出极大代价的胜利。

大约有六个星期，乔丹几乎不和我说话，毕竟我惨遭一场猛烈抨击，这让我在某种程度上松了一口气。虽然事发时我默默承受，但在接下来的几天里，我对乔丹产生了怨恨。我不知道为什么，但我觉得自己被背叛了。我还感到越来越失望，因为这个能干、聪明的年轻人，如今已经21岁，却在这次事件中延长了他那一直以来都在延长的住院时间。即使我意识到自己对他投入的感情过度了，也无法抑止这种情绪。

几个月后，我们冰冷的关系开始解冻，乔丹也在休假期间表现得当。但是，有一天下午，他休完假回来却满身酒气，他本该去的是商业街上的健身房。护士们批评他时，他却为自己过度辩解，以能获得奥斯卡奖的演技愤慨恳求。但他不知道的是，我们有一个酒精测试仪。我再一次被叫到病房去和他谈话。乔丹解释说，他只喝了一品脱[1]酒，因为当天下午阳光明媚。酒精测试仪显示他喝了三品脱酒，而且当天下午是阴天。他求我不要停止他的休假。无数次之外的又一次"如果停止休假似乎很可惜"，而且又要耽误他的进度了。我个人并不在乎乔丹喝了两品脱、三品脱还是四品脱酒。酒精不属于他的危险因素，他最初的纵火案也与之无关。我也喝酒，但目前只存在于理论层面，因为早午餐和父亲的身份已经闯入了我的生活。

除了他明目张胆的不诚实这个问题外，还有一个不能开先例的问题。我的另一些病人不像乔丹，他们在服用会与酒精发生反应的大剂量药物；有些人一喝酒就会失去控制，变得暴力；还有一些是正在戒酒的酗酒者。放宽对乔丹的要求可能会在其他被拘留者中引起波澜。他们可能会感觉到乔丹被偏袒，或者嗅出我可利用的弱点。

---

[1] 1英制品脱约等于0.57升。——编者注

最后一根稻草出现在一个雨天的下午。当时我在办公室，距离完成一份第二天早上必须提交的紧急法庭报告还有几个小时，这时我接到了护理人员打来的电话。

护士说："他又没听话。"在她开口之前，我就知道她说的是谁，也知道到底发生了什么。上次我放乔丹一马，他可能感觉到我的盔甲有了裂缝，他这次喝得酩酊大醉地回来了。他当然矢口否认，并拒绝接受酒精测试。我摔了电话，关上门大叫起来。我走到病房，深呼吸。我不得不去乔丹的卧室看他，因为他拒绝出来。一打开他的房门，一股啤酒味就扑面而来。他先是否认自己喝了酒，再是声称我告诉过他休假时可以喝酒。他跑到我面前，指着我的脸，把我推向衣柜，打碎了一面镜子。他的眼神狂乱，脸颊泛红，嘴边还渗出唾沫。他的辱骂是有针对性的。在一串串极具种族主义色彩的辱骂中，他讽刺地指责我对他有种族歧视。他说他有朋友，并威胁要找人跟踪我，捅死我全家。用他的俚语来说就是"捅出一片血"。

在我的职业生涯中，这不是第一次也不是最后一次受到威胁，但这一次尤其直接攻击到我，而且我本能地感受到它的影响。我没有按腰间的警报器，我认为他会像以往一样逐渐冷静下来。另一位病人听到了乔丹卧室里的叫喊声，通知了护士，护士们召集了应急小组。他们把乔丹团团围住，给他注射了镇静剂。被病人吼叫会让我觉得很没面子，因为我不能反驳。他怎么敢指责我对他有偏见？我竭尽全力为他担保了准假，不顾一些小组成员的阻挠。我真想对他大喊大叫，但让事态缓和下来，比我想辩赢更重要。我别无选择，只能在他的怒视和几句辱骂声中离开他的房间。

我没有告诉任何人死亡威胁或推搡的事，也许我应该告诉别人，我的一些同事甚至会向警方报案。严格讲，发出死亡威胁可能构成刑事犯罪，如果情况变得很严重（push came to shove[1]，请原谅我说双关语），这就构成了一次攻击。但我更多是感到受伤而不是害怕，我以为我们之间有某种（诚然，它是反常的）默契。老实说，我没联系警察局的另一个因素是时间不够。当时已是傍晚时分，我还要花几个小时打字和编辑那份讨厌的法庭报告。根据经验，我知道来自我们精神科的电话对警察来说并不是需要最优先处理的（我想这也是合乎逻辑的，因为任何发出威胁或攻击的肇事者都已经被拘留了），我可能要等上几个小时才能等到警察到来。也许还因为我潜意识里偏袒乔丹，所以尽管刚刚发生了那么多事，我也不愿意在他的犯罪记录上再添一个污点，进一步影响他渺茫的出院机会。几周后，他喃喃地说了几句类似道歉的话。我只是象征性地耸了耸肩，并没有回答。现在回想起来，我应该利用这个机会彻底讨论一下这件事。我不是想看他坐立不安的样子，而是想让他有机会理解自己行为的后果，认识到自己破坏人际关系和疏远他人的能力。

在乔丹推我并威胁我的那件事发生几个月后，我休了两周的陪产假，因为我的第二个儿子拉雅安出生了，他再次让里兹玛和我感受到生命的美好，也再次扰乱了我们的睡眠。这个孩子的头

---

[1] 在这里，"push came to shove"既指事情到了最坏的情况，也暗含了"推"（push）和"猛推"（shove）的动作，与前文"把我推向衣柜"形成了双关。——编者注

发比第一个孩子要稀疏得多,鼻子长得像龙的鼻子一样。

显然,工作人员知道我要休假的事,但被拘留者不知道。上级曾强烈希望我们不要与病人分享自己的私事。虽然以下行为在监狱里更为常见,但医院里相对更具有反社会倾向的病人可能会试图利用这些信息为自己谋利,例如,利用泄密信息(甚至照片)来要挟医院员工,或者让他们的同伙与外面的工作人员联系,贿赂或恐吓他们把违禁品(如手机或毒品)带进来。此外,保持专业界限,也会加强患者与专业员工之间的必要互动。在我休陪产假的前一周,乔丹对我说:"恭喜你,喜添贵子。"很明显,我们的员工群体中出现了泄密者。这并不是什么大不了的事,而且我很确定这只是一句客套话,而不是威胁。然而,我不禁想起几个月前他威胁我和我的家人的恶毒话语。我记得他说"捅出一片血"。

乔丹最终开始配合。他接受咨询治疗,在病房里表现得很好,而且(据我们所知)在休假期间也没有做任何冒险的事。病人出院所涉及的行政事务可能是一场噩梦,这取决于社区精神健康小组的工作效率。这往往会形成典型的"厨师太多毁了菜"[1]的局面。当系统运转成功时,我们可能会遇到一个与其同事有良好沟通的联络人员。但如果失败,往往会有过多的医护专业人员参与进来,他们对病人的需求有不同的想法,对康复和后续治疗的确切形式有各自的要求、需求和期望(所有这些都涉及大量的文书

---

[1] 通常用来形容"人多手杂,反而把事情搞砸",或者"过多的干预反而破坏了原本的效果"。——编者注

工作）。

乔丹的出院过程尤为复杂和漫长。在终于弄清了由哪个社区小组负责照顾他之后，乔丹对提供给他的一系列宿舍都不满意。每次他们给出新的选择，乔丹就又拒绝，这就需要我们寻找更多住处，与更多的工作人员联系，打无数个电话，填写更多的表格，并安排几次探访（必须由我们的一名护士陪同，占用了为其他病人提供支持的时间）。

最糟糕的情况还在后面。当这一地区的宿舍实在没有可选时，我们把计划改为乔丹与母亲同住。这并不理想，尤其是因为两年半前他曾试图杀害自己的母亲。他还被要求每隔一天去日托中心，以便专业人员监测他的精神状态。我们团队的社工玛丽安排他在2016年年中开始与母亲试住，在此期间，他应该去日托中心几次。第一次乔丹迟到了三个小时，然后坐在角落里皱着眉头。第二次，他没有出现。周一早上，护理人员去他母亲家接他时，不仅找不到他母亲，而且家里还残留着派对的垃圾，派对开了整整一个周末。有人告诉我，房子里到处都是昏睡的人，地上有避孕套，苹果酒瓶子散落一地，空气中弥漫着大麻的气味。乔丹被送回病房，显然他整个周末几乎没怎么睡觉。乔丹身上有很多东西可以被指责，但你没法指责他乏味。

关于出院的所有计划都取消了。纸牌屋轰然倒塌，我们又回到起点。更糟糕的是，乔丹甚至在周末休假时让他的女朋友怀孕了。是的，女朋友！乔丹透露，他一直在和家乡的一个年轻女子谈恋爱，但他不认为需要和我们说。这段关系在整个住院期间都持续着（当时已超过两年）。显然，他经常在电话里对她说些甜言蜜语。这大概就是他打电话时东张西望、用身体裹住电话听筒的原因。我知道她从未去病房探望过乔丹，但也许她曾在乔丹休假期间去探望过他。也许她就是那个神秘的棕色头发的女人？也许她就是那个给乔丹的银行账户充值、让乔丹继续穿"嘭衣"的人。

这对我们来说是个雷区。严格来说，乔丹仍在住院中，这种情况下他能否去接触他的这个孩子？社会服务机构是否需要介入？他的伴侣在怀孕初期就失去了这个孩子。我怀疑她去做了终止妊娠手术，但乔丹决不会告诉我们。我本以为他会很难过，并做出过激行为，但他似乎完全无动于衷，就像他在整个康复过程时一样。我比他更为此烦恼，这让我有些生气。但我不得不咽下失望的苦果。我的工作是支持，而不是评判。

乔丹在病房又住了六个月后，我才得以与专员接触，再次商谈出院计划。最后几个月是他最安静的时候，他一直低着头，并不像是我们的做法让他筋疲力尽了，而像是他终于意识到，他的反抗是在浪费自己的生命。毕竟，差不多三年过去了。在这段时间里，几位患有更严重精神疾病的病人出了院，他们只是愿意配合我们的游戏。我开始对这个游戏失去信心，乔丹的出院对我来说苦乐参半，并不值得庆祝。那天是周一，我一上午都要连续开会。因此，我们约好早上八点见，做最后的道别。开车上班的路上下起了暴雨，我还记得我看着大雨珠打在车窗上、听着雨刷不间断的刮擦声时，在想乔丹这个出了名的贪睡者会不会早起来见我。我想，应该不可能，但我错了。他起来了，而且还穿着衬衫。他再一次出乎我的意料，在这最后一次见面中，他向我展示了他完全有能力管理好自己，并参与其他人的活动，尽管只按照他认可的方式。

乔丹走后,我感到一阵失落。我想我是想他了。他是个复杂的人物。我也感觉到自己与他形成了一种联结。这是一段关系的结束,尽管这是一段失衡的关系。我为此怅然。他是个圆滑的家伙,有很多副面孔,我并没有自欺欺人地认为我见过他所有的面孔,但我肯定见过他的大部分面孔:患精神病的、惊恐万分的、叛逆的、迷人的、机智的、厚脸皮的、挑衅的、鬼鬼祟祟的、愤怒的、充满敌意的、种族主义的、威胁人的、安分守己的、顺从的。我最后甚至还见到了穿着衬衫的他。在他住院的最后一天,我把他当成了一个值得尊敬的对手。我和他握手时说了一句话,我经常用这句话来与我的病人告别。实际上,这句话是我从前任上司那里学来的:"我希望再也不会见到你。这是我最诚挚的祝福。"

我没有再见过他。

# 第 12 章
# 抓住绳子

大约在乔丹离开的时候，我感觉自己的胸口微微疼痛。抗酸剂并没有缓解这种疼痛，这让我意识到，这比消化不良更糟糕。这种感觉让我陷入了怀疑。我曾经怀疑自己是否适合这份职业。现在，我怀疑这份工作是否适合我。

我和我的同事以及整个系统确实帮助了一些病人，这一点我很清楚。我们努力为他们提供重新融入社会的最佳机会，而这个社会往往希望把他们一股脑锁进铁窗或关在地下（可能病人们反过来也是这么想的）。然而，当我不再担任专科主治医师这个更具游牧性质的角色，转而去担任更有声望但工作形式也更死板的主任医师的职务时，我意识到了几个令我不舒服的问题。首先，我认识到了"旋转门病人"[1]的比例有多高。还是实习生时，我当然已经注意到许多病人以前都进过司法精神科的病房，而且他们已经经历过艰苦的康复训练。但是，我在成为主任医师承担起责任

---

[1] 一个在医疗领域，尤其是精神医学和成瘾治疗领域中使用的术语，指的是那些因同一健康问题反复入院和出院的患者。——编者注

后，才仔细思考其中的**原因**。我总结出两种可能的答案，但对于这两种答案我都不太满意。一个可能的原因是之前的精神科医生及其团队没能让他们康复，既然如此，我又为什么认为我们能做得更好呢？要么就是有些病人（但绝不是所有病人）无法从救治中康复。这并不是说我们所做的毫无意义。在他们住院期间，我们仍然可以缓解他们的急性症状，改善他们的生活质量，为他们出院后创造新生活提供最好的机会。但也许我们只是在裂缝上贴胶布，拖延那个不可避免的结果。

我和乔丹一起经历的过山车般的旅程让我明白，我们的药物和治疗方案，以及设置的界限和规则，都是从我们的角度出发实施的。我们可能会改变一些病人的生活轨迹。但对另一些病人来说，我们就像是强迫他们在我们的照顾下乖乖听话，他们出院后会重新回到以前的生活方式，接触以前的不稳定因素和恶习，那些"坏"多于"疯"的病人尤其如此。在我的成长过程中，我的父母比我同龄人的父母更加严格，价值观也更加传统。一旦我脱离家庭的枷锁进入大学，我就变得放肆了。我们的一些病人也是这样吗？我一直认为自己在愤世嫉俗和乐观主义之间保持着健康的平衡，然而那些复发和再次犯罪的病人给我带来的挫败感远远超过了我对他们的同情。

我也更多地看到其他不确定因素。司法精神病学浇灭了我对犯罪研究的病态迷恋，但付出的代价却是我不得不成为"坏人"。我们的许多策略都是限制性的：长时间的住院观察、强制用药（有时须限制病人的活动和打针）、限制休假时间，更不用说那可怕的隔离室了。我明白，在病房里设定并强制执行界限是很重要的，尤其是对那些在成长过程中很少受到管教的人。尽管如此，我还是忍不住感到我的很多工作都是在责备和控制那些已经长大成人的人。比如让雷吉把音乐声音关小点，斥责乔丹在休假时饮酒，要求他提供恋爱对象的详细信息。另一种限制性的做法很少见，就是给精神极度紊乱、极具攻击性，有时甚至让人认不出的病人使用镇静剂。他们会变得超重、流口水、行动迟缓，就像我所厌恶的好莱坞电影中对精神病人的刻板印象一样。我知道这些都是防止激惹和暴力的必要手段，但我不知道如此用力地"抓住绳子"，我自己能有多舒服。

一位病人让我更加认清了这个系统的限制性，尤其是对于病人群体中那些可能永远都不会好转的少数人来说。这些人的余生，或者说至少大部分余生时间，都将在有着5.2米高栅栏的司法精神科戒备病房中度过。

伦尼·马里亚姆先生50多岁，患有慢性躁狂。他胡须凌乱，头发蓬松花白，是个大酒鬼。他穿着皮夹克，有着一张饱经风霜的脸，就像方兹[1]和圣诞老人的混合体。他声称自己曾经是奇想乐队（The Kinks）的酒友。我们从来没有过任何客观证据，而伦尼充满了离奇的妄想。但就我个人而言，我相信他的这种说法。他看起来就像那种人。2014年4月，当我在埃塞克斯开始了我的第一份长期主任医师工作时，我从前任医师那里同时接收了他和乔丹。

---

1 情景喜剧《欢乐时光》（*Happy Days*）中的人物。——译者注

导致他被捕并最终来到我们病房的严重罪行发生在萨福克郡一家安静的乡村酒吧里。伦尼连续喝了三天酒，没有睡觉（急性躁狂的常见症状），在一个角落里大声唱歌、说脏话，让前来用餐的家庭感到不安。认识伦尼几十年的酒保试图让他安静下来，结果他反而大喊大叫起来。他们没有再给他添酒。我在目击者证词中看到这么一段，工作人员在吧台的角落里小声悄悄开了个会，他们决定在可乐中加几滴菠萝汁和醋递给他，希望他能误以为那是朗姆酒。他们对配料的选择让我大为不解，我真希望能亲身经历那次秘密会议。伦尼喝了第一口这种调制饮料后，随即便吐了出来，他抓起火堆上的木头就开始往吧台上扔。虽然酒保只受了点皮外伤，但伦尼还毁了几桌午餐，造成了价值约 1 000 英镑的损失，还弄坏了十几瓶无辜的烈酒。当警察赶到时，伦尼已从乡村酒吧各处收集了一堆装饰品，他开始向警车投掷装饰品。警察们请求增援，最终成功制服了他，给他戴上手铐，把他拖到警察局，其间他又踢又叫，满嘴咒骂，动作不断。

虽然很不幸，顽固的双相情感障碍让伦尼永远无法摆脱躁狂状态，但其表现形式就像英国的天气一样多变、难以预测。他可以温和可人、魅力十足，笑声穿透整个病房，感染所有病患。有时，他还会唱歌跳舞。然而，他也可能非常暴躁、具有威胁性。与乔丹不同的是，他没有掌握调情的艺术。他有时对护士进行赤裸裸的性挑逗，可以说他确实控制不住自己。他的躁狂让他失去了自制力，有时也会让他产生性方面的想法，同时也让他毫不掩饰地将这些想法一吐为快。幸运的是,女员工们大多只是对他翻翻白眼。他被当作本尼·希尔[1],而不是哈维·温斯坦。他的躁狂能量很有感染力,在病房里给人带来了无穷的乐趣,同时我总是能意识到其他人是在和伦尼一起笑,还是在嘲笑伦尼。

我们第一次见面是在我开始工作的前一周,我去病房旁听每天早上例行的病人社区会议。病人可以在此时讨论有关病房生活的任何问题,例如噪声水平、公共厕所的状况,以及投票选出周五晚上看的电影和要点的外卖。伦尼对我——他未来的精神科医生——非常感兴趣。他不断用刺耳的声音打断会议,向我提问。问我以前在哪里工作,多少岁了,结婚了吗。起初,我试着礼貌地回答,并主动提出会后再单独和他聊,但由于他缺乏自我控制,他还是不停地提问题,干扰到会议进程。他似乎也很关注我的种族,不停就此大声发言。

"我骨子里没有种族主义。"

"你很可能和我一样是英国人!"

还有一句经典的:"我有很多亚洲朋友。"

我知道他的意图是友善的,但是他正在一个满是陌生人的房间里吸引大家对我的注意。我不知道自己是否应该公然不给他台阶下,并向我未来的病人传达一个信息:我会在必要时设置界限。如果我不这么做,会不会让人觉得我是个走过场的人?对抗会不会显得有点无礼?我的做法是否会像他让我难堪一样让他难堪?我再次试着礼貌地搪塞他,但还是没有效果。在我即将负责的这

---

[1] 英国喜剧演员。——译者注

群被拘留的人中，他无疑是最引起我注意的，其中有几个人甚至根本不理我。我立刻意识到，伦尼会是个棘手的病人。

在我遇到的所有病人中，伦尼的情绪最不稳定。当他在电视上看到第三世界国家的饥饿儿童或战争新闻的报道时，他会泪流满面。他会把钱捐给慈善事业（他继承了一笔可观的遗产，领取残疾津贴，除了买香烟和外卖，几乎没有任何支出），这种情况已经到了工作人员不得不干预的地步。伦尼并不追求物质，也很少想购买任何物品，但我们很难知道他的个人价值观在哪里终结，他的精神疾病在哪里突显。例如，他会花 20 英镑为新病人买一份外卖，却不愿意花钱换掉自己的破旧衣服。有一次，他买了一双 AJ（"空中飞人"乔丹）运动鞋，招摇地向大家炫耀。第二天早上，在病人社区会议上，他穿着这双鞋，在其他人的鼓掌欢呼声中，表演了一段软塌塌又节奏感不好的《大河之舞》。一周后，他就把这双鞋送给了一个他几乎没有说过话的病人。我担心他被人利用。我希望伦尼至少能保留一部分积蓄，并禁止他再捐出任何财物。

"这他妈是我的钱，我的运动鞋，我自己的脚！我不是你所有的。"他在下一次查房时对我吼道。我又一次成了坏人。

心情好的时候，伦尼处于几乎病态的快乐中。他的嗓音洪亮，他会抑制不住地问一些关于我妻子或我当父亲，甚至关于性生活的私人问题，然后他会再告诉我一些他自己的不光彩逸事。我会礼貌地试图把话题引开，这常常让我的同事们感到好笑。他眼睛里闪烁的调皮光芒让我怀疑，也许他能控制得了他的一部分躁狂症状，但他为了制造娱乐效果选择不去控制。真是场公平的游戏。他甚至经常叫我"莫格利"[Mowgli,《丛林之书》(*The Jungle*

Book）中的人物]：有点种族歧视的意思，但又很有趣。我与他在一起时所感受到的反向移情，同我和也患有躁狂症的约瑟夫在一起时所经历的一样。经过一些互动之后，我感到精神振奋、心情愉悦。这感觉就像是在和兄弟戏谑，一个情绪非常不稳定、难以预测、言语粗俗、满脑子黄色的兄弟。

在心情不好的时候，伦尼会把整个团队都骂一遍。就连调皮捣蛋、有时故意挑衅的乔丹也会对他敬而远之。伦尼会用他所知的所有脏字骂我。他会控诉我密谋用药物杀死他，因为我嫉妒他的极高智商，他说他的智商有300。2015年夏天，有大约两周的时间，他甚至每天早上等在卧室窗边，在我穿过院子进入病区时对我大喊大叫。这种谩骂是非常公开的。和我一样，医院的其他员工已经习惯了病情不稳定的病人的敌意和辱骂。他们对我表示同情并安慰我，我的心情很复杂。在某种程度上，我觉得自己就像一个躲避长期霸凌的孩子。我并不真的认为自己有人身危险，但这让我非常尴尬。不过实话说，我又感觉这有点好笑，部分原因是伦尼的词汇量惊人。"你这个在精神病学中进行大规模屠杀的蛀虫，你这个黢黑的浑蛋野蛮人，我的眼中钉！"这是他富有种族"文采"的一句话。

从2014年到2017年，在我照看伦尼的几年时间里，我曾三次尝试减少他的用药量。看到他被施用镇静剂后的样子，我会感到不安，觉得自己有责任。我从他的样子中就能看出他的感受。他不停地打哈欠，站立不稳，经常在病人休息室的角落里那把破旧的扶手椅上睡着，几乎成了家具的一部分。但每次降低剂量一周后，伦尼就会变得极度激惹。他的眼睛发红，他会咆哮，耸着肩在病房里四处踱步。其他病人会开玩笑说是不是满月到了。他会跑到来访者面前大喊大叫，问他们是谁，他会扯下他们的证件挂绳，指责他们是被派来暗杀他的。他会在看电视时因为想换台而对着其他病人尖叫，向他们挑衅，企图来一场生死决斗。大多数人对此一笑了之，但有几次事态升级，需要工作人员紧急干预。有一次，他狠狠踢了一名护士的腿，致使那名护士的腿严重瘀伤，于是我们对他额外使用了镇静剂。我一直很钦佩有些护士的坚忍，他们把忍受侮辱和攻击当作日常工作的一部分。不应该是这样的，但这就是现实，不管墙上贴了多少反对虐待行为的海报。每次我试图减少他的药量，结果都是他被关进隔离室。我从他脸上看见的不只是愤怒，还有困惑和痛苦。伦尼自己并不想这样，但如果不辅以大剂量的药物治疗，他无法控制他的精神状况。他每次去隔离室，我都觉得自己有责任。我本想把他从那个让他变迟钝的化学药品牢笼中释放出来，却让情况变得更糟。

我感觉自己并没有在治疗伦尼。我没能拯救那个埋藏在深处的好人，我知道他就在那里。无数种情绪稳定剂和抗精神病药一起上，都用了最大剂量，这也许一度平息他的愤怒，但并没有把他的症状抑制到可以接受的程度。事实上，我可能正在慢慢地杀死他（具有讽刺意味的是，这正符合他的妄想内容），或至少使他的"报废"日期提前了，我使用了可能会导致一系列副作用的药物，其中一些副作用会直接或间接地缩短预期寿命，包括心律不齐（心跳不规律，会增加心脏病发作和中风的风险）。我看不见他重获新生的希望。我们只是在照顾伦尼，我一直没能接受这一点。

与其他所有医生一样，司法精神科医生在毕业时也要签署

《希波克拉底誓言》。其中的第一条原则就是**永不伤害**（不伤害原则）。然而，可以说我们的某些行为就是在伤害我们的病人，尽管我们有确凿的理由：约束并强迫他们进入隔离室，如果他们的大麻检测结果呈阳性，就停止他们的休假；作为专家证人撰写驳斥精神疾病辩护的法庭报告，让他们入狱。可以说，这些做法更像是法律的强力武器，而不是医生的温柔爱抚。这是一个道德难题，我越是去想，就越纠结。

与大多数病人不同，伦尼没有什么可失去的。他喜欢住在病房里。他有定时的膳食、药物治疗和"漂亮的护士供他观赏"（他自己说的）。我相信他在一定程度上知道自己的言行在外面的世界是多么令人难以容忍、多么具有攻击性，所以他一定也感受到了一定程度的保护。医院的围墙对许多人来说等同于监狱的围墙，对他来说却是温暖的毛毯。他的状况太不稳定，无法离开，这意味着我没有任何筹码可以让他乖乖听话，也无法逼迫他接受他想拒绝的治疗。

因为感到挫败，我不自觉地开始和伦尼一起冒险。虽然是经过深思熟虑的冒险，但依然算冒险。虽然这不是法律规定，但我们这一行基本默认，病人的病情稳定几个月后才能休假。医院的规定则是，如果病人情绪失控或有攻击行为，应暂停休假两周。尽管他常在病房里制造麻烦，我还是允许他在护送下外出，并特别嘱咐员工，他必须在两天内不造成任何负面事件。我们发现，如果伦尼去的是公园或动物园等相对安静的环境，远离人群和刺激（如乘坐医院的小巴士，而不是乘坐公共交通工具），并有他熟悉的员工陪同，他就能表现良好。他可以应对自如，但只有在条件完美的情况下才会如此，就像做舒芙蕾[1]那样。允许伦尼在公共场合出现绝对是有风险的。如果他对陌生人大喊大叫，医院可能会受到谴责。如果他攻击任何人，医院可能会被起诉，虽然我的工作不会受到影响，但我的声誉会受损。这一不合常规的举动引起了一些同事和医院管理层的质疑和不满。其他一些病人也感到不满，指责我偏袒他。我改善了他的生活质量，但为此我不得不放宽规则，一再为自己的决定辩解，这让我对这个制度的有效性产生了怀疑。

2016年一个阳光明媚的下午，伦尼的休假不得不取消。人手短缺意味着没有护士可以护送他。这让他非常沮丧，这种情况也并不少见。伦尼接到通知后，愤怒地大叫起来，然后从墙上扯下几幅裱好的画（在大多数戒备病房里，画的主题都是树叶），在上面乱踩。我们的员工温柔地走近他，试图说服他到自己的房间休息一下。他拿起破碎的相框挥舞起来，割破了手，血流了一地。没有其他人受伤，但应急小组不得不制伏伦尼，并让他双手放在脑后，把他带到隔离室，他已经对那里越来越熟悉。

---

1 一种经典的法国烘焙甜点。——编者注

# 第 13 章
# 可怕的隔离室

在戒备精神科病房里，隔离室是一个黑暗的存在。它是另一种必要的罪恶。当病人在病房里过于不安而无法控制自己的情绪，并且存在迫在眉睫的暴力风险时，他们就会被带到那里，如果有必要，我们还会用上每年都要重新学习的约束技巧。先来戳穿一些常见误解：人们普遍认为我们会使用野蛮做法，比如用链条或约束衣等物理约束手段，但实际上，我们不使用这些手段（尽管日本等其他国家使用）。我们的工作场景中也不会像电视节目和电影中时常演的那样，出现肱二头肌从白衬衫中暴露出来的彪形大汉。实际上，所有的约束工作都是由护士完成的，他们的体格各有不同，但大多数都很普通。

隔离室，可以理解为带软垫的牢房这种过时的概念。里面实际上并没有软垫，但其设计目的是将居住者的风险降到最低。它是一个狭小的、光秃秃的防逃跑房间，里面只有一张撕不破的乙烯基材料的厚床垫和一条撕不破的因此不能撕出带子来的毯子。房间里没有家具或其他可用于投掷或袭击或自残的物品。有一个单独的卫生间，里面有一个钢制马桶、一面牢不可破的金属镜子、一个按钮式水龙头和一个没有塞子的钢制洗脸池——以防淹水。

房间通常都有有机玻璃窗，有些高科技房间还装有摄像头，以防病人躲在角落里。工作人员不愿意使用隔离措施，只有在万不得已的情况下才会使用。尽管电影中会出现一些卑鄙的刻板角色利用隔离手段，但我们从来不会将隔离当作一种惩罚方式。这不仅是因为隔离会极大地侵犯病人的自由，而且从更实际的角度来看，这会极大地消耗资源。必须有一名护士坐在隔离室外时刻观察病人，这往往会给本已忙得不可开交的护理人员造成压力。

护士每隔几小时就会进行一次复查，不仅要检查病人的身体状况，如测量血压和脉搏，还要提供食物和饮料（冷饮或温饮，但绝不提供热饮）以及药物。除了每日的常规药物外，通常还会提供额外的镇静剂，目的是让患者足够平静，以便能尽快离开隔离室。医生每天都要进行几次医疗检查，以便开药、处理罕见的医疗紧急情况以及决定是否或何时可以终止隔离。严重的身体突发事件极为罕见，但有一起特别的灾难性事件不能忘记。洛基·本尼特的那起可怕事故发生在我们这一代之前，但在司法精神病学领域的影响持续了几十年。虽然这起事件与隔离无关，但它反映出工作人员过度严厉的约束。本尼特是一名38岁的非裔加勒比病人，患有精神疾病18年，他的诊断结果为精神分裂症。1998年10月30日，他在诺里奇的一个中度戒备的精神科病房中被工作人员粗暴对待后死亡。工作人员对他的人身限制持续了很长时间，给他服用的药物剂量也超过了建议的限度（这可能降低了他的呼吸频率，导致他死亡）。这起死亡事件的调查结论是，这是精神卫生服务机构内部的制度性种族主义造成的。细节包括，一名白人患者与本尼特发生口角，尽管似乎是前者挑起了争斗，但在护士介入后这名白人患者没有受到任何惩罚。

本尼特的死因调查得出结论——因疏忽而加重的意外死亡——政府同意扩大调查范围。2004年2月12日,一份名为《大卫·本尼特[1]死因独立调查》的报告发布。报告发现,精神卫生系统在治疗和护理本尼特的过程中存在许多制度性失误,包括在长达17年的时间里,没有真正尝试让他的家人参与他的疾病治疗和管理。护士们没有把他当作一个理性的人来对待,而是把他当作一个"较低等的人"。没有任何迹象表明他的种族、文化背景或社会需求得到了充分的关注,在这之外,还存在着一种非常隐蔽的种族主义虐待形式,这很可能助长了他的报复欲望,尤其是医院方面似乎没有采取任何行动来防止这种虐待。此外,本尼特每天服用三种抗精神病药物,剂量都过高,而当时只批准了他服用其中的两种。调查还发现,护理人员的约束操作不当,他们"压住他的身体",直到他的呼吸能力受到限制,而且约束时间远远超过了安全限度。官方没有安排针对控制和约束的集中培训(尽管后来遵循了此次调查的建议,立刻建立了一个全国培训系统)。调查还发现了一个更严重的问题,这可能已经超出了只是缺乏能力的范畴。家属没有"合理地得到相关事实的全面披露,这不仅不人道,而且必然会导致家属怀疑有人在掩盖事实真相"。本尼特的家人直到第二天早上才得知他的死讯,他们被告知他死于"呼吸困难"。我想,即使是最滑头的政客,也会对这种程度的不诚实感到震惊。

为了研究英国心理健康领域更广泛的种族不公正现象,官方

---

1 此为洛基的真名。——译者注

对《精神健康法》进行了独立审查，以了解"根据该法案被拘留的黑人和其他少数种族人数过多"的问题并提出建议。最终的报告于2018年12月发布，报告显示，黑人通过警方或刑事司法途径获得治疗的可能性比其他种族群体高出40%，接受心理治疗的可能性较低，更有可能被强制入院治疗，更有可能入住中度或高度戒备病房，更有可能受到隔离或限制（加勒比黑人每10万人中有56.2人，而白人每10万人中有16.2人）。塞恩斯伯里心理健康中心的后续研究发现，黑人患者对医疗服务有着非常强烈的恐惧心理和不信任的态度，他们认为医疗服务是不人道的。这导致他们拒绝寻求帮助，只在危急关头才来求助。

从我个人经历而言，在我工作的医疗服务机构中，我没有看到工作人员有任何公开的种族主义行为，但这也许是因为我职业生涯的大部分时间都是在伦敦或伦敦周边地区度过的，那里的病人和工作人员的种族组合要比本尼特遇害的诺里奇等地多样化得多。

尽管发生了这起悲惨事件，但我认为我们必须认识到，戒备病房的工作人员（特别是护理人员）不得不处理一些虽不经常发生，但一旦发生就会很严重的暴力事件，并认可他们的付出。如果不迅速使用武力做出反应，或者在约束技巧上有所松懈，他们就有可能遭受严重伤害。这种情况时有发生，我见过因此导致的骨折、黑眼圈和瘀伤，有些甚至是伦尼造成的。毋庸置疑，任何武力的使用都应该是有必要的、适度的；在美国，一些警察似乎正在努力解决这个问题，尤其是针对他们的少数种族公民。不过人们很难在紧急关头衡量这一点。这些事件的发生也反映了我们所面对的病人群体的风险性和不可预测性。全国各地的精神病院每周都会有数百次的约束操作,但暴力事件却很少发生,这正表现了精神科员工的勇敢、同理心和专业精神。

*

病人接受隔离的时间会尽可能缩短,通常可以短至几小时,很少会持续几天。不过,我还记得有一次周末值班,我作为专科主治医师对一名患有精神分裂症的年轻人进行了一次隔离复查,他在企图谋杀侄子的保姆后被送进了医院。在病房里,他用牙刷和剃须刀片做成武器,重伤了另一名病人,似乎是随意挑选的对象,几乎可以肯定是由于精神病妄想所致,但他拒绝透露内容是什么。我们在他的房间里还发现了其他自制武器。我们认为他在我们的中度戒备病房中风险太高,因此他被隔离了大约两个月,直到布罗德莫尔精神病院为他提供了床位。

在每次隔离复查之前,都会有一种明显的紧张气氛。我们检查伦尼时,他的精神状态起伏不定,当我们打开门时,根本不知道门后潜伏的是哪个版本的他。有时,他情绪激动,大喊大叫,甚至会冲向我们。其他时候,他会开玩笑,或者就当初导致隔离的事件深表歉意。每次做复查的所有工作人员都知道存在被攻击的风险。我一直对复查程序的有效和谨慎印象深刻,这几乎让人感觉我们是在抢劫银行。四五名护士按照事先确定的顺序进入,有自己的站位,并明确知道自己的职责,在病人表现出可能攻击的迹象时:一人按住头部,一人按住手臂,一到两人按住腿部。有时,如果病人肌肉发达、非常强壮或非常危险,还会有额外的护士负责按住四肢。精心安排的撤离计划也是必不可少的,以防止在狭窄空间内的人在快速离开时相互碰撞。这些要归功于我多年来有幸共事的护理人员；在绝大多数情况下，这些复查工作都进行得很顺利，即使暴力风险十分严峻，也能得到缓解。

不过，有两件事让我记忆犹新，至今仍让我感到脊背发凉。这两件事都发生在我接受专科主治医师培训期间，是在我负责伦尼的两三年前。有一次，急症病房里的一个年轻妄想症患者打了职业治疗师一巴掌，因为这名职业治疗师怀疑他在厕所里贩卖大麻而禁止他去健身房，于是他被隔离了起来。虽然他有一定程度的"疯"（他患有分裂情感障碍，并有一些关于科学教信徒想对他进行洗脑的阴谋论妄想），但也有相当程度的"坏"（他患有反社会型人格障碍，难以服从权威）。他不知用什么方法把打火机偷偷带进了隔离室。病人会被搜身，医院给的运动服都没有口袋，所以我只能假设他是用了一个更私密的内袋把打火机偷偷带进去的。我们把他强行塞进去时他又踢又叫，一名工作人员甚至不得不把他的手指从门框上撬开，才把他弄了进去。门锁好后，他把打火机举到窗前。他脱掉了运动服，活动了一下肌肉，在窗前踱来踱去，他脸上的笑容我只能用癫狂来形容。然后，他点燃了自己的上衣。显然，这是不能被容忍的行为。他透过透明玻璃窗，向几个他特别不喜欢的护士打手势，用手指比画着割脖子的动作。他绘声绘色地详细解释了他将如何伤害他们。虽然他的话被厚厚的金属门挡住了，但我们还是听懂了大意。我们通过无线电请求支援，并从其他病房召集了七名护士；在有限的空间内，这是最理想的人数。他们冲了进去，揍了他几拳，成功约束住那个年轻人，并给他注射了镇静剂。在激烈的对抗中，两名员工花了几分钟才从他骨节突出、异常粗壮的手中夺下打火机。护士们身上有些擦伤、瘀青，还有一位脸颊上划了一道，但幸好没有人骨折、头部受伤或需要送医。在我看来，在当时的情况下，这是一个不算糟糕的结果。我是医生，所幸我没有参与这个人身限制的过程。尽管我只是在远处观察，但我记得我的心一直怦怦直跳。这件事让我觉得我上班第一天被揍，不过是"愉快的春日上午野餐"。

很不幸，另一起事件的结局就很可怕了。肇事者是一名身材娇小、让人看不出她实际上很强壮的中年妇女，她身上的骷髅文身比牙齿还多，前臂上有许多自残留下的伤疤，几乎看不到未受伤的皮肤。她显然在和幻听到的声音对话，在隔离复查时，当病房护士长跪下来和她说话时，她还朝护士长吐口水。在随后的约束过程中，她的一只胳膊挣脱出来，她开始胡乱挥拳。一名工作人员惊慌失措，打破了队形，松开了另一只手臂。多米诺骨牌倒下了——更多的护士松开手，试图冲出门去。在一片喧闹声中，镇静剂注射器在房间里哐啷作响地滑落。病人抓住了一名护士的马尾辫，最后出来的人没有意识到这一点，砰的一声关上了身后厚重结实的隔离门，把自己的同事和这个致命的女人锁在了一起。两分钟后，工作人员才重新组织起来，又准备好一针镇静剂进去。可以说，这两分钟可能是这位可怜的护士一生中最难熬的时光。她被反复拳打脚踢，最后出来时一只眼睛被打得瘀青，两根肋骨断了，一大块头发被扯掉。我怀疑，她还做了一阵子噩梦。

幸好护士获救，病人被控制住并注射入镇静剂。然而，在门被重新锁上的几分钟后，她发现了之前的注射器和针头，护士们在混乱中遗留了这些东西。她对着镜头挥舞着，仿佛要威胁下一次的隔离检查人员。我和护士长通过对讲系统与她交涉，但她向我们吐了一大口痰作为回应。

她既不听劝，也不放下武器。我们认为在无人帮助的情况下进去太危险了，于是报了警。几名警察带着另一队待命的防暴小组出现了。经过几分钟唇枪舌剑的谈判，这名女士把注射器放在了门边，坐在角落里让工作人员取回。警察们的逼近以及镇静剂的作用似乎让她平静了下来。

我希望伦尼的故事能有一个圆满的结局，但遗憾的是，他被送回了离家乡萨里更近的地方。这个决定是基于他所在的英国国家医疗服务体系（NHS）信托机构的财务考虑，而不是基于他的临床医学需求。

他被转移到了一个类似的病房，在那里他可以继续迷惑、逗乐、威胁另一位司法精神科医生，向其提出不恰当的性问题（尽管我希望"莫格利"这个绰号只为我保留）。我不禁暗自思忖：伦尼在经过我所谓的治疗后，离开我的病房时的状态比他刚来时更糟——更胖、更邋遢、更愤怒，他的身体受到了本该治愈他的药物的摧残，而这些药都是我开出的。

从逻辑上讲，我知道我和我的同事都无法为他做更多了。我非常清楚，如果没有我们收治他，伦尼在医院外会成为一个严重的危险人物。此外，在我担任这家医院的司法精神科主任医师期间，成功案例远远多于失败案例。但是，我的心看不见我的理智所看见的，我仍然无法摆脱这样一种感觉：在某些情况下，我是在拘留而不是在治疗。我的钥匙在门锁中转错了方向。我接受了这么多年艰苦的培训，难道就是为了有这种感觉吗——我就像个有头衔的监狱长？

戒备医院

# 第 14 章
# 疑 虑 重 重

在埃塞克斯的医院紧张狂乱的工作间隙,疑虑逐渐占据我的大脑,通常是我坐在办公桌前或在长途通勤的路上时。我意识到自己有些空虚。迄今为止,获得主任医师职务是我职业生涯的巅峰。我们团队出院的病人数量相当可观,而且其中有些病人特别难治。那么,为什么这一切反而感觉如此……令人失望?

还有一种恐惧在我的脑海中萦绕,还偶尔出现在我的噩梦中(在赤裸着去查房这个噩梦之外):从统计学角度来看,我的某个病人不可避免地可能会犯下严重的暴力罪行,甚至是谋杀。对于司法精神科医生来说,这种情况在病人住院期间、休假期间或出院后都可能发生。

关于这一点,曾有过一个令人震惊的故事,我在培训期间了解到这一事件时起了一身鸡皮疙瘩。一位法国精神科医生最终以被告而非专家证人的身份出庭,达尼埃尔·卡纳雷利医生被判处一年缓刑和 7 000 欧元罚款,原因是她的一名偏执型精神分裂症患者乔尔·盖拉德杀了人。这起令人毛骨悚然的凶杀案发生在 2004 年 2 月左右,但我和我的好朋友珍妮(另一位精神科初级医师）直到制作一份关于此案的海报时才注意到它，那是为了一次学习会议。当时是 2013 年，也就是卡纳雷利医生在被告席上受到谴责的几周后，也是我开始专攻司法精神病学的一年前。

卡纳雷利医生过去多次将盖拉德强制入院。然而，据称她当时未能做出正确的诊断，也没有理会同事们提议将盖拉德转诊至专业机构住院治疗的建议，而是选择了继续进行无效的治疗。

发生的事清晰明了，盖拉德先生在一次会诊中逃跑了。尽管卡纳雷利医生联系了警方，她的病人还是在三周后用斧头杀死了他祖母 80 岁的伴侣。他被判定在杀人时处于精神病发病状态，无法对自己的行为责任，因此被免责。法国法庭判定，卡纳雷利医生疏忽大意，低估了风险，没有考虑到之前发生的暴力事件。她的同行们，包括法国国家精神科医生协会，都支持她，宣称在这起复杂且难以预料的案件中，医生成了替罪羊。

平心而论，卡纳雷利医生的治疗确实存在缺陷。然而，在许多其他病例中，风险并不总是可以预测的，即使是专家，也无法预知未来。精神科医生不是灵媒，并不是所有的迹象或行为都预示着未来的暴力。如果仅仅因为某人患有精神障碍，就将其无限期拘留，这将是完全不人道、不可理喻和不可接受的。从逻辑上讲，这将使整个系统瘫痪，使下一个在监狱中等待的患有严重精神疾病的罪犯无法得到治疗。因此，我们所能做的就是尽可能地对症下药，利用各种药物和心理疗法帮助患者康复。最终，我们需要做出出院的决定。我们必须努力克服心理障碍。

据我所知，我从前的患者中没有人继续犯下严重的暴力罪行，这可能部分是因为我担任司法精神科医生的时间相对较短，而非我的临床敏锐度较高。尽管如此，我还是目睹了暴力对我的一些同行造成的伤害。与警方面谈、向治疗小组汇报情况并提供咨询、与病人家属（可能还有受害人家属）谈话、接受医院管理人员的质询，以及在内部严重事故调查中接受审查，这些事对许多有能力的精神科医生的自我认知、自尊、自信和心理健康造成了重大冲击。我曾亲眼看到同事在几周时间内迅速衰老，而引起衰老的大骚乱却发生在无人看见之处。成为替罪羊的可能性让我感到不安。我是否想成为这样一个系统的一部分？当出院的病人伤人时，至少需要承担部分责任，偶尔还要受到指责不该让那样的病人出院？我的家里已经有了两个让我失眠的重要因素，不过客观说，大儿子已经逐渐能睡个整觉了，而且大部分时间都不尿床了。

另一个让我对工作感到不满意的原因是，我总是不得不扮演坏人的角色。我花了一些时间才真正明白，虽然精神科医生应该与病人友好相处，但我们并不是他们的朋友。面对这样一群高风险的病人，我们经常不得不违背他们的意愿给他们用药，暂停他们的休假，强制他们遵守纪律和规则，有时还要迫使他们参加康复治疗。我们必须对那些已经对规则有意见的人说"不"，对那些已经对权威有意见的人颐指气使。要成为坏人，就需要有一定程度的疏离感。过于亲切友好会使日后建立职业界限变得更加困难，从而反过来破坏一些人际关系。我参加过的所有考试和观摩过的所有评估都无法教会我这一点。只有与乔丹和伦尼这样的病人进行具有挑战性的互动，才能让我明白这一点。

在这些潜伏的疑虑之上，压垮我这头驴的最后一根稻草是文书工作。造成这种情况的一个主要因素是医疗诉讼，近年来，医疗诉讼案件呈指数级增长。2018—2019年度，NHS支付了24亿英镑的临床过失索赔，约占其全部预算的2%。这迫使人们形成了一种"擦干屁股"的文化。这个形容可能看起来只是句玩笑话，但在我的职业生涯中，我已经听过不下百次。可悲的是，由于这种防御性做法，在我工作的医院里，进行过多的文件记录已成为常态。不仅是病历，似乎每项工作和决定都有大量的表格。这不是为了传递有用的临床信息，而是为了记录我们的专业表现，以规避潜在的责任。

从汽车年检到报税，生活中充满了不必要的枯燥的行政琐事，大多数工作也是如此。我的工作没有理由与众不同，但据我所知，这很少是为了更好地造福病人。我们会因为没有及时更新各种毫无意义的表格和文件而受到管理层的责备。然而，我们似乎很少关注被拘留者治疗的**实际**进展。

我知道我们应该积极地帮助病人康复，但这越来越像是完成强制目标和行政任务之后才考虑到的事。我似乎被盖世太保[1]式的管理指标所淹没，有时甚至被伏击。我意识到，我必须离开这里。我考虑过换一家医院，但核心问题——文书工作、偶尔不得不过度用药、"旋转门病人"、无限期拘留不治之症患者，当然还有不得不当坏人——会一直跟随我。这里得提一句，我的许多同行对自己的工作都比较满意。这些抱怨虽然不只是我有，但我的大多数同事并没有如此困扰。我想，这大概是因为宽容从来就不

---

1 纳粹德国时期的盖世太保（Gestapo），德语"国家秘密警察"的缩写音译，具有压迫性和不人道的特点。——编者注

是我的优点之一。

我仍然想做接触罪犯的工作，原因在于，他们的背景故事让我着迷，我会不禁思考某些人为什么会做出某些骇人听闻的行为，而且我仍然觉得照顾那些被社会抛弃的身负双重污名的人是一种荣誉。

除了制度本身之外，我的急躁情绪也在很大程度上导致了我的不满。我渴望更快的工作节奏，比在医院里更快的病例周转。我需要智力上的刺激来给大脑除颤。我知道，要想真正了解暴力和精神疾病之间的关系，我必须深入野兽的腹地。

# 第二部 监狱

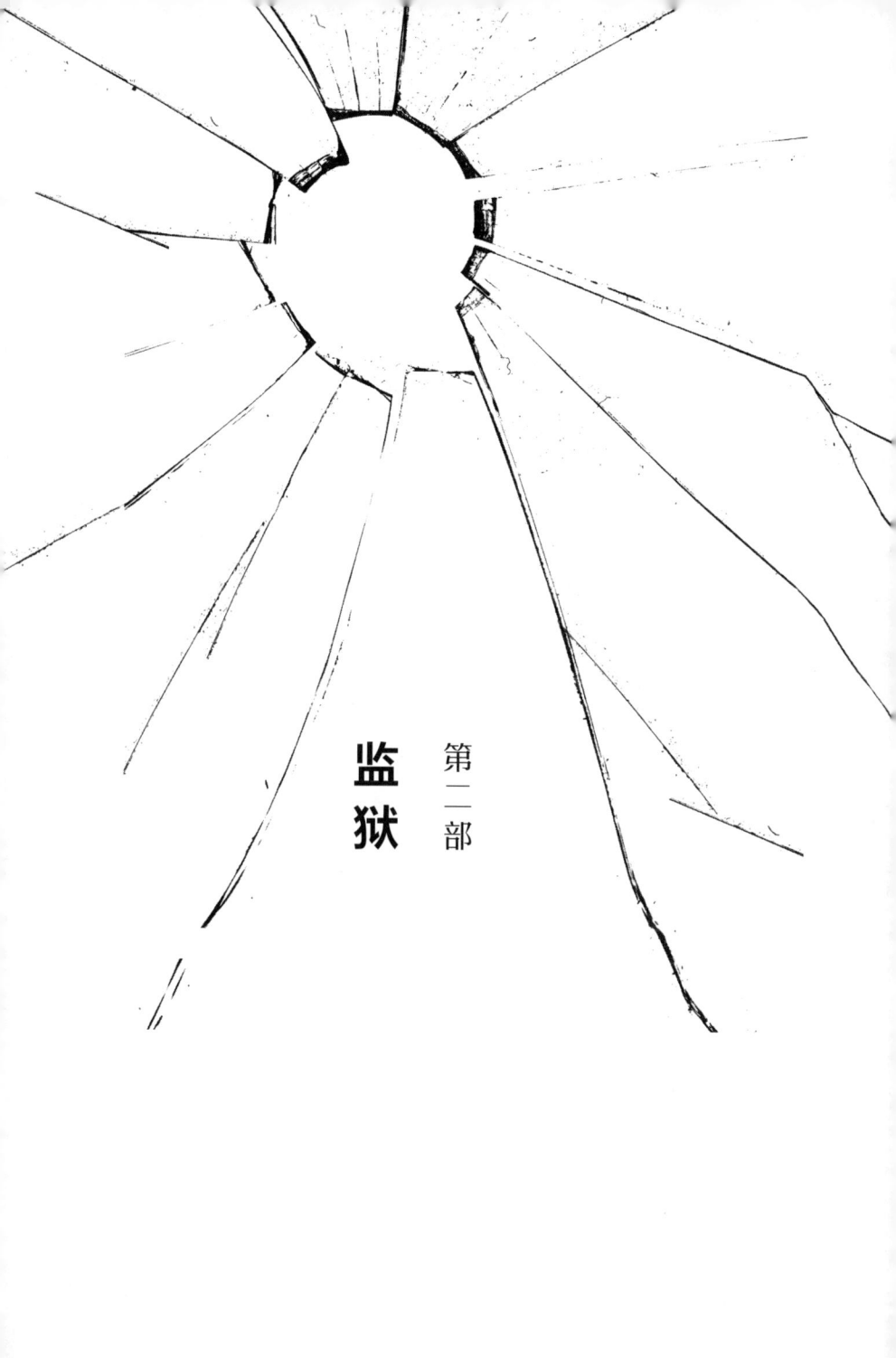

# 第 15 章
# 狱中的精神科医生

2017年初，我决定不继续在戒备病房工作，我在欧洲最大的女子监狱找到一份兼职，该监狱位于米德尔塞克斯郡阿什福德郊区。这份工作本身相对容易获得，因为我的大多数同行都希望从事全职工作，而不是像我一样，每周要抽出一部分工作时间从事私人法医鉴定的自由工作。此外，精神健康团队一般都缺乏精神科医生，尤其是在监狱这种更具挑战性的环境中。我处于买方市场。

大约在这个时候，我的小儿子拉雅安从一个满脸皱巴巴、头发稀疏、鼻子像龙鼻子一样的小婴儿长成了一个无比可爱的会尖叫的学步儿童，他的情绪极其不稳定。他会在瞬间从咯咯大笑到大发雷霆（或者更常见的是因为饼干掉了而发脾气）。他开始走路，咿咿呀呀地说话，但他更喜欢通过吹泡泡的方式与人交流，哥哥卡姆兰歇斯底里的笑声鼓动着他，卡姆兰快四岁了。

卡姆兰出生后的第一年，对我和我的妻子里兹玛来说是一段艰难的时期。现在，有了孩子的陪伴，我感到非常快乐（尽管偶尔睡前会闹腾）。然而，他们在婴儿时期需要无微不至的照顾。两个孩子都会经常醒来，只有我们摇晃他们几个小时后，他们才会停止哭闹。真的是好几个小时，如噩梦一般。其实比噩梦更糟：至少在做噩梦的时候我还能睡一会儿。必须承认的是，里兹玛最受影响，但是我的肩膀依然会有闪回效应。在最初的几年里，我们付出了这么多，却没有得到什么回报：眼泪、财产损失和各种各样的便便——它们有时是令人难以想象的样貌，偶尔甚至具有科学上都难以解释的气味、浓度和颜色。天气好的时候，也许我们的脸上会有短暂的微笑。

与大儿子相比，二儿子出生的第一年对我们来说既更加艰难，却又比哥哥的第一年容易。艰难是因为除了不停地喂奶、换尿布和摇摇篮外，我们还需要照顾和逗弄另一个学步儿童。我们的两个孩子都是敏感宝宝（这是客气的说法，实际上他们会无缘无故地哭闹不止）。大儿子卡姆兰六个月大的时候，有一次我下班回家进门时，他一听到关门声就哭了起来：我没有摔门，那不过是普通的关门声！不过，拉雅安刚出生的那些日子对于我来说相对轻松，因为我的内心深处已经有所转变，可以承受这种情况了。卡姆兰给我们当头一棒，让我们知道了自己的自由将会受到巨大的限制。我们不能随意外出，去酒吧是可能的，但我们不会自发去。我和我的朋友们（他们中的大多数人都在差不多时间有了孩子）必须像杂技演员一样灵活地平衡复杂的情况，同时需要合适的时间安排和伴侣的许可。我意识到，进行狂欢和欢度节日也是可能实现的，尽管这需要花几个月或更长时间预先计划。睡懒觉是不可能的（我们的两个儿子过去和现在起得都非常早）。即使是外出吃午饭或去健身房上一节课这样的基本计划，也随时可能因为孩子生病而泡汤，更不用说周末出游了。第一次当爸爸时，父亲的责任砸在我的脸上，比我上班第一天挨的拳头更重。当"父亲的职责：续集"来到时，我做好了更多准备。我们甚至可以推测，这是一种"习得性无助"的心态。"习得性无助"是一个心理学概念，代表了一种因创伤事件或持续失败而产生的无力感。这是一种认知状态，在这种状态下，受害者被动地让自己一再成为攻击目标。或许我的说法有点夸张。不管怎样，昂贵的早午餐再次闯入我的生活。10英镑的炒滑蛋，拌上法式酸奶油和细香葱，再配上牛油果泥和酸面包，在一通脾气中被扔在地上。噩梦再袭。

在监狱里，除了给团队里的非医务人员提供建议外，我的主要任务是主持精神科门诊，并照看医疗病区里的病人，这里就像监狱里的病房。我的任务还包括将精神疾病最严重的囚犯转移到我刚刚离开的那种戒备医院，在此我又身陷令人头疼的官僚主义斗争中。鉴于候诊人数多、床位短缺，以及这些病区的一些看门人（尽管并非所有看门人）的反应冷淡迟缓，我可以用一些词概括在这里的经验——"奔波""折腾""麻烦"。

监狱相对较新，属于私人所有。尽管外观上有着标准的沉闷的红砖外立面和铁艺装饰的巨型灰色大门，但内部环境还算温馨。墙壁上的许多告示板和图画给人一种高中时代的氛围……

当然，我已然熟悉监狱的环境，只不过，只凭员工出入证就能大摇大摆地走进大门的确是一种新体验。我以前作为外聘精神科医生探监时，其中一些机构的进门手续迂腐得令人头疼；错误的身份证明、拼写错误的律师事务所介绍信，甚至是错误的服装搭配，都有可能成为在监狱大门口经过漫长的排队后被拒之门外的理由。有些机构不允许戴手表或腰系皮带进门，有些则允许。

如果精神科医生的裤子过于宽松，而且他们的腰带被没收，那可真是倒霉透了。裤子松松垮垮，随时可能掉下来，在这种情况下是无法有效进行评估工作的。"进监狱比出监狱难多了"，我听过许多恼怒的大律师在大门口被拒之门外时这样说。

我经常被问（主要是焦虑的家人问，他们不应该看关于杀人犯的纪录片），我在监狱里是否感到安全。老实说，我在监狱里工作比在戒备精神科病房更有安全感。首先，如果这里真的发生了什么事，一般的狱警要比一般的护士重几十公斤，多喝了几勺蛋白粉，多做了几次二头肌弯举。更重要的是，在精神科病房，我常持有病人想要的东西（有正当理由）——休假、出院、允许某些探视者来访。我负责他们的治疗，因此他们有理由与我对抗或恐吓我。对于囚犯来说，狱警和狱长负责他们的整体管理，我只是一个负责照看他们精神健康的来访人。此外，争吵的声音和精神疾病的其他活跃症状的出现，预示着突然的激惹和不可预测的爆发的可能性也会增加。这种情况在医院里要频繁得多，因为病人正是出于这个精神原因而被隔离的。监狱人口中也有精神病患者，但比例小很多。

在监狱门诊期间，我就像一个精神方面的全科医生。我每天要看八到十个病人，他们有各种各样的精神病症状。在社区里很少见的严重障碍——如精神分裂症或创伤后应激障碍，与抑郁症和焦虑症等常见障碍一样经常出现在我的诊室。

我最初的一个门诊病例是一位瘦弱的情感表达丰富的高加索女性，她梳着脏辫，脸上有几个洞（就像许多不幸的精神科医生的皮带一样，她的穿孔饰品不得不在进入监狱时摘除），手臂因多年滥用海洛因而肿胀。我并不是说所有拥有某种肤色、梳着脏辫的人都需要精神科医生的关注，但可以说这些特征让我提高了警惕。尚黛尔曾因持枪抢劫被捕，她抢劫是为了吸毒。这是她的第三次犯罪，至少是记录在案的第三次。她和她的男友使用了一把仿真手枪，之所以被抓，显然是因为他脖子后面非常明显的霍默·辛普森文身被闭路电视捕捉到了。我不知道他被捕时说了什么，但我真的希望他说的是"糟糕！"[1]。

尚黛尔有典型的焦虑症状。这些症状既有认知方面的（思绪万千、无法控制地过度思考、感觉恐惧、高度警觉），也有生理方面的（心悸、呼吸急促）。

我向她提出可能的诊断后，她说："医生，我觉得我没疯。我就是这样的人。而且每次我被绑起来戒白粉（smack）的时候，情况都会变得更糟。"

有的读者可能不了解，白粉是海洛因的绰号。它还有其他街头绰号："毒品"（dope）、"垃圾"（junk）、"斯卡格"（skag）、H（不是指"跳跳舞"组合里那个漂了头发的、过度热情的讨厌歌手）。

"也许吧。不过你已经入狱快一年了。你已经没有在吸毒了，但还是有那些症状。"我说。

尚黛尔一边注视着诊室，一边缓缓地点头。

"尚黛尔，你没有服用任何东西吧？别以为我不了解监狱里的事。"

"没有，医生。以童子军的荣誉起誓。"她说着举起了手，但

---

[1] 动画片《辛普森一家》中的爸爸霍默·辛普森的口头禅。——译者注

我确信这是瓦肯人[1]的问候手势。

虽然我工作过的监狱对毒品的控制相对较好,但毒品在监狱里总体处于泛滥的状况,而且情况愈演愈烈。英国皇家监狱监察局的一项调查发现,2014年至2019年,监狱内有毒品问题的囚犯的比例增加了一倍多,达到了15%。来访者、工作人员甚至(富有现代企业家精神的)无人机都是偷运毒品的途径。对吸毒者来说,毒瘾和无聊是促使他们在监狱里嗑药的主要原因。对毒贩来说,高昂的价格和庞大的客户群有着强大的诱惑力。毒品的大量涌入,加上监狱人满为患、基础设施破败不堪、狱警人数少及狱警对此类问题的低关注,造成了监狱内部的混乱,以及囚犯们随之而来的严重的精神健康问题。

尚黛尔揪着一根脏辫拧了一会儿:"那种焦虑,是不是就像20世纪70年代那些压力过大的家庭主妇?于是她们就去吃安定药?"

"也不尽然。这种焦虑在今天也是普遍的,"我说着,将手伸进办公桌的抽屉里翻阅一堆文件,然后找到了一份患者信息单,"大约有5%到10%的人患有这种障碍,女性的发病率是男性的两倍。我知道你要问,所以我先说:我不会给你开安定药。"

"求你了。"她露出灿烂的笑容。

"我不会开的。"

"真的求你了。"她笑得更用力了。

"事实上,这座监狱禁止使用安定药。大多数监狱都禁止。它会让人上瘾。如果你上瘾了,停药后你的焦虑会更严重。但我可

---

[1]《星际迷航》里的一个外星种族。——译者注

以给你开普萘洛尔,它可以缓解心悸。我还可以介绍你加入我们这里的'分享焦虑'互助小组,这个互助小组由我们的心理学家主持。"

尚黛尔向我追问了普萘洛尔的副作用,然后咬了一会儿嘴唇。

"说真的,"我说,"它比你嗑了10多年的海洛因要安全得多。"

她听后讪笑了一声:"我听你的。"

她走出去后,转身对我说话。"我本来不知道是否该告诉你我的症状。我的狱友告诉我,像你这样的心理学家总是看到一点点……"她用手指指自己的头,"脑子有坑的苗头,就把我们当疯子送进疯人院。"

"精神科医生。"

"什么?"

"算了,无所谓。"

在我见到每一位病人之前,我都会先细读一遍他们的监护记录,这些都是令人绝望的文字。他们的背景故事就像超级英雄电影中恶棍的故事一样让我着迷。几乎每个囚犯都曾经历过某种形式的童年虐待、无家可归、贫困、被忽视、药物成瘾或家庭暴力。他们的故事往往就像开悲剧盲盒。根据我的经验,与男性囚犯相比,女性囚犯更有一系列明确的理由和环境因素,造就了她们最终的监禁之路。

得说一说这件事,根据我的观察,女囚犯之间似乎也更容易出现友情和同情心。她们经常会相互提供公开的支持,如陪同对方赴约,且普遍表现出对对方心理健康的关心,比如当某位同伴度过了糟糕的一天或收到来自外界的噩耗时。我相信这种善意一定程度上也一定存在于男子监狱中，但由于大男子主义，或甚至可能存在的偏执恐同心理，这种善意表现得更加微妙。

通常情况下，我们的精神病诊断都相当符合标准，但很多迹象在此之前被罪犯混乱的生活所掩盖。对一个身处暴力关系中的吸毒者来说，从跌宕起伏的生活所引起的情绪中识别出临床抑郁症是很难的。临床抑郁症常常被那些感觉有一点痛苦的人误解和利用，它不仅仅是普通的情绪低落。它是一种更为顽固的怪兽，并伴有相关症状，包括失去动力和精力、失眠、食欲缺乏和注意力不集中、消极认知（如悲观和自卑），以及对以前从事的活动缺乏兴趣（快感缺失）。这在女性囚犯中非常普遍。

我又过了两年才再见到尚黛尔，这表明我给她开的普萘洛尔起了作用。当她最终再次走进我的诊疗大门时，她的诉求是进行变性手术。我们支持有此要求的女性。这种情况比我预料的要频繁：每四五个月就有一个人提出这项要求。我当时想，这是不是一个随机峰值，还是说性别焦虑与犯罪之间存在某种关联？我的职责是进行基本的心理健康筛查，主要是确认诉求是她们的真实意图，而不是由未被发现的精神病驱使的。让你改变性别的声音有可能由药物消除，但手术移植男性生殖器就没那么简单了。如果我确信犯人的诉求是合理的，我就会将其转介到位于查令十字街的相关诊所，那里的等候名单长得令人痛苦，大约需等两年。我帮助尚黛尔进入了名单，但几个月后她又退出了。我一直没有得知原因，但我很高兴她在变性前改变了主意。

除了想变性的囚犯多得令人出乎意料，另一个最初让我感到困惑的问题是，不按预约出现的囚犯比例很高。囚犯经常失踪——我可不是说他们耐心地用小石锤敲开墙壁，然后在一个雷雨天从下水管道爬出去[1]。有时，他们会突然被转移到另一所监狱。有时，他们的案件在法庭上被撤销（可能是因为缺乏证据或是证人也没有按约定出现），或者如果他们的刑期较短，在还押候审期间已经差不多服满刑期，他们很快就会被释放。我们团队的心理学家可能已经开始在治疗方面取得进展，我也已经改变了他们的用药，但我们永远看不到结果。我希望他们新的用药习惯能在出狱后持续下去，不过我知道，外面有许多破坏稳定的因素，还有更多的令人上瘾的、不合法的自我治疗方式——现实是暗淡的。监狱精神病诊治的一个巨大障碍是缺乏护理观察，这在医院的环境中或许是我习以为常的。狱警无法弥补这一点。尤其是在男子监狱，毒品和暴力，再包括普遍存在的帮派争斗，狱警警力常年捉襟见肘，他们常难以控制骚乱。有时，他们自身的安全也岌岌可危。要求他们观察囚犯是否有精神疾病的迹象，通常没什么用。他们也缺乏必要的训练和经验，无法区分以下两种情况——偶尔出现的对幻听做出反应、威胁要刺死隔壁牢房里会变形的外星人的精神病人，以及十几个对彼此的声音做出反应、威胁要刺死隔壁牢房告密者的囚犯。

监狱区域缺少代管人，这对我来说是一个很大的障碍，我难以将真正的精神病患者与许多骗取药物的骗子区分开来。护理观

---

[1] 电影《肖申克的救赎》中的情节。——译者注

察缺失的另一个后果，同亚丝明案的状况相似：他们没有成为最吱吱作响的那个轮子。在无人察觉的状况下患上精神病的病人，往往会沉溺于自己的疯狂之中，导致病情在监狱心理健康小组的监视下悄悄恶化。

2017年年中，我在监狱兼职工作几个月后遇到了这样一个病例——一位愤怒的名叫阿德里安娜·德·席尔瓦的巴西中年妇女。

# 第 16 章
## 当精神病在深处酝酿

阿德里安娜·德·席尔瓦女士被指控跟踪并袭击了一名在当地服装店工作的男子。据说她每天给他发 30 多条短信，内容从表达爱意到威胁要砍掉他的头，再到求婚，变化无常，真是让人难以捉摸！一天晚上，她乔装打扮，戴着假发和墨镜跟踪他进入一家酒吧，坐在角落里看他和朋友喝酒，一看就是几个小时。当他和邻桌的一位年轻女子聊天时，阿德里安娜向他们扔去一把酒吧凳子，指责男子出轨，并开始抓挠他的脸。他将她推开后，附近的顾客将她制伏，等待警察赶到。受害者一定很困惑。这是在一家位于伦敦苏豪区的时髦酒吧里发生的事情：那种地方会有精酿啤酒、不知为何用果酱瓶装的鸡尾酒、藜麦脆片，而且绝不常发生斗殴。

阿德里安娜选择自己在法庭诉讼中辩护，这种情况在我看来有两种可能：被告要么是法律天才，要么是妄想症患者。我还没有遇见过第一种情况。阿德里安娜几乎拒绝与他人接触，这让人想起了监狱中的亚丝明和乔丹。她拒绝见法庭指派的大律师，也几乎不和狱警说话。听到这里，我的心理直觉开始变得敏锐起来。她在系统中几乎没有任何医疗记录，我们甚至不清楚她是什么时候来到英国的。她以前似乎没有任何犯罪记录,也没有接触过心理健康服务。我为阿德里安娜安排了两次我的监狱诊所的预约,但如我预见的那样,她都没有来。这让我别无选择,只能去监狱区域找她。阿德里安娜是一个身材高挑、丰满的深色皮肤女人。蓬乱的黑发衬托出一张多疑的脸,脸颊上有一道明显的疤痕。她对人态度轻蔑,闪烁其词。事实上,当我第一次在她牢房外的监狱内部平台上接近她时,她否认了自己的身份,我不得不向最近的警卫再三确认这确实是她。当我回来时,她又以第三人称谈论自己。"她已经告诉过你,她不会给你任何谈话的机会,"她回头吼道,"别烦她。"我给她空间,一小时后又回到平台。

我已经学会了根据眼前的对象调整精神病评估策略。如果他们神志清醒且乐于合作,我就会按照规矩来进行一步步的评估。我一边直接询问他们的症状,一边分析他们的举止,寻找蛛丝马迹。评估对象的外表可以预示诊断结果。例如,像约瑟夫·杰斐逊(那个绑架过人体模型的男人)这样处于躁狂急性发作期的人,可能会穿着色彩鲜艳的衣服,或者留着奇怪的发型(比如他的反版莫西干头),而且语速很快,精力充沛。患有焦虑症的人可能会显得紧张、口吃,无法专注于谈话,呼吸频率和脉搏也可能加快。处于精神病急性发作中的人可能会变得多疑和富有妄想,不仅在回答问题时有防御心态,而且还会扫视周围的环境,甚至可能会对着出现幻听声音的方向说悄悄话。

在谈话过程中,我首先会询问评估对象各个方面的私人历史和具体经历,从家族中可能存在的遗传性精神疾病,到父母对他们的养育方式和他们的青春期经历，到他们的学习能力，再到他们的人际关系：浪漫的、柏拉图式的、曾经的和当前的。我探究他们所处的社会环境。我会特别询问他们以往精神健康史的细节，比如他们是否接受过诊断或药物治疗，是否被隔离过或曾试图自杀。我还会询问他们过去的违法乱纪行为和滥用物质的情况。每一个方面都有可能透露出一些信息，帮助我形成诊断、找到病因（aetiology，精神障碍的归因或起因），尤其在司法精神病学中，这能帮助我判断出评估对象的暴力风险。

对于像阿德里安娜这样的病人，上述一切都无从谈起。有时，我能感觉到病人不会合作，因为他们有幻觉、错觉，会感到困惑、易激惹、妄想，或者仅仅是因为他们不喜欢我的样子。我知道我能互动的时间很短暂，因此我会调整我的方法，尽可能巧妙、迅速地诱导出最多的信息。我的诀窍是让自己看起来不具威胁、轻松随意，与蝎子竖起尾巴、举起钳子正相反。我收起笔记本，避免直接的目光接触，在客套的交谈中加塞一些小问题。

在第二次接触阿德里安娜时，我不慌不忙的试探奏效了几分钟。她拒绝和我一起进入诊室，但我还是说服她和我一起坐在监狱一角的小沙发上。尽管这是一个相对安静的早晨，大多数囚犯都在工作或接受教育，但这地点并不理想，因为其他囚犯可能会从这里走过。我们的谈话被打断一次，另一名囚犯告诉我她喜欢我的背心。我不知道该如何回答，只好朝她傻笑，直至她离开。通过一些努力，我确定了阿德里安娜住在斯劳[1]，并了解了她入狱

---

1 Slough，英国伯克郡的一个城镇。——译者注

前的一些社会状况。她告诉我,她曾经是一名宠物治疗师,而且她从不喝酒,因为她的父亲是个酒鬼。她继续以第三人称谈论自己。我可能飞得离太阳有点太近了[1],因为我刚想插入一些关于她心理健康的琐碎问题,她就举起拳头朝我扑过来。

"听着,她已经告诉过你她没疯。在她把你的胡子塞进你的屁眼之前[2],你赶紧滚,别再来烦她。"她咆哮道。

消息已收到。这听起来可不像是个愉快的改变。

我们的互动留下了更多的问题,而不是答案。阿德里安娜的第三人称是精神病的表现吗?她在英国有朋友或家人吗?她之前在巴西时精神状况是否稳定?她的伤疤是怎么来的?宠物治疗师是对宠物进行治疗,还是陪宠物一起进行治疗?

当我向狱警询问意见时,他们并没有描述任何明显的精神疾病症状,例如阿德里安娜对幻听做出反应或表达出妄想。不过,他们强调了一些奇怪的行为,包括她在牢房里发呆数小时,以及用床单蒙住自己的头。我认为她患有精神病。我面临的挑战是说服在她家乡斯劳的司法精神科医生收治她。毕竟,阿德里安娜可能只是选择不与人交流,她并不一定患有精神病。由于戒备精神病房的床位压力一直很大(女病房床位更是紧俏,因为女精神病房本来就更少),而且还有一大批明显不对劲、处于激惹状态的犯人在等待入院,所以我很难说服他们。她的罪行远没有亚丝明这

---

1 通常用来比喻某人过于冲动、过于自信或过于冒险,结果导致了不好的后果。——编者注
2 一句表示愤怒的英语俚语。——译者注

样的病人严重，因此引起的关注也较少。如果一开始不成功，那就会转诊、转诊、再转诊。我每周寄一封信，在回绝了大约四个月后，斯劳的医院终于收治了她。从临床角度看，他们的理由是，随着时间的推移，她依然长时间不参与交流表明她可能患有不明显的精神疾病，但我认为也因为他们已经厌倦了与我打交道。坚持就是胜利：我追求我妻子时就是这样胜利的。

在阿德里安娜转院前的那段时间里，我曾试图说服她服用抗精神病药，以加快她的康复进程。然而，她会用自己的母语骂我。至少，从她的语气和手势中我推测出她是在骂我。我的葡萄牙语骂人词汇量有限。

我很快发现，与阿德里安娜形成鲜明对比的是，在其他囚犯中，寻求药物治疗的行为非常普遍。不谨遵医嘱吃东西似乎是属于住院病人的恶习，而许多囚犯则寻求某些药片，来获得快感或帮助睡眠。这些药片还被用作货币。正是出于这个原因，监狱里全面禁止使用几种已知的麻醉剂。苯二氮䓬类药物（会上瘾的镇静剂，如我拒绝为尚黛尔开的安定药）、安眠药和某些抗癫痫药物都被禁止使用。每周都会有两三名妇女向我乞求、恳求、索要或威胁我开出某一种违禁药物。有时，曾经是社区里的医生给她们开过这些药，但在我看来这些处方往往是不恰当的。我不禁怀疑，我的同行们是否被蒙骗开了处方，或者在压力下屈服成了同谋。

在2017年圣诞节——这也是我担任新角色后的第一个圣诞节——来临之际，一种名为喹硫平的抗精神病药物风靡起来，这种药物药性较弱，会给使用者带来轻微的兴奋感。一天早上，我在大雪中驱车去上班，慌乱中我还是迟到了。我的第一位门诊病人是一位年轻女性,她抱怨牢房厕所里传出声音,她还看见云中有吸血鬼。为了测试她的症状的强度和真实性,我询问她这些症状的真实感如何,以及她如何将这些症状与实际经历区分开来(她无法区分)。我还就这些幻听问了其他几个问题:它们在说什么,它们属于谁,它们是在她的头内还是头外。她的回答含糊其词,并不能让我完全信服,但是我依然假定她说的是实话。作为试验,我给她开了小剂量的抗精神病药喹硫平,这是她指定要的药。门诊的下一位女士的情况几乎一模一样。再下一位也是如此。后来那周的一次午餐时,我发现我的司法精神病学同事(在这所监狱的其他日子里进行门诊时)也遇到了同样的重复病例,这进一步引起了我的怀疑。问题是,在这些公然寻求物质的行为中,很可能有人是真的病了。我不得不提高自己的临床判断力,在询问症状时格外细致。我还强调了喹硫平的副作用,包括体重增加和便秘。其中一位妇女说:"我又仔细想了下,我觉得不是厕所在跟我说话。应该是我的狱友在低声说梦话。"她一边说,一边滑稽地跌跌撞撞出了房间。

  在所有医学领域中,精神病学是最模糊的。我们无法通过扫描或血液检验来确认诊断。病人的症状具有高度的主观性;许多症状都是正常经历的极端版本,很难界定这些症状在什么时候会转变为病态。就像厨师用同样的材料会做出不同的菜肴,孩子们用同样的橡皮泥会制造出不同程度的混乱一样,即使是同样的症状,精神科医生也会做出不同的诊断。可以说,有精神障碍的囚犯的情况更加复杂。正如我在门诊中遇到的,他们既有多种交织在一起的创伤,也面临更为紧迫的社会问题。出于这些原因,难免存在误解的空间。也许与犯罪群体打交道，本就意味着有被利用的空间。有一小部分人会夸大或编造精神疾病的症状，虽然人数少，但值得注意。除了在狱中骗取药片这种事外，我还经常在刑事审判中看到被告人出现这种情况：他们要么希望撤销案件，要么希望从法官那里榨取一些同情并获得宽大处理。

2018年初，我参与了一起离奇的案件，我在法庭上提供了证据，我至少有90%的把握可以肯定，一个骗子成功用精神疾病逃脱了指控，尽管我已经竭尽全力揭露她。

# 第 17 章
# 赶走投机分子

达莲娜·博伊科女士是一位离婚不久的乌克兰妇女，30多岁，曾是一名模特。她面临多项指控，涉及一桩错综复杂的金额达数百万英镑的诈骗案。据称，她错误地出售了碳排放额度，并与她的表亲和前老板勾结，她与前老板有一年多的婚外情。这是一起复杂的诈骗案，据称，达莲娜伪造了一个假身份，带着有"签章"的伪造文件参加了多次会议。她在三年时间里通过六个银行账户收取了超过 250 万英镑的贪污款项，并将这些赃款提成后给了她的同案被告人。对她不利的证据铺天盖地。银行对账单白纸黑字在那里——无论是字面还是比喻意义，都是如此。

这是一项独立的评估被告人是否适合辩护的任务，我作为专家证人代表皇家检察署应邀参与，检察署希望我在之前评估的基础上提供第二意见。审判是在老贝利法庭进行的，现在我对这里已经越来越熟悉，也不那么害怕了。

这类犯罪在司法精神病学领域相对罕见。以维恩图显示的话，诈骗和严重精神疾病的重合度仅为极其细小的一个薄片。直接点说，患者可能出现的症状通常包括听到声音说"你该死"，或者妄想美国中央情报局（CIA）要杀他们，这些症状可能会导致他们做出冲动或暴力的行为。但它们很少会驱使人骗取他人的钱财，复杂的欺诈行为则更为罕见，这不仅需要注意力，还需要计划和研究。计划和实施阴谋需要清晰的思路。每当这样的案件出现在我的桌上，我骨子里的怀疑倾向就会被唤起。

根据第一份法庭报告，达莲娜接受的是私立教育，从小接受文化熏陶。她被迫学习钢琴、芭蕾舞和拉丁语。她告诉另一位精神科医生，她的父母专横霸道，对她百般挑剔：这与大多数有精神障碍的罪犯所经历的虐待和贫困艰苦的成长过程大相径庭。达莲娜在一所著名大学获得了生态经济学学位后，进入了一家压力巨大的贸易公司，拿着六位数的薪水，事业有成。这在我的病人群体中也是非常罕见的。她嫁给了一位年长她20岁的亿万富翁CEO（首席执行官），并育有两个孩子。他们住在伦敦的梅费尔区，那是一个非常高档的区域，住着一些亿万富翁寡头和一线明星，"大富翁"棋盘上这一地区的高价楼盘也反映了它的奢华。即使在离婚之前，她的丈夫也似乎与家庭脱节，每次离家都要在国外或法国南部的第二居所度过数周时间。

达莲娜的表兄是一个自谦但备受尊敬的商人，他是最初被捕的那个，警方根据财务线索找到了达莲娜。刑事审判已于去年开始，但由于她五岁的儿子患上了罕见的白血病，审判被迫中止。法庭延期了她的审判，客气点说，他们希望目前这种情况能自然解决了。她的两名同案被告人都接受了审判，都被判定有罪并判处监禁。

当达莲娜的审判重新开始时，她断然拒绝参与法庭程序。她对所有法律信件，包括她自己的律师所发的信件，一概置之不理。偶尔她的律师团队设法与她交谈，她的泪水如潮水般涌出，阻挡了任何讨论她的审判的尝试。达莲娜声称，儿子的情况让她患上了抑郁症，最近的婚姻破裂，以及较轻的车祸后她患上的创伤后应激障碍，都加剧了她的抑郁症。根据她的医疗记录，她的全科医生似乎并不特别关注她的精神健康。不过，一位私人精神科医生写的一封非常简短的信，确认了她声称的诊断。如果我是个多疑且想法阴暗的人（我就是这样的人），我可能会怀疑有些人为了个人利益而付钱给私人精神科医生，让他们写虚假的信（有人确实这么做过）。有些人甚至用这些信作为刑事审判的可疑证据。我不能确定达莲娜的情况是否如此，但在我看来，这封信写得并不专业。信中传达的临床信息很少，也没有症状描述。就像数学考试一样，精神科医生应该展示他们是如何得出某个诊断结果的。这些明显的疏漏让我们很难证实这位医生的结论。此外，信中还出现了一些情绪化的语句，比如"我对这个可怜的女人除了同情还是同情，她的生活不断出现可怕的转折"，"她经历了一连串生活的动荡，她显然需要缓一缓"。什么呀？这本该是一份中立、客观的正式临床评估，又不是在诗会斗诗。

达莲娜之前的辩护资格评估是由一位资深、经验丰富的司法精神科医生代表辩方进行的，他认为达莲娜不适合辩护。我读过的（或者是出于最终会阅读的真实意图而购买的）许多教科书的书脊上都有他的名字。

皇家检察署显然认为他的结论值得怀疑，因此他们委托我提供第二意见。在对达莲娜进行评估之前，我收到了第一份报告，我不得不说在我看来——我需要强调的是,这只是我的个人看法——她把这位医生唬住了。她声情并茂、声泪俱下的陈述唤起了医生的同情,我认为这可能影响了他的判断。

当我对达莲娜进行评估时,她展现的形象是一个衣着时髦的女人。在伦敦北部一家图书馆背后我租用的那间略显破旧的办公室里,她崭新的套装和名牌手提包显得很不协调。她甚至在进门的时候嘟囔了一句:"我以为这样严肃的评估会在更专业的环境中进行。"她的金发扎了起来,两个眼袋与她引人注目的五官格格不入。在整个面谈过程中,她一直泪流满面。她哭得很厉害,常常一哭就是几分钟。她的消极攻击程度也令人难以置信。自我介绍后,我按照惯例问道:"你明白法庭为什么让我来评估你吗?"

"那些浑蛋想把我和孩子们分开,而你想帮助他们。"她用手帕擦着眼睛回答道。

我觉得达莲娜在面谈过程中故意阻挠我。在谈到被指控的罪行和她的法庭案件时,她非常敏感、警惕和回避:"我要告诉你多少次,我从来没有记录过我的收入和支出。这对我来说不过是零钱。"然而,她能够详细地讨论其他话题并不让眼泪奔涌而出,如她的童年和以前的工作。

其他因素也令人怀疑。她声称自己患有一种削弱她能力的障碍,但她的全科医生却认为没有必要升级她的治疗方案,将她转介给 NHS 的精神科医生,让后者出具第二意见。她似乎没有尝试接受任何建议的治疗,而是拒绝接受全科医生提供的抗抑郁药和另一位司法精神科医生建议的心理治疗。达莲娜的状况与一般病例的另一个差异是她的功能水平。她每天都能带孩子们去公园,开车去看病,偶尔参加动感单车课程,以及大多数时候都跑步、做饭。虽然我们都被年龄小的孩子拖累,但我不像她有保姆,而且她的生活方式听起来比我的更有意思、更充实!

达莲娜的哭泣让整个会谈延长了近两个半小时。经过一番唇枪舌剑和软磨硬泡,她较早意识到我不会允许她回避而不去讨论欺诈指控。其他可疑的裂缝也开始出现。她显然连案件的基本要素都记不得。她忘记了与她有过一年多亲密关系、她为其工作了三年多的同案被告人的名字,即使我给了她提示,她依然说记不起是否还有其他同案被告人(她的表亲)。为了弄清她对法庭程序的理解(普里查德标准[1]之一,该标准是界定辩护能力的法律检验标准),我就法庭主要角色(法官、大律师、事务律师、陪审团)提出了一些具体问题,但这位受过良好教育、博学多才、事业成功的前交易员甚至无法给我一个大致的猜测答案。

我的结论是,达莲娜大哭大闹、回避问题、无视法律信函、躲避律师、拒绝接受精神治疗以及似乎有选择性失忆,都是在蓄意逃避审判。鉴于以上,我在权衡各种可能性之后认为,达莲娜**有能力**达到普里查德标准中的所有要素,尽管她选择不谈论相关事物。因此,我的结论是,她适合辩护。这是我在法庭报告中宣布的,也是我在老贝利法庭证人席上宣布的,我无视了达莲娜的死亡凝视,她穿着一身更加时髦的衣服坐在被告席上(不过有趣的是,她的抽泣声比之前少多了)。在交叉询问中,辩方大律师的

---

[1] 一套用于评估被告是否适合出庭受审的标准,主要考察被告是否有能力理解诉讼程序并参与辩护。——译者注

主要论点是我的评估有局限性，因为我没有恰当地引出普里查德标准的所有要素。我表示同意，但反驳说我已经尽力了，因为达莲娜不肯合作。

他又反驳："你能做的最大努力肯定达不到这样一个重大案件所需的证据标准，这影响着一个女人的监禁和她与孩子的分离。您说呢，达斯医生？"

我实在无法反驳，也许是感觉到这是我的软肋，大律师不断地回到这个问题上。我本以为法官会介入，要求我的攻击者进入下一个话题，就像拳击手的腰部以下不断被击中，他会等待裁判介入一样。不知为什么，我感到我有义务改变我的回答措辞，即使我不断被问到的是同一个问题，这让我有点慌乱。也许我本应该坚持自己的观点，逐字逐句地重复我的回答，让大家明白这种重复是毫无意义的。

为了对我的个人形象做一些回溯性的损害控制，我必须声明，我是一位父亲，我有心（尽管多年来对可怕的暴力行为的分析让我的心长了些老茧）。我完全理解达莲娜因为儿子生病而经历了一段创伤时期，是的，她可能确实有一定程度的抑郁和焦虑。我接受法庭可能出于人道主义的考虑，不希望让达莲娜接受刑事审判。事实上，我在报告中明确说明了这一点。如果法官希望以同情为由撤销指控，我对此毫无异议。我反对的是她用精神疾病作为烟幕弹。

最后，法官驳回了我的意见，判定达莲娜不适合辩护。我当时（现在仍然）相当确信这是一个错误的判决，但我也知道自己的位置，我的角色只是一名顾问，法官拥有最终决定权。就我个

监狱

人而言，我认为法庭将一个带着生病的孩子的悲痛母亲拖入火坑的形象，确实太令人难受了。另外，我也认为将两名主要罪犯关进监狱在某种程度上说是一种妥协。在我看来，在这起特殊案件中，同情压倒正义并非不合理，但法庭给出的应该是一个法律决定，而不是临床医学决定。否则，制度**本身**也有可能把精神疾病当作烟幕弹。

在我看来，此案与安娜·索罗金案有异曲同工之妙，后者与达莲娜在相似时间段犯下诈骗罪，并于2017年被捕。她是一名在俄罗斯出生的德国人，2016年假扮成一名富有的德国女继承人安娜·德尔维来到纽约。2019年，她因诈骗纽约酒店和富豪熟人，被判犯有多项重大盗窃未遂罪、服务盗窃罪和二级盗窃罪。她最大的一宗罪是诈骗城市国民银行。2016年11月，她提交了一份伪造的贷款申请，声称自己可以动用存储在瑞士银行账户中的约6 000万欧元，并说服银行向她贷款10万美元，用于支付法律费用。当我读到这篇报道时，我不得不提醒自己，犯罪就是犯罪，即使是针对银行的犯罪。和达莲娜一样，索罗金似乎也是利用自己的自信和魅力来蒙蔽专业人士。她的精神状态从未受到质疑。在我看来，她似乎表现出了骗子的典型性格特征：全能自恋、缺乏同理心、妄自赋权。坏，而不是疯。

我与达莲娜的交往也迫使我思考，其他法律程序中有多少可能会因为被告的陈述和业余表演而将天平倾斜。如果被告不是纯种白人女性，没有这么漂亮、能言善辩，没有受过好的教育、信誉良好，没有以悲痛欲绝、泪流满面的形象示人，法官（以及其他为我的书增色不少的精神病学家）会如此宽容吗？

达莲娜的案件让我更加坚定了一个概念，那就是司法精神科医生需要善于从我们评估的对象中鉴别出真伪，从钻石中筛出锆石，从劳力士中筛出假劳力士。我努力改进我个人使用的多种策略。伪造某些精神病症状（比如假装有幻听或表现得偏执）相对容易，但要做到令人信服且始终如一却很难。要骗过一个多年来一直与重性精神病和罪犯打交道的人，尤其困难。尽管如此，还是有一些备受瞩目的案件的被告碰过运气。很少有像"山坡绞杀案"这样戏剧性的案件，我在受训期间读到过这起案件。

1977年10月至1978年2月，"山坡绞杀者"肯尼思·比安奇在加利福尼亚州谋杀了10名年轻女性。他将她们埋葬在周围的山上。据悉，这些令人发指的行为是由两名罪犯联手实施的，比安奇和他的表弟小安杰洛·布诺，他们被指控绑架、强奸、折磨和谋杀了10名成年女性和未成年女孩，她们的年龄从12岁到28岁不等。第一批受害者是三名性工作者，她们于1977年底被发现赤身裸体地被抛尸在洛杉矶东北部的山坡上，看上去是被勒死的。但这起案件一直未引起媒体的关注，直到后来五名非性工作者的年轻女孩被发现，这些被绑架的女孩来自中产阶级社区，随后便有了"山坡绞杀者"这个名字。1978年年初又发生了两起死亡事件，之后谋杀戛然而止。经过几个月毫无进展的调查后，1979年1月比安奇在华盛顿又谋杀了两名年轻女性后被捕，随后警方将"山坡绞杀案"与他联系起来，这使得案件有了新的进展。这是当时加州法律系统历史上"最昂贵"的审判。比安奇和布诺最终被判处终身监禁。

比安奇设法说服了几位德高望重的专家，让他们相信他有一个不友善的另一个自我"史蒂夫"(但这个名字却令人感觉怯懦),是他犯下了这些滔天罪行。在调查人员请来心理学家马丁·奥恩之前,精神科医生一直在考虑对比安奇做出多重人格障碍的诊断,而奥恩却识破了这个诡计多端的人。奥恩告诉比安奇,多重人格障碍患者通常至少有三个人格,于是比安奇马上又编造了一个人格"比利"。他还明显夸大了自己在看到"史蒂夫"的行为时所产生的困惑。警方搜查了比安奇的家,发现了一堆关于心理学、行为科学、催眠术和警察程序法的教材。还有证据表明,他看过几部关于多重人格障碍的电影,如《西比尔》($Sybil$)。最后,在走投无路的情况下,他承认自己是装的,并认罪以避免死刑。法官在判决比安奇时说:"在这件事上,比安奇先生无意中得到了大多数精神科医生的帮助和教唆,他们天真地接受了比安奇先生的故事,轻易上了钩。"我必须承认,当我读到这个案例时,我觉得参与该案的同僚们听起来都像傻瓜,如果他们有一丁点我的怀疑态度,都将非常有益。

多重人格障碍(现在称为分离性身份识别障碍)的存在,本身就是一个有争议的问题。多重人格障碍的特征是至少存在两个不同的、相对持久的人格,而且记忆缺口很大,这与童年时期遭受的巨大创伤或虐待有关。许多精神病学家都不相信真的存在这种病。我会把自己归类为分离性身份识别障碍**不可知论者**,而不是不存在论者。我从未见过可信的病例,尽管我遇到过几个公然伪造症状的骗子,如果我真的遇到了,我会悔罪,然后开始相信。

我总是带着一丝怀疑的态度来对待我的评估,尤其是当被指控的犯罪行为可能需要精神病学辩护时。首先，我会考虑所有可利用的证据，包括学校报告、社会服务文件、全科医生记录以及与其他精神科医生以往的通信。一般来说，精神疾病是逐步发展的，亚丝明的精神病前驱症状就凸显了这一点。我会寻找逐渐恶化的迹象。除了明显的症状外，我还会寻找功能下降或性格改变的细微线索。他们是否变得孤僻？避免社交活动？躲避朋友？工作表现不佳？虽然罕见，但有些精神障碍会突然自发出现，如药物诱导精神病或短暂的反应性精神病（相当于精神领域的"人体自燃"）。

接下来，我会仔细审查法律证据，这些证据概述了罪犯在被指控犯罪时的精神状态。案件文件包含证人证词、警方询问笔录、犯罪现场及后续情况的监控录像或照片，这些资料都可以作为了解被告当时心态的窗口。充满妄想的胡言乱语或明显的错误认知都会跃然纸上。司法精神科医生的生活偶尔会有光鲜亮丽的时刻，但在文字中跋涉寻找证据绝对是光鲜的对立面。有几次，我收到的单个案件的证据就超过了1 000页，我不得不花上一整天的时间、喝一大杯咖啡才能全部看完。最后，如果能接触到相关证据，我还会尝试从客观角度了解被告最近的精神状态，即犯罪发生后的精神状态。如果被告曾被还押、入院或保释，我可以分别与狱警、医疗专业人员或家庭成员面谈。

最后的最后，我会亲自对被告进行评估，以确定他们所报告症状的质量和有效性。某些症状往往遵循既定的模式。例如，视幻觉在真正的精神病中相对罕见，它更多是由器质性病因引起的，如患脑肿瘤（也会表现出特定的神经症状）或误食致幻蘑菇。精

监狱

神病中，幻听更常见，而且往往是外部幻觉，所以很可能不是你脑中的声音，而是外面的声音告诉你"要杀人、杀人、杀人"。这些声音通常会对患者正在做的事情进行评论，或者对他们发出简单的命令，而不是进行完整的对话。曾有许多被告试图让我相信，他们体内潜伏着一个邪恶的实体，这个实体有自己复杂的性格、观点和看法（就像"山坡绞杀者"那个假的另一个自我"史蒂夫"）。真正的精神病体验远没有这么复杂和直接。其他有助于区分真假病例的相关因素包括发病年龄，例如，双相情感障碍往往在 20 岁出头到 20 岁中期出现。

我并不是说，如果有人说在 40 多岁时第一次看到鬼魂的幻象，或者听到自己脑子里有声音（他与这个声音就中东的地缘政治动荡进行了详细的辩论），就是在说谎。上述原型几乎都有例外，需要全面权衡整个表述才能下判断。我想说的是，反常现象可能会增加我仔细思考的时间，也可能会唤醒我内心深处那个多疑的神探可伦坡[1]。"还有最后一件事我不明白……"

除了以上这些，我还会像其他正经的精神科医生一样，在倾听受试者的话语时，对他们的整体外表进行"秘密评估"。在我进行访谈之前，那个自称害怕陌生人、被怂恿他自杀的声音折磨的男人，是否在走廊上和其他囚犯打闹？那个在牢房角落里惊恐尖叫着问我是否也能看到吃婴儿的飘浮食人魔的女人，在后来描述不在场证明时，是否又奇迹般地表现得平静和富有连贯性？当我故意说错犯罪史时，那个声称自己太痛苦而无法跟上法律程序

---

[1] 电视剧《神探可伦坡》的主角。——译者注

的强奸案嫌疑人是否纠正了我的错误？另一个考虑因素是被告的目的。那些真正的精神病患者通常对自身缺乏洞察力，通常我们需要一段时间才能从他们身上发现症状。如果我真的患有妄想症，我会更倾向于向陌生人掩饰，而不是直接说出来。与之相比，有些人则会伪装成精神病患者，希望被送进精神病院以躲避牢狱之灾，他们往往会极力想说服我，他们通常过于戏剧化，说出令人难以置信的事。在监狱里，你可找不到多少好莱坞知名演员。不过，我在谷歌上搜索了一下，发现小罗伯特·唐尼、马克·沃尔伯格、西恩·潘、克里斯蒂安·斯莱特、基弗·萨瑟兰和韦斯利·斯奈普斯都坐过牢，那么我收回这句话！

对我来说，更重要的可能是所有像样的精神科医生在看过数百个病例后形成的直觉。我常年与罪犯打交道，这除了让我长出一些白发外，还让我养成了一种健康的怀疑态度。这是一种无形的品质，就好像你能够感觉到你的伴侣心情不好（但她不想说），或者你四岁的儿子说是谁打开了巧克力消化饼干包装时是在骗你（随便举两个例子）。业务精通的精神科医生都会发展出一种"胡话雷达"；我们长期接触真正的精神病理现象，所以能够敏锐地捕捉到一些细微的异常之处。

尽管我斗胆说了一些大话，但我必须承认我也曾被蒙骗过。有一个案例成了我职业生涯的耻辱，也让我成为同事们调侃的对象。

# 第 18 章
# 被蒙骗

2018年初,我在监狱中工作约一年时,遇见了名为斯特拉·劳伦斯的骗子。她在20多岁的年纪就已经犯下了30多项罪行,其中大多数为轻微伤害罪以及一系列的盗窃罪。她入狱前的生活可谓跌宕起伏、悲惨无比。她的母亲将酗酒看得比养育子女更重要,导致斯特拉长期处于社会服务的干预之下,辗转于多个寄养家庭。有传言说她曾受到继兄的性虐待,但这一点似乎并未得到证实。她曾多次引起心理健康服务机构的注意,后者在几年的时间里对她进行了十几次评估,以确定她的病情是否严重到需要将她送进精神病院。虽然意见不尽相同,但主流观点是她"未患有急性精神病"。

通过阅读斯特拉的笔记,我对她混乱且不确定的无法解释的生活有了清晰的了解。在最近的一次评估中,她提到自己怀孕了的事情,但在两天后的后续随访中却未再提及。是流产了吗?还是她捏造了怀有身孕的事实?她缺席了大部分的预约,而且在评估过程中也非常不配合,她不是醉醺醺地出现,就是拒绝参与或非常具有攻击性。她的陈述时常自相矛盾,而且有人怀疑她在骗取药物。就在我们在狱中相遇的两个月前的某个晚上，她在急诊室里吓得瑟瑟发抖，声称自己听到了声音，看到了阴影中的狼人。她差一点就说服一位年轻天真的医生给她开安定药（一种会上瘾的镇静剂，正如尚黛尔指出的那样，是20世纪70年代家庭主妇们的首选"饮品"），这时一位经验更丰富的医生及时介入，他知道斯特拉之前的诡计。她立刻变成一头愤怒的野兽（讽刺的是，和狼人并无太大区别）。当她的用药要求被拒绝后，她冲着工作人员大喊大叫，踢了一扇门后离开了。几分钟后，有人看到她在医院外面和一些臭名昭著的恶棍有说有笑，他们刚把一个被刺伤的朋友送进医院。对斯特拉进行的大多数评估都诊断她患有边缘型人格障碍（又称情绪不稳型人格障碍）。这类疾病患者通常有冲动、自我伤害和吸毒等表现。他们以人际关系极为不稳定而闻名。多年以后，我才意识到，这些患者通常不喜欢别人将他们的诊断情况上传至优兔（YouTube）做视频分享。

斯特拉因从莫里森斯超市偷窃一瓶价值四英镑的葡萄酒和殴打他人而入狱，她在监狱里的四个月由我照顾。一名保安发现她试图把酒瓶塞进自己的毛衣里时，便上前质问，结果她反而给了保安一拳。正如我在戒备病房的第一天所学到的，被人殴打绝非令人愉快的体验。我认为受害者完全有权利伸张正义，尤其是斯特拉看起来似乎并没有任何精神疾病。虽然她的性格可能会导致她情绪极度波动和易怒，但并没有精神病理学上的证据证明她无法控制自己的行为。这与那位打我一拳的年轻人不同，他由于患有卡普格拉妄想症而生活在痛苦中，坚信我是一个伪装的老派恶霸。但有时，公平的并不等同于正确的。我不禁感到，尽管斯特拉受到的可能是她应得的惩罚，但多次短期监禁并不能打破这种恶性循环。可以说，鉴于她在狱中的生活可能更加舒适和有条理，这几乎不算是一种真正的惩罚。

在监管人员对斯特拉自说自笑感到担忧之后，我曾多次邀请她来我的精神诊所，但她都拒绝了。在几次偶然的碰面中，她会突然要求我离开，就像七个月前在这个监狱同一侧楼里她的巴西狱友阿德里安娜所做的那样。当斯特拉愿意交谈时，她会问我一些奇怪的问题，而且似乎对一些无关紧要的细节非常执着。有一次，她坚持说，如果不给她发预约信，她就不会见我，并且拒绝听我解释监狱里不发预约信的事实。还有一次，她询问我当天的日期后，坚持说自己只遵循阴历，并拒绝继续交谈。这些奇怪的行为虽然不是精神病发作的明显迹象，但我的直觉告诉我有些不对劲。

在接下来的几周里，斯特拉的行为变得越发令人担忧。从轻微的越界行为，如不洗澡、故意超时通话，到更为严重的违规行为，如频繁与其他囚犯争吵和打架。由于她拒绝接受适当的评估，我无法确定她的暴躁是源于精神错乱，还是她天生的性格使然。我非常不愿意不必要地给她使用抗精神病药物。

大约入狱两个月后，斯特拉向一名警官吐了口水，随即被送往监狱里所谓的"隔离照顾单元"。在正式场合，这里被称为隔离单元，在囚犯之间则被俗称为"小黑屋"，大众媒体称之为禁闭室。不管怎么称呼，其本质都是一样的。隔离单元与高度戒备医院的隔离室并没有太大区别，但是由于它被设计为一种惩罚方式而非极端的治疗方式，因此尽快释放囚犯的压力没有那么大。作为监狱中的监狱，禁闭室没有主楼区域那种经常出现的谈话嗡嗡声、繁忙喧闹和闲聊声。囚室要小得多，通常每天要被锁上大约23小时甚至更久，而且禁止携带大多数个人物品，囚犯在这里几乎无事可做，也很少与他人接触。它们看起来像明亮的米白色的盒子，配有一个巨大的门和宽大的窗户，装饰极为简约。不知为何，它们总让人联想到反乌托邦、人口过剩的世界中的未来旅馆舱。这也许只是我个人的联想而已……隔离通常用于关押极度暴力的囚犯，但偶尔他们也以此来自保。有些囚犯会故意与狱警发生冲突，以便"藏"在隔离区，特别是当他们出于帮派冲突或毒品债务等原因想避开其他人时。

在隔离单元里，斯特拉不断地按她的呼叫按钮，但每当狱警赶到时，她要么无视他们，要么对他们大喊大叫，要么提出一些她明知不会被批准的要求，比如要笔和纸。这些既无目的又毫无条理的行为对我来说完全没有意义。

我咨询了心理健康介入团队（相当于监狱里的医院多学科团队）的一些同事，该团队由几位护士、多名心理学家和另一位司法精神科医生组成。其中几位在那里工作的时间比我更长的同事过去"有幸"照顾过斯特拉。他们坚信斯特拉没有精神疾病，她的行为完全在她自己的掌控之中。然而，随着斯特拉的状况进一步恶化，我开始怀疑他们的判断。她的喊叫变得更加频繁，声音变得更加尖锐、野蛮，带有嘶哑的喉音。她完全不再洗澡，并开始把食物扔满整个牢房。然而，她仍然几乎无法接受评估。她被实施了"双人解锁"的程序，这意味着我只能通过她门上的一英寸缝隙看到她，旁边还必须站着两名狱警。她说话的声音非常轻，我几乎听不清。我确信她是在故意这样做,因为在其他时候她的声带显然能够正常发声。

当斯特拉开始自称能听到声音时,我的"胡话雷达"就立刻响了起来,因为她正以一种夸张和明显做作的方式与另一个实体进行完整的对话,并且这种情况只发生在她知道我在她附近时,而并非我暗中观察她的时候。我对这种医学上的状况感到困惑。游戏似乎开始了。正如同事提醒的,斯特拉伪装的声音和选择性的低语都表明她在假装患有精神病。随后,她的行为进一步恶化。在单独监禁两周后,她开始不断地尖叫。她每晚几乎只睡两个小时,其余时间都在不停地大喊大叫,这实在是令人难以置信。感谢上帝,孩子们因为半夜哭泣或做噩梦而叫醒我(还有一次问我想不想玩拼字游戏)的糟糕夜晚越来越少。即使我在这样的夜晚睡了四五个小时,第二天也像行尸走肉一样。我感觉自己需要一杯三倍浓缩咖啡,看起来则好像需要一台除颤器一样。我简直无法想象斯特拉是如何能够做到连续几周每晚只睡两小时的。

"你们这些恶棍永远别想活捉我!"

"我的孩子永远不能看到我这样。"

"我不会告诉他任何他不知道的事情。"

她老是重复这些没头没尾的话,一遍又一遍地重复几个小时,有时甚至还会唱起来。

斯特拉还养成了在房间里乱涂粪便的恶习。这不仅破坏了环境,正如尚黛尔所说,也是"脑子少根筋"的典型表现。她这种行为肯定不是完全受自己控制的,对吧?如果是受控的,那么问题来了:她为什么要这样做呢?人们耍手段的时候通常都有想达到的目的。斯特拉似乎并不关心是否会被送进医院，她的许多行为看起来都毫无意义。最终，部分基于临床判断，部分出于绝望，我妥协了，为她开了晚上服用的奥氮平这种抗精神病药物。斯特拉确实按处方服用了药物，但这种药似乎对她没有什么效果。有几次因工作人员调动而偶尔忘记给她药物时，她也没有主动要求补药，这表明她的行为不是为了开药。

在接下来的两周里，斯特拉的尖叫声变得越来越令人毛骨悚然。为了更好地观察她，我把她转移到了医疗中心，那里的护士可以对她进行观察。这件事情本身就演变成了一场斗争，隔离单元的工作人员认为她应该受到惩罚，而医疗中心的工作人员则认为这是对他们已经超负荷运转的资源的一种浪费。同时，我的同事们告诉我，斯特拉只是在装疯卖傻。药物对她完全没有任何效果，这进一步表明她很可能没有精神疾病。

一个周一的早晨，我被告知斯特拉的刑期即将结束，她将在两天内获释。斯特拉即将成为那些消失在外界的囚犯之一。我大吃一惊，感到难以置信——这个每天尖叫 22 个小时、不断猛击墙壁、数周不洗澡、用粪便作为墙纸的女人竟然将被释放到外面的世界。让她在这种状态下获释，无疑是野蛮而且失职的。撇开她潜在的暴力倾向不谈，我还担心她在恶劣的环境中极其脆弱，尤其是考虑到她以前的那些不良社交圈子。我又找同事们谈了谈，包括监狱中经验丰富的司法精神科医生和资深心理学家。他们坚持认为，到了释放那天，斯特拉会没事的（至少能正常生活）。然而，我内心深处有一种挥之不去的不安感。我违背他们的建议，把她送往精神病院评估，并准备了所需的两份医疗建议书中的一份。这需要召集一位经过认证的精神健康执业人员（负责监督《精神卫生法》下的拘留工作的高级社会工作者）和一位独立精神科医生在监狱门口会见斯特拉。这是一段充满官僚主义障碍的艰难历程，多数 NHS 信托机构都拒绝承担责任。好不容易找到合适的机构后，他们又要在两天时间内找到一个戒备森严的医疗单位的空床位。在打了几通电话、发了几封电子邮件和嘟囔了几句脏话之后，我终于安排好了评估。如果判断出错，我的职业形象将大打折扣，因为我必须让其他人相信她患有精神病，尽管之前多次依据《精神卫生法》进行的评估以及我的同事们都得出了相反的结论。我在很大程度上违背了医学界的意见。

斯特拉获释的那天，我没有在监狱值班，因此错过了评估过程。据说她的表现**完全正常**。她洗了澡，穿戴整洁，并与评估人员进行了完全正常、毫无精神病迹象、理智甚至是愉快的对话。没有胡言乱语，也没有提到什么恶棍或孩子。我猜想，精神健康执业人员和独立精神科医生肯定在背后抱怨我，认为我浪费了他们的时间。

在接下来的几天午餐时间里，同事们总是善意地取笑我。也许斯特拉设计了整件事情，只是为了戏弄我并让我出丑。从那以后，我再也没有见过她，所以这始终是个谜。我总是能够想象她带着一丝狡黠的微笑，欢快地离开。对于她的演技和奉献精神，我只能脱帽致敬。她和我一样，都当之无愧地获得了一座奖杯——她的是"奥斯卡小金人"，而我得到的则是被嘲笑的奖杯。

# 第 19 章
# 故意自残和自断后路

有一张脸和她的一摊血将永远铭刻在我的记忆中。帕梅拉·索恩是一名 30 多岁、体重超标、失业的紫发女子，患有严重的边缘型人格障碍和学习障碍。面对压力时，她常常爆发愤怒，但会通过自残来抑制这些情绪。

帕梅拉整个刑期都在医疗中心度过，这里关押着精神失常最严重的囚犯，如喋喋不休的斯特拉。监狱里通常有 500 多名女性，但医疗中心只有大约 12 个床位，因此入住门槛极高。精神病发作在这里并不罕见。在帕梅拉服刑期间，我记得我们还治疗过一个坚信我们团队都是俄罗斯间谍的女人，以及另一个相信每次洗澡时，她身上都会有一层看不见的皮肤脱落，最终她会解体的女人。我也见过几位因急性躁狂症而失控的女性，她们会在牢房里脱光衣服。其中一位甚至一边笑，一边当众手淫。

医疗中心也是对像帕梅拉这样有严重自残行为的囚犯进行监控的地点。这种自残比普通监狱区那些用于发泄情绪的轻微割伤和擦伤类的自残要严重得多。医疗中心是专为那些真正面临死亡或造成终身伤害风险的人准备的。它配备了常驻护士、巡诊医生和临床设备，旨在提供治疗和进行观察，这与以惩罚为目的的隔离室不同。尽管如此，这两个地方在某些方面也有着明显的相似之处：同样宽敞而空旷的走廊、同样闪烁的条形灯，以及同样令人不安的只会放大脚步回响的寂静。

理所当然地，医疗中心关押着监狱中精神状态最不稳定、潜在风险最高的囚犯。与隔离室相似，许多囚犯在出牢房时需要两名甚至三名狱警的陪同。由于监狱工作通常人手不足，这意味着这些囚犯大部分时间都被关在牢房。这与我工作的监狱主监区形成了鲜明对比，那里大力鼓励女囚参与教育或劳动项目，例如在监狱的咖啡馆、花园甚至是呼叫中心工作。

2017 年，我在监狱工作不到一周，第一次踏入了医疗中心，就立刻被刺鼻的洗涤剂气味所震撼。后来我才知道，脏乱抗议[1]在囚犯中并不少见，有些人甚至拒绝洗澡。随后，我注意到一个熟悉的身影——一名身材矮小、面颊苍白、蓝灰色眼睛中透着几分羞涩的囚犯清洁工正在拖地。她的眼神总是闪烁不定。当我走过时，她向我微微一笑，让我感到异常熟悉。午餐时，我努力回想她的身份。我确信之前对她做过评估，但到底是在哪里呢？然后，一位同事解释说，我可能在报纸上见过她。她叫梅雷亚德·菲尔波特，因为与她声名狼藉的丈夫米克合谋纵火烧毁位于德比的住所来骗取更大的政府廉租房而导致家中的六个孩子死亡，于 2013 年被判过失杀人罪。

从在医学院精神科实习开始，我就一直参与处理故意自残和

---

[1] 通常指通过制造脏乱来表达不满和施压。——编者注

自杀未遂的后续治疗及支持工作。对于精神科医生来说，对有自残风险的人进行评估是一个像政客逃避问题或百万富翁逃避税收一样的基本技能，但在狱中亲眼见到血腥的自残后果仍然让我大开眼界。我之前就知道自残的严重程度存在巨大差异。大多数囚犯的自残行为相对较轻，如轻微的抓挠或划伤，几乎不需要使用创可贴。有时，这种行为是为了缓解挫败感。或者可悲的是，在一些监狱中，它是一种绝望的尝试，希望以此来更快地获得心理健康团队的关注。更严重的就是像帕梅拉这样的案例了。在入狱之前，她经常携带一把史丹利牌小刀，她至少三次将自己的手臂或大腿划得伤口深到需要输血和进行整形手术。实际上，她就是因为挥舞这把刀而被监禁。这似乎有一些不公平，因为她似乎并没有伤害他人的意图。我猜测，她在收容所中反复的自残行为最终使照顾者们忍无可忍，不得不报警。

帕梅拉的边缘型人格障碍使其饱受情绪不稳定、易怒冲动和行为鲁莽之苦。这也导致她容易与许多陌生人或熟人发生激烈的争吵，而且她的学习障碍又使她无法以健康的方式处理或表达她的挫折感。这些因素本身就足以让她陷入困境，但在我看来，她一生中所遭受的种种拒绝更是让她的情况雪上加霜。这种被拒绝感来自她的家庭，他们在她蹒跚学步时就将她送进了寄养机构；也来自社会，有些男性会假装与她交朋友，只是为了和她发生性关系。心理健康服务部门也难辞其咎，她经常被急诊室拒之门外，因为他们将帕梅拉的行为归因为"社会问题，而非精神疾病"（这是专业人士的一种委婉说法，意味着"走开，我们帮不了你"）。即使她偶尔被允许住院，除了控制她几天，让她渡过与母亲或虐待她的不稳定伴侣的争吵危机之外，医疗机构也未能为她提供长期的治疗。帕梅拉在几个精神病院的幼稚行为——如逃跑、偷窃其他病人的物品、偷偷带大麻和酒进病房举办深夜派对——也让她臭名远扬，使得她将来再次住院变得更加困难。护士们不想再照料她，这可能会加剧她的被拒绝感和自卑感。

边缘型人格障碍本身就出了名的难治，对于像帕梅拉这样认知能力有限的病人来说几乎不可能治好，并且更关键的是，她完全拒绝配合治疗。在我们的医疗中心，她会利用一切可以利用的手段来伤害自己，她的足智多谋足以让特种部队刮目相看。显然，她房间里所有锋利的物品都会被收走。但她会想方设法，如使用塑料餐具或者铅笔来划伤自己的胳膊和大腿。伤口被缝好后，帕梅拉还会咬断缝合线，甚至有一次用马桶水擦洗伤口导致感染。触发这种自残行为的原因包括训斥她或给她制定规则，禁止她享受某些权利（如因担心其他囚犯欺负她而不允许她参加主监狱治疗区的工艺品制作课），以及接到来自她刻薄的母亲令人沮丧的电话。帕梅拉经常不断提要求和侮辱工作人员，这让他们感到沮丧和恼火。我有一次听到她说："让那个臭婊子把电话挂了，轮到我了。我男人需要听我甜美的声音，他爱我。"考虑到她的智力水平有限，这不禁让我思考，到底是什么样的成长环境，才让她养成了这种侮辱性的说话方式和态度。工作人员的严厉回应只会引发她更多的自残行为。有一次，我正开会时被紧急叫出，因为帕梅拉自残得特别严重。起因是一名狱友将枕头塞进她的上衣，模仿她并嘲笑她。当我赶到时，救护车已经将帕梅拉送去缝针，几名穿着生化防护服的狱警正在拖她牢房地上的血和擦墙上飞溅的血。

现场看起来就像是野兽男孩（Beastie Boys）[1]的音乐视频的硬核混音版。

"我不需要保姆，我已经34岁了。他妈的别来烦我，"帕梅拉第二天在与我和心理学家特蕾西进行的一次尤为紧张的谈话中说道，"你们这些蠢货最好让我下午去A区接受治疗，否则我就要把这里拆掉。"她举起了绑着绷带的胳膊，继续说："我会让这里血流成河，我妈妈说她会告诉纸媒，说你们让我在这儿等死。"

我瞥了一眼特蕾西，她无奈地翻了个白眼。

我尝试着说道："听着，帕梅拉，也许我们可以找一个折中的办法。如果你能看一下我们昨天商定的计划，可能下周你就可以参加工艺品制作课了。看，我都已经给你打印出来了，你只需……"我还没说完，她就一把抢过我手里的纸，揉成一团塞进嘴里，然后双手捂住耳朵开始前后摇晃。显然，这将是漫长的一天。

最终，我们控制住了帕梅拉的自残风险，但这个过程充满艰辛和混乱。我们不得不挑战一些与她打交道的医护人员的态度。他们很难将帕梅拉那种既需要关怀又充满敌意的行为视为需要温柔对待的精神健康问题。相反，他们常将其视为对自身权威的挑战，认为应以尖锐严厉的话语回应。坦白说，考虑到这些狱警的工作环境是一个充满攻击性的小世界，一个稍有让步恶人就会得到主导权的世界，他们的这种态度在一定程度上是可以理解的。在我看来，帕梅拉的易怒和尖刻态度本身几乎就是自我伤害的一种形式。她知道她尖酸的话语会激起相同的反应，她故意挑衅他

---

[1] 美国著名的说唱团体。——编者注

人以求得惩罚。通过善待她，我们剥夺了她利用敌意获得反应的能力。我们采取的其他策略包括允许她在护士的陪同下偶尔参加创意疗法课程，限制她与母亲的通话时间，确保通话过程有人旁听。特蕾西设法与帕梅拉建立了信任关系，每天至少进行一次心理治疗，有时甚至两次，以探讨她累积的情绪和挫败感，帮助她宣泄并减轻这些负面情绪。

这要归功于特蕾西，她不仅制订整个计划，还让我受益良多。我被其他囚犯弄得焦头烂额，并且只关注帕梅拉自残的实际情况，直到特蕾西鼓励我思考帕梅拉为什么会这么做，我才开始考虑这个问题。帕梅拉有时会感到沮丧，这是必然的。但我同时也开始思考帕梅拉的人生经历：她被许多人（父母、伴侣、安置机构工作人员、医生、护士）忽视或拒绝，并且由于学习障碍，内心滋生着自卑感。在这种情况下，似乎自残是一种让其他人看到自己内心问题的方式，这样她就不会再被忽视。她这样做也是为了获得某种控制感。所有这些来自权威机构的决定，都是在没有告知她、没有征求她意见的情况下做出的，鉴于她有严重的智力障碍，这些决定也可能在某种程度上没有被她理解。她曾多次被送进寄养家庭，又多次被送入精神病院。她的史丹利牌小刀就是一个工具，用来告诉别人她才是掌控局面的人。

考虑到当时的情况，我认为我们做得很好。我们将帕梅拉的自残行为从几乎每天一次减少到每月一两次。然而，我们也付出了前所未有的、或许是不合理的时间和人力代价。这导致我、特蕾西及其心理学家同事、护士和警官无法为监狱中其他许多病情非常严重的病人提供支持。可想而知，这引起了帕梅拉的许多同伴甚至工作人员的不满。

帕梅拉获释后，又回到了她混乱无助的生活中，想想她的处境我就不寒而栗，尤其是她还因为异常无礼的行为疏远了社区服务（如临时收容所、庇护所和福利办公室）。当她被关在监狱里，在我们接近于不间断的监督下，我们都几乎无法应付她。我仍然隐隐觉得，有一天会在报纸上看到关于她自杀的报道。也许是故意的，也许是她继续玩火，最终不慎自焚。如果那篇文章真的出现，我想一定会充斥着对精神卫生服务机构疏于职守的批评。

虽然自残通常不那么引人注目，但在监狱中却是一个巨大的问题。事实上，它是囚犯发病的主要原因之一；据估计，在英格兰和威尔士，男性囚犯自残的年发病率为5%至6%，女性囚犯为20%至24%，这大大超过了普通成年人不到1%的比例。这绝不是我们这片岛屿独有的问题。最近一项对欧洲、澳大拉西亚[1]和北美24个高收入国家2011年至2014年的自杀率进行的国际研究得出结论，与普通人口相比，男性囚犯的自杀风险至少增加了三倍，女性至少增加了九倍。

有趣的是，囚犯自杀率最低的国家是美国、波兰和加拿大，自杀率最高的国家是挪威和法国。

相关的影响因素包括精神病诊断，尤其是重度抑郁症和边缘型人格障碍，以及监狱特有的环境风险，如单独监禁、遭受性或其他身体伤害等。除了精神科医生、心理学家和护士，我们还

---

[1] 一般指澳大利亚、新西兰和邻近的太平洋岛屿。——编者注

招募囚犯来解决这一严峻问题。撒玛利亚会[1]将年长的囚犯训练成"倾听者",为他们中特别沮丧的同伴提供心理辅导。在我的YouTube频道上,我采访了克里斯·阿特金斯,他是一名记者,2016年被判犯有两项罪行(共谋欺骗公共收入、盗窃和欺诈),并被判处五年监禁。他作为倾听者的经历让我大吃一惊。他经常被安排与精神极度失常的囚犯一起关在一间牢房里,其中一些人精神错乱,显然应该被送进医院。克里斯在他的《有点紧张》(*A Bit of a Stretch*)一书中描述了他在狱中的可怕、悲惨和时而有趣的逸事。

英国的另一项保障措施是评估、羁押期间照护和团队合作(Care in Custody and Teamwork,ACCT)流程,其中包括定期的一对一谈话、加强对当事人的观察、定期支持会议以及由大型多学科团队进行的审查。虽然这是一个受欢迎的举措,但它也有不足之处。真正想自杀的囚犯会掩饰他们的绝望情绪,以防止受到干预。此外,许多囚犯对被视为精神病患者感到耻辱,尤其是在弱者容易成为猎物的极端大男子主义的监狱文化中。

顺便提一下,在审判期间,当我被法庭委任对许多被告进行精神评估时,威胁要故意自残或自杀是他们常用的手段。"医生,如果你不把我关进精神病院,我发誓我会自杀。"这句话,我现在每隔几个月至少还能听到一次。出于多种原因,这种躲避牢狱之灾的伎俩很少能得逞。首先,监狱实际上配备了(诚然并不完善)

---

[1] 撒玛利亚会是一个注册志愿机构,以英国和爱尔兰共和国为基地,为情绪受困扰和企图自杀的人提供支援。——译者注

上述处理自残者的系统。其次，如果这种方法奏效，那么将会有很大一部分面临审判的人通过虚假借口从监狱进入医院，从而可能导致那些真正需要床位的人无处可去。另外，由于那些长期有自杀倾向的人一般都很难康复，因此精明的囚犯可能会利用这一点，在整个服刑期间都声称自己有自杀倾向。

尽管如此，低估自杀风险也会带来灾难性后果。2016年初，32岁的萨拉·里德在伦敦北部霍洛韦监狱自杀的案件震惊了整个法医精神病学界。里德有精神健康问题的病史，据称患有贪食症、偏执型精神分裂症并有药物滥用史。她的问题源于2003年她的小女儿的死亡。2012年，混血儿里德遭到一名白人警察的严重袭击，导致两根肋骨骨折。她因为在一家封闭式的精神病院袭击了一名护士而被控告，并在监狱等待评估是否适合出庭受审。她在监狱里等了九个星期，但一直没有等到被评估的机会。2016年1月11日，里德被发现躺在监狱床上，脖子上缠着亚麻布条，已经没有了反应。调查发现，一系列的失误导致了她的死亡，比如没有及时对她进行治疗，工作人员取消探视的次数多到令人无法接受，不允许她洗澡或淋浴，甚至有时不提供食物或水。这些都是因为工作人员觉得她精神状态太差，不能接近她。这显然是女子监狱里的重大新闻，也让我深刻认识到彻底的风险评估是多么重要。

另一个最近发生的更具争议的监狱自杀事件是杰弗里·爱泼斯坦的自杀。他于2019年7月被控犯性交易罪，可能面临着长达45年的联邦监狱刑期。在等待审判期间，他被发现死在纽约的一所监狱中。在英国，还押候审的人和已判刑的囚犯关押在一起。而在美国，他们被关押在短期监狱中，只有被判有罪，才会被送往长期监狱（通常刑期在一年以上，监狱环境相对较好，囚犯的自由度也相对较高）。爱泼斯坦在三周前被发现颈部有伤痕而昏迷不醒，之后一直处于自杀监控之下，但在死亡前几天被认为不再有自杀风险。一位总检察长严厉批评了监狱对他的管理。据称，狱警没有按照规定每30分钟检查一次。这足以让安德鲁王子汗颜。众所周知，美国的短期监狱往往人手不足，囚犯数量超负荷，而且充斥着大量精神病患者。短期监狱内三分之一的死亡是由自杀造成的，这一比例远远高于长期监狱。在美国，每年有超过300人在监狱中自杀。其中有四分之一是在入狱后的24小时内自杀的，一半的人在两周内死亡。2010年，司法部的一项研究表明，38%在监狱中自杀的人患有精神疾病，34%的人有自杀行为史。然而，研究显示，在接受调查的三分之二的监狱中，工作人员并没有被提供定期的自杀预防培训。虽然理论上患者可以获得治疗，但他们往往难以获得这个机会且治疗并不充分。

我曾遇到过一个相当令人痛心的病例，也可能是我所能想象到的最极端的非自杀性故意自残行为：一个男人在狱中挖掉了自己的眼球。这绝对不是我18岁刚进医学院时列出的愿望清单里希望遇到的场景。这是我接到的一个民事法庭案件（不是刑事案件）的失职评估。雷克斯·彼得森先生因纵火罪被判处相对较短的刑期。他醉酒后在前女友的车库里放了一把火，幸亏当时车库里没有人。显然，狱友中流传着一些不实的谣言，说他有恋童癖，一个无辜的女孩在大火中丧生，但这些都不是真的。根据我的经验，那些声称遵守沉默誓言（黑手党的缄默法则）的男性囚犯，比十几岁的女学生更喜欢八卦和散布谣言。

雷克斯 50 多岁,头发侧分,戴着厚重的眼镜,小时候患过小儿麻痹症,走路明显跛脚。他本不适合在监狱中生存。一旦谣言开始传播,他就会收到一些恐吓性的评论、怀疑的目光和威胁。多年来他每天都喝酒,在他入狱的前几周,他也在经历酒精戒断带来的痛苦。这对他的妄想症和焦躁不安毫无帮助。雷克斯生平第一次患上了精神病,这在他这个年龄是非常不寻常的。压力显然是导火索。他确信其他囚犯想要吃掉他的眼球,以获得超人的力量,这样他们就可以砸穿墙壁逃脱。他一直害怕受到攻击,所以他决定先发制人,用一支笔把眼球取出来。事情发生时,他被关在隔离区的牢房里。护士们呼叫了支援,但当警官们到达并穿戴好防暴装备时,事情已经发生了。两年后,当我对雷克斯进行评估时,我的评估重点是心理健康团队提供的评估和治疗标准是否适当,以及这是否导致了可怕的结果(实际情况远比这复杂,需要应用几个严格的法医测试,但这也许是另一本书的内容了)。

当我采访雷克斯时,他的表现出乎我的意料。他已经获释,由于失明,现在住在护理中心。他的精神病已经完全被治愈了。他给人的印象是一个聪明、善于表达、能力很强的人。是的,他在整个评估过程中都戴着墨镜。据他说,当他挖出自己的眼睛时,护士们不仅故意拖延时间没有尽快去他的牢房阻止他,而且还刺激他,称他为恋童癖者。根据提供给我的证据,包括各种工作人员的证词,这似乎并不属实。我只能推测这些是他的妄想。

我发现,雷克斯在监狱中得到的护理确实存在一些不足之处,包括一名护士对他进行了非常粗略、看似仓促的评估(时间是在周五下午晚些时候,这可能是问题出现的因素之一),没有深入探究他所有的风险因素。我批评的一个方面是,雷克斯在事件发生前一周曾用头撞击牢门,造成一些瘀伤。然而,没有人考虑他为什么这样做,也没有任何迹象表明情况有所改变,能让工作人员确信这种情况不会再次发生,因此我认为这不符合风险评估的基本标准。尽管如此,我还是得出结论:雷克斯的精神病恶化得如此迅速,而且他非常有效地掩饰了自己的意图,以至于他的极端行为实际上是无法预测或预防的。

# 第 20 章

## 监狱精神科医生面临的障碍

在监狱工作期间,我不禁思考,为什么精神疾病在监狱中如此普遍。显而易见,这与监狱本身的环境有关。自由受限、与世隔绝、与朋友和家人分离、受人欺凌以及时刻面临暴力威胁,这些都会影响大多数人的情绪,无论他们是否患有精神疾病。不过,还有其他因素在起作用。首先,有些人口统计学因素起到了混淆作用。正如我在诊所对囚犯进行评估之前阅读的囚犯记录中明确指出的那样,生活中的许多不利因素(贫困、失业、无家可归、过去的创伤、有犯罪记录的同伴和药物滥用)既会导致人们走上犯罪的道路,也会引发各种各样的精神疾病。

作为一名司法精神科医生,我羞于承认的另一个不可忽视的促成因素是,在一些(尽管不是全部)英国监狱里,囚犯获得精神病治疗的机会少得可怜。我的同行们根本不堪重负。我工作过的那所大型女子监狱比较少见,监狱的资源丰富,大多数有精神疾病的人都能得到及时的评估和治疗。然而,我代表法院去其他监狱进行外部评估时看到的情况则要糟糕得多。我会见到蓬头垢面、孤独绝望、病入膏肓的男人,他们为了看医生已经等了好几个星期。那些许多人在街上都会避而远之的喃喃自语、焦躁不安、精神错乱的人,在监狱里却随处可见,令人担忧。不仅缺乏精神卫生工作人员来处理案件,还有不断涌入的新囚犯,而且在一些机构中,警官太少,以至于囚犯几乎不被允许离开牢房。如此一来,患有精神病的囚犯的情况就会恶化。眼不见,心不烦。我可能是在一个相对自由的监狱工作,但我对那些像"笼养鸡"一样的监狱感到不适。

2018年秋天,我在布林顿监狱对一名叫弗拉穆尔的阿尔巴尼亚男子进行过一次性评估。他留着长发,皮肤坑坑洼洼。他面临的是在公共场所持有刀具和普通袭击的指控。据称,在一个地铁站外,受害者(一个陌生人)走过弗拉穆尔身边时,弗拉穆尔毫无征兆地对他的胸部连击数拳。一名路人提供的证词证实了这一说法。监控录像录下了袭击过程,还显示他随机殴打了另一名路人的胸部。案卷记录显示,弗拉穆尔被捕时,身上发现了一把刀,幸好他没有使用。据报道,他在接受警方讯问时说了一些奇怪的话。他说他携带刀具是为了保护自己,并且"丝毫不后悔打了那些家伙。他们讨论要在我头上钻孔。他们以为可以威胁我,而不会有任何后果"。

当我见到弗拉穆尔时,他面容憔悴、脸色苍白、眼袋很大、呼吸急促、神情紧张、满头大汗,他的脉搏甚至都加快了(除非你是大卫·布莱恩[1],否则几乎不可能伪装)。他怀疑他的食物被联邦调查局下毒了,尽管这些想法还不够确定,不足以构成妄想。

---

[1] 美国幻觉魔术大师,擅长街头魔术表演和近距离魔术。——编者注

他有一定程度的洞察力，我可以和他讲道理。

"是的，医生，你可能是对的。毒死我的说法确实有点牵强。"

"而且，联邦调查局在牛津郡调查你，这确实说不通。"我提议道。

他揉了揉脸颊，慢慢地点了点头："你这么说的话，也有道理。"

在我的法庭报告中，我认为弗拉穆尔在严重焦虑的情况下逐渐出现了精神病症状。我解释说，他的身体状况适合出庭受审，不完全符合转到医院的标准，但应该给他服用抗精神病药物，如果他的病情进一步恶化，监狱心理健康团队应该对他进行定期随访。

将近一年后，他的律师让我重新对他进行评估。我几乎认不出他来了。他消瘦了许多，脸色更苍白，憔悴不堪，也更加邋遢。他的头被剃光了。在狱中，他似乎在很大程度上被忽视了，结果他的精神病症状加重了。由于明显的思维阻滞（这是一种罕见的症状，患者的讲话会突然被沉默打断，这种沉默可能会持续大约一分钟，之后，他们会谈论一个不相关的话题），他几乎无法理解我的话。我在第二份法庭报告中使用了"骨瘦如柴"和"幽灵般"这样的词语：这些词语以前从未出现在我的精神病学词汇中。当我向监狱心理健康团队转达我的担忧时，他们似乎确信他在装病。他是他们管理的对象。除了提醒团队和法庭之外，我无能为力。我不得不接受，因为我对弗拉穆尔只有两次简单的评估，而他们有纵向长期评估他的优势，他们的观察结果胜过我的观察结果。一位伟大的哲学家的话在我脑海中回响。算了，**由它去吧**。

另一个严重的缺陷是，即使因犯引起了像我们这样的监狱心理健康团队的注意，我们的治疗手段也很有限。根据《精神卫生

监狱

法》的规定,我们不能像在医院里那样强制注射药物。因此,如果缺乏自知力的患者拒绝服用药片,我们所能做的就是将他们转介到安全的精神科病房。事实上,我们常常受制于医院的同行。医疗中心就像一个收容所,收容着大量病情严重的女性精神病患者,她们在漫长的等待名单上,等着被转院。套用《圣经》中的一句话,骆驼穿过针眼都比根据《精神卫生法》中的各种刑事条款收治这些病人要容易得多。这个过程是迄今为止我工作中最令人沮丧的地方。这就像一场邮编彩票[1]抽奖活动。绿树成荫的郡县一般等候时间较短:可能一两个星期。但在大城市,尤其是伦敦,等待时间较长,而且我转诊的服务机构往往会有抵触情绪。首先,他们经常齐心协力地指责病人属于另一个司法管辖区(这是精神健康机构中一个令人沮丧的重复的主题,让我想起了我在乔丹出院问题上的挣扎)。"这不是我们的问题",这是我在收到的回复中读到的潜台词。我很快了解到,即使服务范围很明确,要找到转介的服务机构详细的联系方式也是一个挑战。虽然各种NHS精神健康信托机构的网站上都有大量病人和护士的照片,他们面带微笑,目光望向远方,但只有极少数网站提供了详细的联系方式。有几次,我不得不通过传真发送所需的信息。有一次,我通过电子邮件发送了一份转诊申请单和大约200页的囚犯医疗记录,结果却被要求把所有资料打印出来并传真过去。接下来会怎样?通过信鸽转诊?

---

[1] "postcode lottery",指的是在英国,人们能够获得的公共服务质量取决于他们居住地的邮编。这就像彩票一样,因为你的邮编决定了你所在地区的资源分配情况,从而影响了你享受服务的质量和机会。——译者注

必须指出的是，为急需心理治疗的囚犯提供心理治疗的另一个障碍是一些（尽管不是全部）监狱官员的态度。对于一些罪犯，尤其是那些犯下更令人不齿的罪行的罪犯，狱警似乎会阻挠甚至积极阻止精神健康团队的干预。我记得我在伦敦南部的一所监狱安排对一名恋童癖嫌疑人进行评估，但在探视大厅却被告知他拒绝离开牢房赴约。后来他的律师告诉我，这根本不是真的，他并没有被告知我的到来。两周后，我重新预约了探视，结果还是一样。最后，法官不得不宣布休庭，并与监狱长谈话，以消除任何进一步的阻碍。这不仅浪费了我的旅程安排、伦敦的交通、停车费用和通过监狱安检的时间，还迫使法官重新安排他的庭审时间。这不可避免地会对其他审判产生连锁反应，从而妨碍了司法公正。讽刺的是，我的最终结论（该囚犯没有严重的精神健康问题，因此不需要住院）可能正是监狱警官想要的。当然，我的结论是客观的，是基于被指控的恋童癖的临床表现，而不是他的犯罪性质。

不带评判的态度是一名合格的司法精神科医生的基本特征。在这方面，我的一些同行要比其他人更加努力才能做到。在评估和治疗精神疾病时，我们应该像对待家庭暴力受害者一样，以专业和正直的态度对待掠夺性恋童癖者。我能够把囚犯的精神健康需求与其可能犯下的可怕罪行的性质区分开来，要做到这一点，我必须相信刑事司法系统会公平地判决和惩罚这个人。如果是这样的话，那么作为一名医生，我就不应该通过拒绝或者减少精神病治疗或撰写过于严厉的法庭报告来加重犯罪者的痛苦。我偶尔会看到我的同事这样做，或者相反，就像那位经验丰富的法医精神科顾问医生，在我看来，他被达莲娜戏剧性的、声泪俱下的陈述影响了判断。我听说过一些狱警故意泄露罪犯的罪行性质（通常是性侵犯，有时是针对儿童的），甚至是他们的职业（比如前警察），这样这个人就会受到来自其他囚犯的额外的惩罚。

除了在监狱兼职之外，我还经常受命到其他监狱进行独立评估。或许有些不公平，甚至可以说有点自鸣得意，我会把我们相对较高的标准与这些机构进行比较。我记忆犹新的一个案例是我去诺丁汉郡的一所监狱探监时了解到的。这是一个民事案件，而不是刑事案件。我评估的当事人当时已经服刑 15 年，他的刑期为 25 年（罪名是在两个敌对的足球流氓组织发生冲突时杀害了一名男子）。他起诉监狱管理不善，没有保证他的安全，而我的评估主要针对他所接受的治疗的标准，即潜在的临床疏忽。他是一个精瘦、秃头的男人，有着令人难以理解的浓重的苏格兰口音（一开始我真以为他在说另一种语言，可能是克林贡语）。他的名字是乔治·斯普里格斯（George Spriggs），虽然我无意延续苏格兰人的刻板印象，但他真的让我叫他斯普里奇（Sprigzy）。很明显，在他所在的楼道里有一伙年轻人向其他囚犯兜售一种名为"合成大麻"的毒品，然后向他们勒索巨额款项，存入一个外部银行账户。"合成大麻"最初是一种"合法兴奋剂"，是一种实验室合成物质，据称可以模拟大麻的效果，在其存在不到 10 年的时间里，它已经在监狱系统内造成了长期的混乱。它之所以受欢迎，是因为它价格便宜，可以逃避大多数标准的尿液毒品检测，而且很容易偷偷带进去。其中一种形式是喷雾剂，在通过安检的儿童画作上也有出现。我一直不明白合成大麻的魅力所在。我对节日和狂欢派对并不陌生，也见过许多面容扭曲的陌生人光着上身四处蹦跳。但他们看起来玩得很开心，他们在脑海里开了一个小派对。我目睹的吸食合成大麻的囚犯总是显得焦躁不安，有些甚至变得精神错乱。

据斯普里格斯说，这个团伙经常殴打他们的受害者，甚至打碎了一个人的眼眶。斯普里格斯感到有必要干预，因此告诉了一位来访的拉比（犹太教教士）。这位拉比安排了一次与监狱官员的会面，向他传递了有关肇事者及其活动的信息。显然，在会面之后，礼拜堂里的另一名囚犯无意中听到官员要拉比说明斯普里格斯想告诉他们的某些事情。斯普里格斯被贴上了告密者的标签，一场针对他的复仇运动开始了。为了保护他，狱方把他转移到另一个监狱楼层，但那个团伙显然在悬赏攻击他。"任何打我一顿的人都可以得到三克香料。如果他们把我送进医院，还有另外两克作为奖励"，正如他所说，有点粗鲁。他换了两次监狱，甚至被转到了通常只关押性犯罪者的脆弱囚犯区，但"告密者"的名声和找他复仇的宣言就像一股恶臭一样跟随他。

斯普里格斯曾六次被拳打脚踢，脸也被划破了，这正应验了犯罪界的一句俗语："告密者会被缝针。"为了保护他，狱方整天将他关在牢房里，但他的门缝里被泼了尿、粪便和沸水。当他向我报告这些事时，我不禁对他产生了一丝怜悯。他可能夺走了一条生命，但他已经在偿还他对社会的债务，而且似乎由于自己的利他主义而成为被攻击的目标。尽管我同时也忍不住想知道，一个人是如何将粪便装满一个瓶子，以及如果不小心会造成什么后果。我想，在某些地方，清洁剂永远不会嫌多。斯普里格斯甚至需要狱警预先包装好他的食物，因为食物（牧羊人馅饼，我想这是一种非常有效的伪装）中曾经发现过粪便。根据我的评估，我

监狱

得出的结论是,斯普里格斯患上了适应障碍,这可以被认为是一种由某些创伤性环境引起的急性抑郁或焦虑状态。此外,我认为他还患有一种特定的恐惧症。这是对一个物体或情境持续的过度恐惧。在斯普里格斯的案例中,他患有被袭击恐惧症。与普通人对受伤的厌恶(除了变态受虐狂)不同,斯普里格斯对此始终耿耿于怀、喋喋不休,而且这对他的日常生活造成了巨大影响。当我看到斯普里格斯的时候,他已是一个神经质的偏执狂。他几乎寝食难安,处于病态的恐惧之中。再次说明,由于我是代表法庭进行一次性的评估,所以他不在我的管辖范围内。我向监狱心理健康团队提供了关于药物选择的建议。值得庆幸的是,与弗拉穆尔的情况不同,他们对我的建议持开放态度。除此之外,我没有能力改善斯普里格斯的情况或为他提供任何保护。我只希望我的评估能够对他的民事案件有所帮助。

　　伦理、公平、惩罚、正义、权力的平衡和滥用职权,这些问题以我在监狱工作之前从未考虑过的方式让我陷入沉思。我是偶尔滥用职权的体系的一部分吗?还是我多虑了?

　　在监狱工作的确满足了我之前产生的渴望。我每周都会接触到大量的案例,以及许多新的、不同的病人表现。这样的工作节奏让我保持兴奋,而且文书工作也比在医院要容易处理得多,不会让我像以前那样,幻想一头撞到电脑上。

　　更令人愉快的收获是大量的法医工作。律师和法院会联系我,让我为一些在我所工作的监狱中的在押候审的因犯撰写法庭报告。诊断和治疗罪犯固然有趣,但我接手的这类专家证人工作越多,我就越能探究人们犯罪的原因。是什么驱使他们去夺取不属于他们的东西？是什么驱使他们伤害陌生人，甚至是他们所谓爱的人？我本来对犯罪研究就有一种病态的迷恋，我发现自己越来越关注最近涌现的一系列关于真实犯罪和连环杀手的纪录片。我还为各种报纸和杂志撰写评论文章，评论精神疾病和犯罪之间的交叉点。对我来说，分析导致暴力的原因是一个自然而然的过程。

我在 2017 年开始了为期两年的监狱工作，当时，我每月会接手一到两项法医鉴定任务。到我结束工作时，这个数字增加了三倍。与此同时，我的信心也增强了。在老贝利街法庭上为亚丝明的审判做证的经历让我兴奋不已，我开始被那些更复杂、更不确定、更可怕的案件所吸引，而我之前对这些案件一直心存顾虑。一个精神分裂的父亲砍下了自己孩子的头；一个吸毒导致精神错乱的人，用一把剪刀刺伤了自己的脸颊；一个声称患有创伤后应激障碍的人是连环强奸犯。

我天生就有一种病态的急躁情绪，我想更深入地投入这类工作。最直截了当的办法就是继续循序渐进。然而，要想在专家证人领域真正有所作为，通常需要数年甚至数十年的时间。于是，我选择了更大胆的选择，那就是换工作，每周在 NHS 担任两天的法庭精神科医生的角色，以便腾出更多时间来撰写法医报告。这是一个冒险的决定，因为在 NHS 工作是有合同保障的，而法医工作则是临时和不可预测的。如果出于某种原因工作突然减少了，我的钱包可能会缩水。

我试图向在这个领域有经验的精神科医生寻求建议，但却碰了壁。众所周知，专家们对自己的工作都讳莫如深。这是一个竞争激烈的领域，我的对手们可不希望一个年轻气盛、雄心勃勃的毛头小子突然出现，并可能向律师们报出比他们更低的价格。对他们来说，专家队伍已经人满为患，尤其是在伦敦附近。我从不从事专家证人工作的前辈那里得到建议，他们的意见非常明确：法医工作太不可预测了。无论如何，在你担任永久性职位的同时继续做下去是可以的，但你不能把它作为收入来源。我的做法恰恰相反。我完全相信他们给我的建议是他们认为最好的做法，但我只是看到了不同之处。虽然这是一个动荡的市场，但如果我投入我的时间和精力（通过学习教材、参加课程和获得资格证书），我相信我能够主宰它。我一直认为，只要经过深思熟虑，人生中的重大风险就都是可以承受的。我无视了同事们的建议，押注在自己身上。

第三部

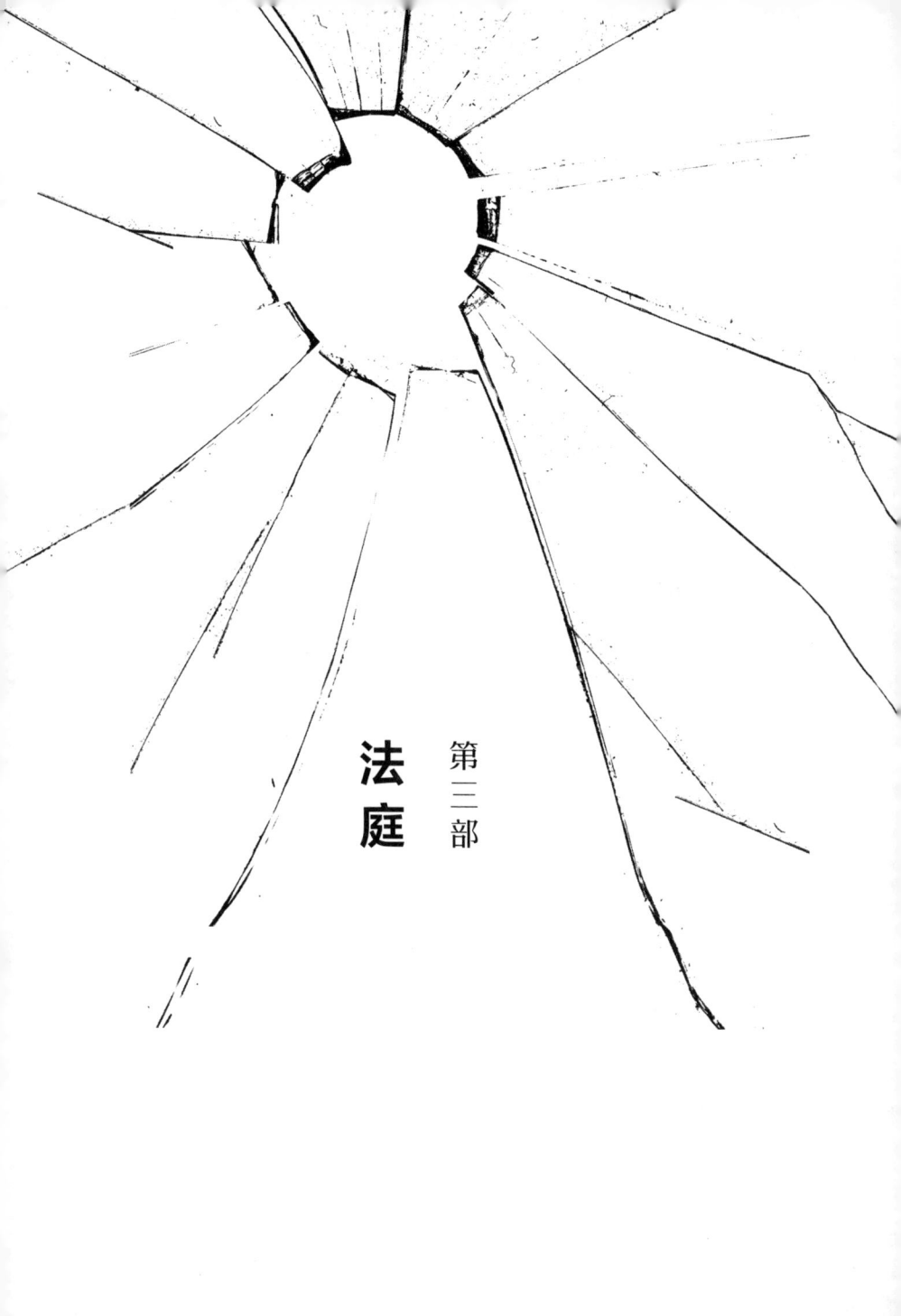

法庭

# 第 21 章
# 牛仔专家

辅助轮已经拆掉了，我终于准备好成为一名专职的自由专家证人了。从现在开始，我不再在工作之余接手零星的案件，而是专心致志地从事这项工作。我在精神病院担任了两年半的顾问，又在监狱工作了两年，再加上从医学院毕业后 10 多年的工作经验和其间的培训经历，我已经做好了充足的准备。除了在 NHS 兼职从事法庭转介[1]工作外，我还在 2019 年初成立了自己的有限公司——西格玛·德尔塔精神病学专家咨询公司。我甚至还印了名片——还有什么比这更正式的呢？冒险为自己开拓这个属于自己的领域是我职业生涯中最明智的决定之一。它让我遇到了一些最极端、最震撼人心、最令人心碎的离奇案例。

作为专家证人，我会在审判期间就特定的法医学问题为个别被告提供咨询意见。除了评估被告和阅读他们的医疗记录外，这

---

1 "court diversion"，是一种将具有精神疾病的犯罪嫌疑人或被告从司法系统转介到精神卫生系统的处理方式，旨在为他们提供治疗和支持，而不是单纯的监禁。——译者注

项工作还经常涉及筛选证据，这些证据有时多达数百甚至数千页。我靠咖啡因提神，仔细查阅证人证词、警方笔录，观看监控录像。我寻找蛛丝马迹，以确定罪犯在涉嫌犯罪期的精神状态，以及这种状态是否与精神疾病有关。除了诊断之外，我还对个人进行治疗的最合适和最安全的环境（社区、监狱或医院）进行推荐，就如何降低他们未来潜在的暴力和犯罪风险提供建议。我还会从夸大其词者、无中生有者、机会主义者、浪费时间者和骗子中筛选出真正的精神病患者。我偶尔也会受挫，就像在达莲娜的案件中那样。

在我的公司接手的第一个案件里，被告是一名退伍士兵：杰克·戈夫先生。他在阿富汗目睹了两名队员被地雷炸死，之后患上了创伤后应激障碍。七年后，他被指控犯有种族伤害罪。杰克在当地的街角小店喝酒时被拒，因为他跌跌撞撞，把东西都撞翻了。他辱骂了店主，喊了一些带有种族歧视意味的脏话，从柜台后面抓起一瓶伏特加，砸在了受害者的头上。另一位精神科医生之前代表辩护团队对杰克进行过一次评估。在我看来，那是一次糟糕的评估（两颗星）。他声称杰克的创伤后应激障碍可能引发了闪回，使他变得激动并实施了暴行。我想，这当然**有可能**，但**真的发生了吗**？他们几乎没有探究被告的精神状态，也没有详细描述他当时的具体经历。这个所谓的闪回是什么意思？杰克是真的在重新经历炸弹带来的创伤吗？是否有某个触发点让他想起了那次事件？他在犯罪发生的那一刻的真实情况是怎样的？例如，他是否真的相信店主是阿富汗叛军，而他自己的生命处于危险之中？

这位精神科医生没有提到被告喝醉了，尽管逮捕他的警官在证词中提到了他身上浓重的酒味,而且看守所警长决定在警方讯问前等两天,让杰克醒酒。因此,酗酒、冲动和判断力差可能是导致犯罪的原因。在我看来,这比处于闪回时实施暴行更合乎逻辑,也更有可能是袭击事件的原因。没有考虑到这一点,证明这不是一个中立和客观的意见。我在自己的报告中表达了这一点。法官表示同意,并驳回了另一位专家的证据。根据我的建议,杰克勉强避免了被监禁,不过社区令的条件之一是他必须参加戒酒康复治疗活动。我对正义得到伸张感到满意,但也感到不安。如果皇家检察署没有察觉到问题并要求提供第二意见,结果会怎样?或者,如果法官不加思考地接受了第一位专家的证据,而没有意识到创伤后应激障碍的临床复杂性,结果会怎样?这是我对"牛仔专家"这个概念的认识。

专家证人的收入可能相当丰厚,我听说一些荣誉加身的医学界元老单个案件的报酬高达一万英镑(尽管我自己从未达到过如此令人眩晕的高度)。这种报酬会吸引一些不靠谱的专家,就像苍蝇闻到粪便一样。在英国,要想获得精神病学各个亚专科的资格认证,甚至是医学各个领域的资格认证,都需要经过数年的集中培训、多次评估以及比克鲁夫茨犬展[1]还要多的环环相扣的考验。然而,最初令我非常惊讶的是,法医专家证人领域几乎是无法无天的。课程和资格证书确实存在,但是这些课程是自愿参加的,而那些资格证书通常也没有什么意义。也许是因为这项工作并不

---

1 克鲁夫茨犬展是世界上最大的狗狗赛事之一,参赛犬需要经过层层筛选和赢得多轮比赛,才能获得冠军。——译者注

被视为是为病人提供医疗服务的工作，而是为司法提供润滑油的工作，所以没有像英国皇家精神科医学院和英国医学总会那样的最高管理机构，我必须对他们的专业标准负责（我有幸支付了其高昂的年度会员费）。因此，没有强制性的质量控制。这导致出现了一些"牛仔专家"，他们歪曲案件的证据，得出荒谬的结论。这些江湖骗子总是推导出对他们的委托方有利的结论。专家应该只为法庭的利益撰写中立、客观的报告，而不是单方面为控方或辩方（在刑事案件中）或原告或被告（在民事案件中）谋取利益。

当我转行从事专家证人工作时，我读到了几起备受瞩目的案件，其中的专家受到了法官的责难。作为现代版的"被戴上枷锁并被扔烂菜叶"的人，这些罪魁祸首和他们的错误行为在各种专业博客和网站上被广泛传播。我必须承认，读到这些内容时我有一种暗含快意的满足感，一种对正义得以伸张的欣慰。这些令人尴尬的事件不仅使整个领域蒙羞，嘲弄了司法系统，更重要的是，它们伤害了参与庭审的每个人。除了被戴着假发的法官严厉训斥之外，严重不称职的潜在后果还包括必须支付浪费的法庭费用，这可能动辄数万英镑。在更严重的情况下，专家可能会被提起专业过失索赔。罪魁祸首甚至可能被法官移交给专业机构进行审查。一个广为流传的案例是阿塞夫·扎法尔医生，他的职业过失甚至严重到导致他在2018年被指控犯有藐视法庭罪。

扎法尔医生是萨里郡的一名全科医生，他有一个成功的法医业务，专门处理低价值的人身伤害索赔案件。他能够简化流程，在15分钟内完成对病人的检查并出具报告：对我来说，这表明他要么达到了超人的速度，要么在偷工减料。据称，他每年能出具大约5 000份报告,这为他带来了35万英镑的惊人收入。扎法尔医生的垮台发生在他为一名颈椎受伤的受害者进行检查,并在法庭报告中称患者已完全康复之时。受害者向他的律师投诉,说他仍然有颈部、肩部和手腕疼痛的症状。律师显然给扎法尔医生写了一封信,要求他查看患者的医疗记录并生成一份修改后的报告,并暗示他说康复可能需要六个月到八个月的时间,这将增加受害者的赔偿金。扎法尔医生甚至没有对当事人进行进一步的检查,也没有任何临床依据,就按照要求做了修改。这份文件与原件的日期相同,并且没有任何迹象表明之前有过一个版本,尽管结论有很大的改动。一名律师助理不小心将原始报告放在了审判文件中,该文件被送到了法官手里,法官现在有两份相互矛盾的报告。扎法尔医生似乎试图通过撒谎来摆脱这个混乱的局面,他说原始报告是正确的,修改后的版本是在未经他同意的情况下生成的,尽管他后来又不再这样争辩。本应支付赔偿金的保险公司对扎法尔医生和委托律师提出了蔑视法庭的诉讼。高等法院裁定,这名医生的行为远远超出了疏忽的范畴,而且他不诚实的掩饰企图更是加重了这项指控。扎法尔医生被判处六个月监禁,缓期两年执行。上诉法院认为对他的量刑过轻,但没有加重处罚。他不是哈罗德·希普曼[1],但对于一个本应是监督大众健康和福祉的所谓社会支柱来说,这可不是什么好事。

另一个在专家证人界引起反响并被我写进一些教科书的警世

---

[1] 哈罗德·希普曼是英国历史上最臭名昭著的连环杀手之一,他利用医生的身份杀害了数百名病人。——译者注

故事是医生罗伊·梅多爵士的故事。他的错误似乎是由盲目自信而非贪婪造成的。1999年,一位名叫萨莉·克拉克的律师在英格兰西北部的切斯特刑事法庭受审,她被指控谋杀了自己的两个孩子:一个死于11周大时,另一个死于8周大时。医学专家的意见分歧很大:几位著名的儿科医生做证说,婴儿很可能是自然死亡;而代表控方的专家则诊断说,这些婴儿是被摇晃致死或窒息而亡。梅多医生是著名的儿科医生,德高望重,他声称已经发现了81例表面上是婴儿猝死,实际上是谋杀的案件。他做证说,在同一个家庭中发生两起婴儿猝死的概率是七千三百万分之一,在英格兰、苏格兰和威尔士,每100年才会发生一次。他远远超出了自己的专业范围,做了一个侃侃而谈的统计分析,将这种情况与连续四年在英国国家障碍赛马大赛中成功支持一个80倍赔率的冷门马相比较。陪审团做出了有罪判决,萨莉·克拉克被送进了监狱。

事后,梅多医生的计算方法受到了专业统计学家的批评。一些人说,他假设家庭中的婴儿猝死案例在统计上是独立的,因此没有考虑到其他因素,例如个别家庭特有的潜在状况(例如假设的"婴儿猝死基因",这将使一些后代在基因上易受伤害)。他也没有考虑到一些家庭可能有特定的条件会增加这种情况出现的可能性。一些数学家甚至估计,考虑到这些因素,猝死和谋杀的概率比可能大于二比一,从而证明克拉克的清白。令包括专业统计学家在内的许多公众人物以及一些法律专业人士震惊的是,2000年上诉法院的判决并没有推翻谋杀罪的定罪。然而,不久之后,一位参与竞选的律师从原案的另一位专家证人——病理学家——那里获得了新的证据。他没能够披露这份医学证明。这份证据表明第二个孩子死于细菌感染，而不是像控方声称的那样死于窒息。萨莉·克拉克提起了第二次上诉并被判定无罪。不幸的是，她于2007年3月死于意外急性酒精中毒。她显然从未从两个孩子的死亡以及随后被不公正地判处谋杀罪和监禁的心理创伤中恢复过来，这也导致她与第三个孩子分离。这件事波及梅多医生之前的案件，其他因他做证而被判谋杀婴儿罪的母亲也在上诉后获得自由。最终，梅多医生实际上被禁止从事法庭工作，并因涉嫌专业行为不端而受到英国医学总会（一个管理英国所有医生的公正的公共机构）的调查。这个案件变得更加复杂，因为英国医学总会最初取消了梅多医生的资格，但他向高等法院提出上诉，高等法院在2006年2月做出了有利于他的裁决。英国医学总会随后向上诉法院提出上诉，但法院在2006年10月维持了梅多无罪的判决。不出所料，这对他的声誉造成了不可挽回的损害，他再也无法摆脱其职业傲慢所带来的恶名。当我第一次听到这件事时，一想到在监狱里度过了三年多的不幸的萨莉·克拉克，我就深受触动。10多年后，我制作了一个关于她的视频，以教育和警告公众。迄今为止，这仍是我频道上浏览量最高的视频之一。

虽然我接触到的大多数法医报告都还不错，或者至少是可以接受的，但偶尔也会看到一些玷污这个行业的报告。这种情况可能很少见，但正如梅多教授的案例所示，其潜在后果可能是灾难性的：将无辜的人送进监狱，这似乎与让杀人犯逍遥法外正好相反。

另一个让我恼火的事情是，我经常看到一些精神科医生直接将其他报告的大量内容"复制粘贴"到自己的报告中，而不是通过消化和总结信息来辅助指导法庭。他们最终完成的文件读起来就像一篇枯燥乏味、漫无边际的传记,而不是一份有用的精神病学意见。另一个常见的错误是过度使用精神病学专业术语,而没有为非专业人士进行解释。这些报告对于没有接受过医学培训的法庭专业人员来说是难以理解的,从而违背了一开始聘请专家的初衷。有一次,我甚至看到第二位专家被请来解释第一位专家的结论。这简直是在浪费时间和金钱。在我看来,这就像花钱请第二个翻译来翻译第一个翻译内容一样荒谬。

# 第 22 章
# 胡言乱语的精神病学家

我之所以能在这个领域游刃有余,是因为我有能力将罪犯与其罪行区分开来,无论他们是杀害了家庭成员、重伤了陌生人,还是性侵了儿童。无论行为多么残忍,我都认为这与犯罪者的心理需求是独立开来的。我不仅不知道自己为何拥有这种能力(如果可以把情感分离称为一种能力的话),而且直到别人指出来这一点我才意识到。我的妻子对我能够在观看"魔山"将拇指插入"多恩的红毒蛇"的眼窝(《权力的游戏》里的情节)时,还能面无表情地吃着麦片感到非常惊讶。我的朋友们对我能像斯波克博士[1]一样,以一种充满逻辑且毫无感情的方式谈论我刚刚评估过的一位溺死了自己孩子的母亲感到不安。周围人困惑的面部表情让我意识到,我的内心……是与众不同的。讽刺的是,其中一些特征正是我对我的被告所做出的诊断的一部分。反社会型人格障碍会导致冷漠无情,精神变态则无法察觉他人的痛苦,孤独症谱

---

[1]《星际迷航》中的一个半人类、半瓦肯人的角色,以其逻辑思维缜密和情感克制而闻名。——编者注

系障碍与某些移情方面的缺陷有关。我并不是说我是一个反社会的精神变态者,只能说我可能偶尔有一些共同的特征。

这种情感上的迟钝有助于我在评估被告时保持客观,也让我在极少数受到威胁的情况下保持冷静。我从未在面对被告时感觉受到人身威胁,但有一次评估让我更加仔细地反思了一位愤愤不平的病人,甚至他的父亲可能对我造成的伤害。

2019年冬天一个阴沉的周三下午,我正开车去律师事务所见拉尔夫·赖利先生。天色渐暗时,我接到了律师的电话,他告诉我他们提前一个小时到了,并警告我"他们俩都很难缠"。我觉得这有点奇怪。

"别担心,我有处理棘手被告的经验。"我回答说。

"很好,你会用得上的。"他嘲笑道。

"顺便问一下,"我急忙补充道,"你说的'他们俩'是什么意思?"

他已经挂断了电话。

我那天早上读到案卷记录时,就应该有所警觉。拉尔夫和我一样40岁出头,但他单身,和父亲住在一起。他的母亲在他蹒跚学步的时候就自杀了。大约三年前,他曾因鼻腔内(鼻中隔和鼻甲)的一些问题接受过治疗,这些问题导致他呼吸困难。他对治疗结果不满意,在用尽NHS的常规投诉程序后,他发起了一场针对医院医生和其他员工的运动。他亲自写信给医护人员,表达他的不满,并声称存在临床过失。然后,他开始暗中拍摄他们在各种会议和预约中的照片,并用照片制作成新闻简报和小册子,呼吁处决他认为伤害过他的医生。他一直在当地社区散发这些传单,包括将它们投递到医院所在街道以及医生居住地的邮箱中。拉尔夫给人造成了巨大的困扰，损害了医院和医生的声誉，并使他的目标人物担心他们的人身安全。这些还证明了喷墨打印机比剑更有威力。他甚至创建了一个网站和一个博客账号，并成立了一个政治组织"英国彩虹党"，但根据皇家检察署的说法，该组织并未正式成立，因此并不存在。另外，他没有像我一样印制名片，在我看来，这证明他不是来真的。

在我对他进行评估之前，拉尔夫已经被判犯有两项非暴力骚扰罪和两项发送威胁信息罪。他已经收到了社区令和限制令，并被要求支付诉讼费，但他对判决提出了上诉。由于他在审判期间发表了一些离奇的言论，他的判决被推迟了。这引起了人们对他精神健康的担忧，从而促使我对他进行评估。我认为负责此案的惠特克法官非常敏锐地察觉到，拉尔夫的罪行还没有严重到需要判处监禁，但他可能仍存在精神失常问题，需要接受住院治疗。

当我驶入律师事务所后面的停车场时，我看到一个穿着风衣的男人站在入口处。他似乎在记我的车牌号。我以为他是保安，就向他挥了挥手。他摇了摇头，走进了大楼。我想，这太奇怪了。拉尔夫是个非常肥胖的男人，棕色头发稀疏蓬乱，戴着一副像放大镜一样的厚厚的眼镜，两个镜片之间还贴着胶带。他年迈的父亲比他矮小几分，但也有一双炯炯有神的眼睛，而且总是皱着眉头。他戴着无指手套，冷笑时龇出一口黄牙，我只能用"流浪儿"风来形容他。见面时他已经脱掉了风衣。律师让我们使用的办公室楼下的一个大会议室看起来很破旧，桌椅靠墙横七竖八地堆着，角落里还堆着一堆旧的法律教科书。我以前曾为这家律师事务所工作过，知道楼上有更现代、更豪华的房间，紧挨着主要的律师办公室。也许它们正在进行翻修？

这次会面很有挑战性。"他们俩都很难缠"实在是太轻描淡写了。这位父亲非常大声地坚持要参加会面，以防我写的法庭报告有所出入，这样他就可以在出庭时做证。我还没来得及自我介绍，他就声明，如果我不允许他在场，他们就会拒绝合作。这种威胁毫无必要，就像我评估其他所有患者一样，我很乐意家庭成员参加。虽然拉尔夫和我握了手，但他的父亲拒绝这样做。他们都责备我迟到了（实际上，我提前了15分钟到场）。我还没来得及回答，拉尔夫的父亲就问我是不是医生，当我回答我是的时候，他冲我吼道，说这不是真的，因为我是一个精神病学家。他将我和所有其他精神病学家称为"无能的胡言乱语者"。然后，他们对试图治疗拉尔夫的不同医生进行了一连串的控诉。

在整个访谈过程中，我曾多次试图解释，我不能对身体健康护理提出任何建议，也不是在进行临床过失评估。尽管如此，他们还是不断回到他们认为的医疗虐待话题上。他们偶尔会用透露一些巨大阴谋的一小部分的伎俩来戏弄我，而这正是我真正感兴趣的。但他们拒绝直接回答任何问题，并对我大声喊叫。谈话的过程很不连贯，因为这对愤怒的父子有一种频繁切换话题的倾向。大约10分钟后，拉尔夫站到椅子上，宣布他有一份声明，他坚持要发表。"作为英国彩虹党健康宪章的一部分，我在此宣布，我受托研究医疗过失的程度和原因。精神病学是一种用来实施和掩盖医疗过失的工具，也是控制社会、压制思想和言论自由的工具，它将疯子归类为正常人，反之亦然。"他大声说道。

我转头看了看拉尔夫的父亲，他一只手捂着胸口，另一只胳膊举了起来，自豪得几乎要流泪。拉尔夫继续说道："你和你的同类捏造虚假的诊断（原文如此），而真正的精神疾病，比如保皇主义和恋童癖，却被忽视了。从今以后，我不承认你或你的专业。你们源自纳粹盖世太保文化。我宣布，当英国彩虹党执政时，所有像你这样的胡言乱语的精神病学家都将被驱逐出文明社会并被隔离到一个安全的地方。那些不服从命令的人将被处决，这个国家将彻底清除胡言乱语的精神病学家。"

我的心情很复杂。我没有感觉受到人身威胁，他们的敌意太不真实了。我抑制不住内心的一丝愉悦，但我同时也意识到了他的指控，这让我对他未来可能对我采取的行动感到紧张。最主要的是，我试图找到方法来巧妙地引导谈话，在不引起谩骂的情况下引出相关的临床细节，以便我进行评估。

"任何试图将我关进监狱的企图都将导致以下后果——"拉尔夫清了清嗓子。他的父亲咯咯笑了起来。"所有我还没有泄露的秘密录像都将充斥互联网，"拉尔夫继续说道，"五万份印有我们宣言的政策传单将充斥威斯敏斯特市。肯特郡所有的选举投票箱都将被我党捣毁。另外 30 万张传单将充斥伦敦的相关地区，来揭露负责我那宗滑稽法庭案件的惠特克法官，以及她在压制我的宣言以保护肆无忌惮的医生、司法机构和胡言乱语的精神病学家方面所扮演的角色。"他叠好那张纸，用他那双深色的眼睛注视着我，然后以一句不祥之语结束了发言："你可能认为你肯定能够伤害我，但我的人民和我的党可以更严重地伤害你。"我不知道最让我震惊的是什么：是他言论背后纯粹的偏执，是他将要付出的巨额的复印费，是对"都将"一词的过度使用，还是他糟糕的语法？然后我突然明白为什么我们被安排在这个废弃的房间里了。律师可能是想在字面上和实际上都与这对混乱的父子保持距离。

我问他能否给我一份他的声明副本。拉尔夫似乎真的很高兴，并带着一丝微笑把那几页纸递给了我。我怀疑他以为他的宣言已经让我相信了他的信念。事实上，我有了白纸黑字的证据，可以在法庭报告中证明他的妄想症以及对法官的威胁。尴尬地沉默了一分钟后，我真诚地感谢拉尔夫的声明。我解释说，为了撰写法庭报告，我需要询问一些关于他的背景的问题。他点了点头，但几乎没有回答我的问题。"我不明白这有什么关系"和"这不关你的事"是他比较礼貌的回答。当我询问他的工作经历时，他似乎被深深地冒犯了，而这是任何精神病学评估都需要的标准背景资料。他喊道："全能的主啊！我说的话你一个字都没听进去吗？我怎么能工作？我生病了，你这白痴！我的鼻子坏了，我无法呼吸，而这些医生却什么都没做。揭露他们就是我的工作。"

虽然我从拉尔夫那里获得了关于他以前的医生和他们明显的疏忽的极其详尽的描述，但我很难了解他在分发仇恨材料时的行为和意图。梳理这些信息并找出特定的精神病学症状将构成我的风险评估的核心。每次尝试，我都会被拉尔夫对医学界的谩骂和他父亲那带有鼓励意味的大笑声反复打断。有一位专家引起了拉尔夫的极大敌意，他建议说，由于拉尔夫已经成功接受了几次小型手术，因此他一直存在的呼吸问题无法从生理学上得到解释。因此，他们需要考虑症状可能是由心理因素引起的。这就是所谓的"躯体化"，即以身体症状的形式来体验情绪上的痛苦。拉尔夫尖叫道："这个白痴非但没有认真对待我的鼻腔问题,反而有胆量问我关于我情绪的狗屁心理问题。我抑郁了吗?最近家里有什么压力吗?"我在心里默默记下,在对他进行评估时,一定要放弃对他情绪的例行提问。

他们俩似乎都坚信英国彩虹党最终会掌权,并大谈革命。他们传达了自己的政策,包括为每个人提供免费的CT扫描,以及"90%的腐败医生将被顺势疗法[1]医生取代"(这可以说是他们所说的最疯狂的话)。另一项政策是,任何杀死法官或皇家检察署成员的人都将被赦免。拉尔夫对惠特克法官发表了许多贬损言论。"如果她敢把我关进监狱,她将感受到我的组织对她的愤怒。她是一个不道德且违法的小丑。如果我被监禁,我的门徒们就会起来反抗,到时候必将造成一片混乱。"让我感到担忧的是,这对父子反复强调,这些显然玩忽职守的医生应该"赤身裸体地被吊起来,当众鞭打致死"。不过,我知道他们只是虚张声势。他们多年来一直在散布他们的仇恨言论,但据我所知,并没有医生被吊死或鞭打。

整个交流过程持续了将近两个小时,尽管我在拉尔夫讲话的前几分钟就已经做出了诊断。他的喋喋不休表明,他有一个错综复杂的类似妄想症的系统,其中涉及警察、司法系统和医生。没有任

---

[1] 顺势疗法是一种替代医学,它基于"相似者能治愈"的原则,认为用引起相似症状的物质可以刺激人体自身的治愈能力,从而治疗疾病。假设你感冒了,出现鼻塞、流鼻涕、打喷嚏等症状,感觉浑身不舒服,按照顺势疗法的理念,医生会通过详细询问你的症状,来判断你属于哪种类型的感冒。如果你的症状是打喷嚏不停、鼻涕清澈,那么医生可能会给你开一种叫作洋葱的顺势疗法药物,因为洋葱可以引起类似的症状。如果你的症状是鼻塞严重、鼻涕黏稠、喉咙痛、身体发热,那么医生可能会给你开一种叫作乌头的顺势疗法药物,因为乌头可以引起类似的症状。——译者注

法庭

何迹象表明他和他的父亲认为自己的骚扰有任何不妥，或者他的法律诉讼或限制令能够限制这种行为。事实上，这一切似乎强化了他们的想法，并激励拉尔夫继续试图揭露这个所谓的阴谋。虽然有一些威胁性的暗示，表明有人在散布诽谤性的内容，但没有直接的实际的人身伤害威胁，至少我个人不认为有任何可信的威胁。

后来在晚饭时与里兹玛讨论了这一离奇的互动后，我才意识到我当时的反应可能被视为非典型的。她指出，她和"大多数正常人"都会因两个陌生人对他们尖叫而感到害怕，或者至少感到不安。她甚至开玩笑地嘲讽了我之前在观看《权力的游戏》时缺乏情感的轻微精神病态。老实说，我觉得这次咨询让我感到有些振奋，比我平时的评估更令人兴奋。我必须承认，我无法认真对待一个戴着无指手套的男人。

我的结论是拉尔夫患上了妄想症。妄想症的特点是出现单一的妄想或一系列相关的妄想，这些妄想通常是持续性的、终身的。这种病与精神分裂症的不同之处在于，它不伴有其他心理病理现象（如幻听），而且功能或认知能力下降的程度也较轻；也没有消极症状，如缺乏活力和动力。这实际上使患者更加坚定，因此也可能更加危险。患者通常在中年发病，这与精神分裂症不同，精神分裂症多发于青少年后期或20岁出头的人群。

这个案例让我在职业生涯中第一次也是唯一一次接触到"二人疯"（folie à deux），这是一种非常罕见的且不必要（没有必要作为一个独立的诊断类别）的法国精神病现象（最早在法国被描述和研究），也被称为"共享精神病"。它指的是妄想信念从一个人传播给另一个人，通常发生在亲密的家庭成员之间，并且两个患者往往都与社会隔绝。这种现象出现的原因可能既在于共同的遗传倾向（精神病有家族遗传性），也在于继发者长期被妄想洗脑，没有任何与之相悖的理性声音。我认为，这好比极端狂热的宗教信仰在边缘化群体中传播。当然，严格来说，那些并不是妄想。

作为一名实习精神科医生，我花了大量的时间学习一些稀奇古怪的综合征，一般的精神科医生可能一辈子都见不到这些综合征。因此，我真的遇到这样的病例时，有一种病态的"收集"疾病的快感。这感觉就像是小时候我收集《霹雳猫》贴纸时，因获得那些特殊的金色贴纸而产生的喜悦。

在我的工作中，根深蒂固的阴谋论妄想和迫害妄想并不罕见。但来自拉尔夫父子的这种妄想却与众不同，原因有二。首先，自私地说，我是他们的潜在目标之一（法官也是）。其次，也许更重要的是，这对卑劣的搭档实际上已经取得了相当的成功。他们的诽谤活动持续了两年多，给一些无辜的医生带来了不必要的公众关注、严重的精神痛苦和极大的尴尬。起初，我对这一切还有些不以为然，但当我整理我的报告并受到里兹玛的轻微训斥——"要更认真地对待这件事"后，我开始想象他们可能会造成的潜在声誉损害。

我别无选择，只能直接联系惠特克法官，警告她这一迫在眉睫的威胁。我内心深处有些许冲动，想要建议法官将拉尔夫关进监狱，甚至考虑以威胁行为的罪名逮捕他的父亲。我把拉尔夫充满威胁的宣言扫描给她看，这更加坚定了我的想法。但法官有一个更有力、更公平的计划，她提出了一些非常明确的保释条件，拉尔夫必须签字同意，其中包括明确禁止他与我或法官阁下进行任何形式的接触或对我们进行威胁。这包括他们发布在网站上的任何作品或散发任何具有威胁性的传单,从而阻止他狂热的父亲接过仇恨的缰绳。如果他违反了这一规定,将立即被逮捕入狱。鉴于他的年龄和蓬头垢面的外表,我怀疑他没有能力自己更新网站内容或印刷传单。根据我的经验,戴无指手套的人大概是没有这样的技术能力的。这一招肯定奏效了,因为我没有听到他们任何一方的消息,这让我松了一口气。我从他们的律师那里听说,拉尔夫后来被转移到一个精神病院,这也是我在报告中提出的建议之一。我想,对于不得不治疗他的不幸的法医精神科医生来说,他肯定是个不小的麻烦。妄想性障碍是出了名的难治,与精神分裂症等同类疾病相比,它对抗精神病药物的反应要差得多。就被送去改造的精神障碍罪犯而言,缺乏洞察力和不愿接受治疗是普遍现象,但这种程度的尖酸刻薄和对医学界的蔑视则是不常见的。

尽管我最初对拉尔夫和他的父亲的反应可能不成熟,但我开始意识到,有时法医精神科医生也会成为心怀不满的患者的受害者。在 2018 年 5 月 30 日至 6 月 4 日之间,一名疯狂杀手在美国亚利桑那州斯科茨代尔寻找并射杀了六人。凶手被确定为 56 岁的德怀特·拉蒙·琼斯,他在被警察包围时自杀身亡。他的受害者之一是 59 岁的史蒂文·皮特博士,一位著名的法医精神科医生,他在与琼斯有关的一宗激烈的离婚案中对他进行了评估,并在 5 月 31 日被枪杀在他的办公室外。其他受害者包括两名律师助理和一名顾问,他们在 24 小时内相继被枪杀,地点相距不超过 10 英里。另外两名受害者于 6 月 4 日被发现。反思这一悲剧,我意识到里兹玛是对的(一如既往)。我确实需要"更认真地对待这件事"。

# 第 23 章
## 半疏离

当然，我对我的被告并不是完全没有感情，更多的是半疏离。当我为某个案件所触动时，通常不是因为罪行令人发指，而是因为我对被告产生了一定程度的同情。这并不是说我不同情受害者和他们的家人，我承认他们所遭受的巨大打击，只是因为我经常与他们隔绝，很少与他们进行互动。除了当我在医院工作时，他们参与了犯罪者的生活和康复过程的情况，比如亚丝明的哥哥和她一起参与了家庭治疗，或者乔丹的母亲是我们最初（失败的）尝试释放他时不可或缺的一部分。但在我的法医工作中，我与受害者并没有任何直接的互动。唯一的间接接触是通过案卷记录中偶尔出现的受害者影响陈述或受伤照片。

在我评估过的数百名罪犯中，亚丝明的案件无疑触动了我的心弦，但多年来我没有再产生过如此强烈的同情心，直到我遇到了切廷·布拉克先生。这是 2020 年初我在遇到拉尔夫父子几个月后接到的一项任务，那时我已经从荒诞的互动中恢复过来，不再战战兢兢地蹑手蹑脚地走到家门口，心惊胆战地看看有没有收到那些诽谤传单。切廷的案件不是刑事法庭案件，而是一级法庭移民小组的案件，这是我通过西格玛·德尔塔精神病学专家咨询公司一直在钻研的一个领域。通常我要对即将被驱逐出境的被拘留者的整体精神状态进行评估，他们要么是非法入境，要么是即将在英国服刑期满的外国人。我要就他们是否太虚弱和脆弱而无法被转移给出意见。这些机构严格来说不是监狱（其中一些被拘留者没有犯罪记录）。然而，上锁的大门和带刺的铁丝网围栏一定让居民们觉得这种区别纯粹是学术性的。我在移民遣返中心的评估大部分都是在希思罗机场附近进行的，那边有一群这样的中心。那里非常适合运输外国罪犯，但交通却很糟糕。

切廷出生于土耳其，20多岁。他年轻、健壮，有着一张娃娃脸、整洁的土耳其胡须和柔和的眼神，与他紧绷的下颌和严肃的表情形成反差。他11岁时和母亲一起来到英国，与已经在这里定居的父亲团聚。他的父母都是警察，父亲是一名警官，母亲在做文职工作。他是一个有天赋的足球运动员，十几岁时就代表郡队比赛。他在英国的第一年很艰难，因为他必须适应文化差异和语言障碍。他告诉我："看到这里的孩子骂自己的父母，我感到非常吃惊。在家里，我们还没说完一句话，就会挨巴掌。"足球是他融入社会的方式，他的球技让他很快受到大家的欢迎。他辍学后开始做学徒，成为一名机械师，并在几个职业俱乐部进行了不成功的试训。17岁那年，他的一个非常亲密的朋友，一个未经诊断的心脏异常患者，在比赛中突然倒下。三天后，他去世了。

这引发了灾难性的连锁反应，最终导致切廷成为一名失败的罪犯，并面临被驱逐的命运。丧失朋友的悲痛让切廷陷入抑郁，他精力枯竭，每天以泪洗面。显然，他的父亲对此非常反感，经常抱怨说"一个真正的男人不应该哭泣"。他沉浸在因朋友死亡而感到的悲痛之中，并开始吸食可卡因来分散注意力。他的精力不足也影响到生活的其他方面，很快他就开始疏远朋友，不再踢足球。他的性格也发生了变化，从活泼外向变得易怒孤僻。随着切廷的悲痛加深，他对可卡因的依赖也越来越严重。每天下班后，他就和他的机械师朋友们喝得酩酊大醉，很快他就发现自己总是最后一个离开酒吧的人。他的周末酗酒很快蔓延到一周，直到每周只有一两天是清醒的——通常是正从之前的酗酒中恢复过来。"当我嗑药兴奋的时候，什么都不重要，"他说，"当我情绪低落时，一切都变得重要。无论哪种方式，他的死亡都被淹没了。"切廷逐渐失去了与老朋友的联系，并结识了一群新的朋友，他们和他一样沉迷于重度吸毒。通过他们，他融入了夜店文化。他因为多次请病假而失去了工作："我所有的老朋友都很担心，他们告诉我该振作起来了。我说我会的，我承诺了，但逃避他们比做到这个要容易得多。"

在评估过程中，切廷告诉了我一个令人心酸的记忆。当时他坐在一辆出租车上，和一群彻夜狂欢的夜店朋友一起去买可卡因。他们开车穿过卡姆登，正好经过一群正在踢五人制足球的人，这些人就是他的老同学。他突然很想跳出出租车加入他们。他压抑住了这个冲动，把头埋在膝盖上，通过想象即将吸食可卡因带来的快感来分散注意力。

不久之后，切廷的父母拒绝在经济上支持他，并把他赶了出去。他辗转于朋友家的沙发，有时在朋友家里连续几天借助兴奋剂继续狂欢，因为他真的无处可去。持续吸毒使他陷入债务旋涡。

法庭 227

他落入了一个名叫布林皮（Blimpy，我希望这是他的绰号）的毒贩的掌控中，欠下了大约 7 000 英镑的债务。切廷曾几次被打，有一次甚至被拖进一条小巷里，刀架在脖子上，衣服被剥光。我注意到，他回忆起这段经历时，情绪远不如看到老朋友踢足球时那么激动。他被明确告知，如果他不还钱，他的家人就会受到伤害。毒贩强迫切廷为他跑腿，主要是取送一些特定的包裹。他从不看里面是什么，尽管不用发挥太多想象力，也能猜到里面装的是什么。在一次噪声投诉后，警察去了他朋友家，他那时已经在朋友的沙发上住了几天。他们闻到了大麻的味道，搜查了房子，发现了切廷藏在那里的一大包毒品和现金，这让他的朋友大失所望。在采访中，他告诉我："这是我生命中最糟糕的一天，比失去朋友更糟糕。这一次，我不能怪上帝。"切廷可能面临长期的监禁，这让他的父母更加失望，他们已经开始疏远他。他守法执法的父亲在警察局对他大喊大叫，说他"辛辛苦苦工作，不是为了养一个堕落的吸毒的儿子"。但最重要的是，切廷害怕布林皮会因为他被查获的毒品和钱而找他麻烦。尽管如此，他还是被保释了，但他自我孤立起来，躲在他仅剩的一个朋友家里。他参加了当地的戒毒康复治疗服务，并成功坚持了两个月左右。他还被正式诊断出患有抑郁症，全科医生给他开了抗抑郁药。

一天，在超市里，切廷突然被毒贩和他的同伙拦住并逼到冷冻食品区的角落里。他描述道："一开始，我很震惊。我从未想过会在阿尔迪超市见到布林皮。老实说，这有点解脱。我知道他最终肯定会找到我，伦敦太小了。"他们要求切廷再跑一次腿。他必须租一辆车，开车到格拉斯哥取一个大包裹，然后在返回伦敦的途中送到三个不同的地方。他虽然不情愿，但刀光一闪，他还是被说服了。"为了你家人的安全，你可别想搞砸这件事。"布林皮近乎平静地说，他的打手们恶狠狠地瞪着切廷。其中一个人在他从超市溜出来时狠狠地踢了他的屁股一脚。

切廷从格拉斯哥一个肮脏的操场长椅下拿到了包裹。据他描述，他在凛冽的寒风中绕着公园转了好几圈。起初，他担心周围可能有便衣警察。然后，他担心："我绕着操场徘徊了这么久，我可能看起来像……"

"像什么？"

"你知道，一个坏蛋。"

回程途中，他在纽卡斯尔被警察拦下（可能是由于警方收到秘密情报）。已经保释在外的他被判了三年监禁。在监狱里，他戒掉了毒品，参加了多个课程，包括同伴辅导、学习支持小组和药物康复。他甚至成为一名"倾听者"，试图安抚有自杀倾向的囚犯。他的计划是最终成为一名顾问和戒毒康复工作者。"我亲身经历过，不妨把经验教给别人。"他叹了口气对我说。他还非常注重健身，每天都在健身房锻炼。切廷对离开监狱感到不安。他已经改过自新了，但需要修复人际关系。然而，在他刑满释放的前一天，他的管教官给了他一个毁灭性的打击。切廷将被转移到移民遣返中心，在那里他将等待被驱逐到土耳其。

当我见到他时，虽然刚进入移民遣返中心还不到一个月，但切廷已经充分利用了他的时间。他设法找到了一份机翼清洁工的工作，还几乎每天都去健身房，甚至经常踢足球。就像在学校一样，他的球技让他立刻受到欢迎，并消除了任何语言障碍；尽管与他抵达英国时的情况截然相反，在这里，他是唯一能说一口流利英语的被拘留者。

在采访中，我发现切廷彬彬有礼、诚实坦率且善于交谈。他多次泪流满面，尤其是在谈到对未来的绝望时。尽管我们是在一个私人会见室里，但窗户很大，我们可以被许多其他正在进行法律访问的被拘留者看到。我记得我当时很想保护切廷，不希望他因为其他人看到他脆弱的一面而成为潜在的受欺负的目标。但我能做什么呢？告诉他不要哭吗？那不是会重新激起他对父亲的痛苦情绪吗？

"我真不敢相信，我把事情搞砸得这么严重，"他告诉我，"我的朋友去世好像是几周前的事。之后，我觉得自己好像被附身了。做出那些决定的人是我，但那并不是真正的我。我感觉到了，我感觉有个小小的声音告诉我要振作起来。我有时甚至会对着镜子狠狠地扇自己的脸。我本可以遵从那个声音的。我想这么做，但再来一杯酒、再来一包粉、再来一口烟，就能让它闭嘴。让它闭嘴太容易了。"

在我递交给一级法庭移民小组的报告中，我认为切廷患有轻度至中度抑郁症。尽管在我对他进行评估时他已经戒毒了，但他之前曾符合多种药物依赖综合征的标准，特别是摇头丸、可卡因、快克（crack）和氯胺酮。他还偶尔使用大麻、迷幻药和 γ-羟基丁酸，但并未对其产生生理依赖。当我问及此事时，他空洞地笑着回答："让我告诉你我没吸过什么毒品会更快。"

俗称的"上瘾"在精神病学中被称为"依赖综合征"，这是一组生理、行为和认知特征，使用药物对个人的优先级高于曾经具

230　　　　　　　　　　　　　　　谁有病？谁有罪？

有更高价值的其他行为，使人有一种强烈的（有时是压倒性的）使用药物的渴望。通常情况下，在一段时间的戒断后重新使用药物会导致使用量迅速增加，很快恢复到之前的模式。我在报告中强调，切廷的吸毒行为对他的生活产生了多方面的不良影响。它破坏了他与家人和朋友的关系，使他无法继续以前的爱好，让他背上了沉重的债务，毁掉了他的工作和体育前景，并加剧了他因失去最好的朋友而陷入的抑郁状态。毒品似乎也推动了他的犯罪行为，尽管是间接的（受到布林皮和他的打手的胁迫），而不是直接的（为了资助他的毒瘾）。

移民小组要求我考虑切廷的情况，并针对驱逐出境对他心理健康的影响发表意见。我解释道，据他所说，他在土耳其几乎没有人脉关系，没有朋友，只有一个年迈体弱的祖母，而且祖母不会说英语。我指出，总的来说，这很可能会导致他的抑郁症复发，由于他之前表现出的应对机制较差，这反过来可能会导致他再次滥用药物。我还指出，土耳其为吸毒者提供的支持服务有限。我强调了一些积极因素，这些因素可以降低他再次吸毒并因此导致犯罪的总体风险；据报道，他已经与吸毒的同龄人断绝了联系，已经戒毒近三年，并且积极参与正在进行的康复治疗。切廷在获释前已经与社区康复服务机构取得联系，并对未来制订了现实且合理的计划。我很谨慎，没有就我是否认为他**应该**被驱逐出境发表意见，因为这完全由移民小组决定，越界可能会使我的证据失之偏颇，并可能导致证据不被采纳。我不得不在报告中提到，我无法绝对肯定切廷说的都是实话。他的故事中的某些方面没有得到客观文件的证实，例如他朋友的死亡和毒贩的威胁。尽管如此，

法庭

即使有些元素被夸大了，我仍然为他感到难过。

不幸的是，我没有从他的律师那里得到这个案子的任何后续消息。有时候，案件直到我提交证据几周后才得以解决。当我询问时，律师通常不会礼貌地告诉我案件的最新进展，一旦他们得到了他们需要的东西，就对我不理不睬，让我感觉自己就像一个被鬼迷了心窍的一夜情对象。然而，我发现自己在那之后的几周里总在想切廷的结局到底如何。我不完全明白这是为什么。切廷并不是天生的反社会者，他也没有犯罪心理。也许是我的潜意识被这样一个认识所干扰：他可能是任何人，可能是我自己。和许多人一样，我也做过不少错误的决定，包括与恶习有关的决定。然而，生活似乎对他特别残酷。虽然他贩毒造成的广泛后果不容忽视，但他与我评估的其他大多数人不同，他并没有对任何人造成身体上的伤害。

切廷的案例凸显了在我评估的群体中，吸毒和酗酒是多么普遍。我甚至可以说，在更多案例中，这是一个比急性精神疾病更显著的因素。药物使用与犯罪之间的关系错综复杂，这是一个令人不安的联盟。最常见的联系是，醉酒会使人失去自制力，可能会导致暴力行为，就像退伍兵杰克用伏特加瓶砸店主的头一样。有时，瘾君子会为了资助自己的毒瘾而犯罪，就像持枪抢劫的辫子女孩尚黛尔。在其他情况下，特别是对于像脸上文着玫瑰的雷吉这样的毒贩来说，暴力是做生意的必要条件。更令人恼火的是，康复服务、社会护理、青年俱乐部以及普通心理健康服务和监狱的资金被削减。这是一场完美的风暴，导致更多脆弱的人通过毒品和酒精的渠道走向犯罪，也让像我这样的人忙得不可开交。

随着几十起法医案件的积累,我突然意识到,我就像这个系统的一个筛子。我的职责更多的是剔除那些没有精神疾病的人(如习惯性吸毒者),而不是识别和隔离那些有精神疾病的人。在我接触过的被告中,许多人都有轻微的抑郁或焦虑症状,这通常与导致他们违法的因素和情况有关。只有少数人患有**严重的**精神疾病,更少的人因此减轻了刑事责任。在那些属于这一狭窄类别的人中,许多人不需要被转移到法医部门接受康复治疗,因为他们可以在监狱中接受适当的治疗。

接手过几起像切廷这样的移民法庭案件之后,我作为专家证人的信心不断增强,我开始涉足其他法院的不同类型的评估,包括民事案件和家庭法院案件。与国家起诉个人的刑事案件不同,民事案件通常是个人或企业认为其权利受到侵犯时提起的,例如个人寻求伤害赔偿(希望比扎法尔医生的假鞭伤索赔更公正)或公司试图追回欠款。家庭法院案件处理亲属之间的各种法律问题,通常包括父母之间关于子女抚养权的争端、地方当局为保护儿童而进行的干预,以及离婚和收养诉讼。

在监狱环境之外,我最难忘的民事法庭工作涉及历史性性虐待案件。我对一个名叫乔恩·斯泰勒的男性受害者进行了大约10次评估。据称,这位前校长在20世纪七八十年代曾在纽波特和伍斯特郡的学校虐待男童。如果他还活着,很可能作为刑事诉讼中的被告进入我的视线。然而,有些人可能会说他是罪有应得,尽管他坚决否认了这些指控,但还是于2007年在纽波特自杀身亡。民事诉讼针对的是纽波特市议会在受害者还是孩子时没有保护好他们。一些律师认为,斯泰勒先生可能是威尔士最猖獗的性犯罪者之一,有100多名疑似受害者。根据原告(现在都已50多岁的男性)向我报告的情况,斯泰勒会引诱男孩,并与他们的父母交朋友。他会挑选一些"有天赋"的男孩,骗他们到他的办公室上私人课程。他会哄骗他们玩弄他的生殖器并进行口交。正如性虐待中常见的情况一样,他让他们产生一种以为自己很特别的错觉,这些私人活动是他们赢得的秘密特权。令人震惊的是,许多其他老师似乎都知道或至少怀疑斯泰勒在虐待儿童,但他们对此视而不见,这让人联想到许多人被动地允许吉米·萨维尔[1]犯下恶行。

我的任务是对受害者进行详细的心理健康评估,以确定他们因创伤而遭受的伤害程度。我的结论必须非常明确,因为这对他们获得的赔偿金额有很大影响。这些案件中最让我震惊的是,尽管受虐待的情况非常相似,但受害者的精神病理学结果却大相径庭。在频谱的一端,是一个心理状态调整得相当好的人,他几乎没有回想过被虐待的事情,只患有轻度抑郁症——也称为持续性抑郁障碍,这与持续的悲伤和绝望情绪有关,但症状不如临床抑郁症严重,持续时间也较短。尽管如此,他仍能正常工作,拥有幸福的家庭生活和六位数高薪的管理职位。在频谱的另一端是一个精神严重受损的人,他每天都被虐待的记忆和闪回所困扰。我诊断他患有严重的创伤后应激障碍。看到那些来自他的苦难经历的恶魔如何摧毁他生活的各个方面,导致他在十几岁时性放纵、吸毒、寻求刺激以及对陌生人施暴,频繁惹上警察的麻烦,真是

---

[1] 吉米·萨维尔性侵事件是英国历史上最严重的性侵案件之一。他生前被视为慈善家和广播名人,但死后,大量受害者站出来指控他长期性侵儿童和成年人。——译者注

令人心碎。再一次，我的虚假天赋，即能够在情感上从虐待的生动细节中抽离出来，使我的评估变得可接受且有效。而这一点，我的许多同行可能无法做到。

我涉足的其他法庭领域为我提供了丰富多彩的生活。它也让我时刻保持警惕，确保我的临床和法医技能保持敏锐。然而，这项工作也让我更加坚定了自己的想法，即我真正热爱的是刑法。我在处理历史性性虐待案件、临床过失诉讼和育儿评估方面的经历无疑具有智力上的刺激体验（或许值得再写一本书），但违法者和流浪者才是我真正的兴趣所在。

# 第 24 章
# 谋杀的念头

我获得了稳定的工作量，但大多数案件都让人感觉平淡无奇。奇怪的袭击、财产破坏、零星的纵火案，这些我都见过。那种乏味的感觉再次开始悄悄袭来，而我天生不耐烦的性格、无法放松的习惯和孩子般渴望刺激的需求无法减轻这种感觉。在我的职业生涯中，谋杀案就像公共汽车一样驶来，在似乎永恒的等待之后，仅仅相隔几天，两起谋杀案便摆在了我的办公桌上。当然，这种野蛮行为背后有着内在的悲剧，但从纯粹的法医精神病学的角度来看，案件的审查程度和审判的严重性更加强烈，整个案件也更加耸人听闻。

在我之前，阿诺德·戴维斯先生的任务实际上已经被我的一位同行接受了，这位著名的资深法医精神病学家曾在达莲娜的案件中做证（在我看来，他被达莲娜的眼泪蒙蔽了双眼）。然而，他在一次滑雪事故后不得不退出。律师们四处奔走，寻找替代人选。在我之前，他们还找过其他几位资历更深、名声更响亮的精神科医生，但截止日期一定令人望而却步：只有七天的时间，要在曼彻斯特的一所监狱里进行评估，消化和总结数百页的案卷记录和医疗记录,并写出一份严密无误的报告,这份报告将在显微镜——就像传说中专为谋杀审判准备的特别厚重的镜头一样——下被仔细审查。当我接到电话时,我看了看自己的日程表,情况不容乐观。但我找到了解决办法,我取消了几节健身课,躲过了一个我不太想去参加的孩子(不是我的孩子)的生日派对,并和我一向通情达理的妻子里兹玛协商,如果我下周能补上的话,她可以这周带孩子们去上游泳课。我不能错过这样的机会。向里兹玛提出这个要求充满了困难,因为我两周前已经为在阿姆斯特丹参加三天电子音乐节(以及两天恢复时间)花掉了大量的"妻子代币"。"妻子代币"这个词现在已经成为我和朋友们的常用语,并常常遭到我们配偶的白眼。

2019年年末的一个早晨,当狱警将阿诺德推进曼彻斯特的监狱时,让我感到困扰的不是他毁容的脸,而是那股意想不到的气味。滑石粉掩盖了某种肉的恶臭。他曾经的下巴处有一块皮瓣,比他脸的上半部分明显更呈深粉红色。他的嘴里只剩下一个被缝线包围的洞。坦白说,我认为整形外科医生没有什么可做的了。阿诺德的呼吸也很令人分心。他一半喘息,一半急促地吸气。给我们安排的会客室是医疗单位中唯一可供轮椅进入的房间。它很宽敞,家具锃亮。尽管如此,墙壁的架子上厚厚的灰尘表明它很少被使用,只是为了我们这次会面清理了一下。

我突然意识到,我盯着他看了太久,于是清了清嗓子,介绍了一下自己。我站了起来,越过桌子和阿诺德握了握手,然后坐下来,再次试图拉动固定在地板上的椅子靠近固定在地板上的桌子。经过500多次评估,你可能以为我应该已经学会了。不可移动的家具是为了确保我的安全。但坐在阿诺德对面，很明显我没有什么好担心的。他和我握手时身体瘫痪在轮椅上，表明他患有偏瘫（半身不遂）：这是将猎枪枪管塞进嘴里开枪时完全可以预见的后果。

医学院解剖课告诉我，没有嘴巴的人是无法说话的。律师给我发来指示信时，曾提醒我阿诺德是通过平板电脑打字来交流的。她没有提到的是他打字的速度有多慢。我想农民大概不会发展出太多的盲打技能。经过一段似乎永无止境的单指笨拙敲击后，他给我看了看屏幕，上面显示了第一个问题的答案："还不错。起起落落。"

很快我就意识到，由于阿诺德缓慢的交流方式和沉默寡言的性格，我需要调整我的访谈方式，以尽可能有效地获取我需要的信息，同时又不至于催促他而破坏融洽的关系。尽管律师预订了两次共计两个小时的会面，但我知道我们的时间会很紧迫。我必须把重点放在关键问题上：他在杀人时的精神状态。这将决定他的行为是否符合减轻责任的法律标准，从而将他的谋杀指控降为过失杀人罪。一旦确定了这一点，如果有时间的话，我就可以回过头来询问他的背景。

阿诺德公开承认了杀人的事实，并表现出歉意和悔恨。尽管我想这对他的配偶的家人来说并没有什么安慰作用。毫无疑问，这起谋杀是经过精心策划的。阿诺德在接受警方询问时明确表示，他认为与他分居的妻子有外遇。有几个目击者证明，就在杀人的两小时之前，他在一家餐厅与妻子和她的新欢对峙。他公开承认，他前一周从一个共同的朋友那里骗取了她的新地址，然后开车过去，怒气冲冲地拿着猎枪躲在门后面。法医犯罪现场调查证实了儿子的目击者证词：阿诺德在她从路虎车上取下购物袋走上车道时从后面跑向她，并近距离朝她的后背开枪。然后，他向一条腿还在车里的吓得僵住的儿子道歉。之后，阿诺德将猎枪枪管塞进嘴里，扣动了扳机。四周后，他在医院醒来，身上插着无数管子，下半张脸已经缺失了。

杀人事实不容置疑，关键在于他的精神状态。我在进行评估时就知道，减轻责任的裁决不太可能（尽管并非完全不可能）。从医疗记录到我与他的全科医生的谈话，以及对证人证词的研究，临床情况非常清楚。从精神病诊断的角度来看，他患有抑郁症和酒精依赖。关系破裂、被拒绝、日益孤独、酗酒和嫉妒愤怒是当时的背景因素。对我来说，主要问题是梳理出阿诺德在杀人时的思维过程。判断他的症状是否构成**精神功能异常**，如果答案是肯定的，这种程度是否影响了他的行为和致命的决定？值得称赞的是，阿诺德承担了全部责任。他没有试图通过夸大精神疾病或暗示自己不受控制来寻求宽大处理。他甚至与他的律师讨论过减轻责任的问题，并坚持认为自己犯了"完全的谋杀"，正如他对我说的那样。根据法律标准，我同意他的观点。形成这一意见很容易，围绕这一点撰写法庭报告，概述所有相关材料，并在谋杀案审判的细枝末节中穿插所有法律术语，则要繁重得多。

在回伦敦的火车上，我很幸运，整个车厢只有我一个人，这意味着我可以开始口述我的报告内容，而不用担心被人偷听。在我的工作中，患者隐私至关重要，公开泄露会导致纪律处分。偶尔，我会抬头望向窗外，思考如何构思下一段。当我看着数百棵树从我眼前匆匆掠过时，我反思了阿诺德想让我感受到的东西。尽管他毁容的脸和那股令人恶心的气味仍然萦绕在我的脑海，但我几乎没有受到情感冲击。即使知道阿诺德注定要在残疾和监禁中度过余生，我也没有什么感觉。没有怜悯，没有幸灾乐祸，也没有复仇的渴望。我无动于衷。我并不是没有认识到他的行为的可怕性。与大多数其他案件不同，我甚至能从大量的网络文章中看到受害者的脸。我也意识到这种创伤对那个小男孩造成的巨大影响。还有什么能比目睹母亲被父亲谋杀更可怕的呢？我只是什么也感觉不到。在火车轨道上不断发出哐当哐当的声音中，我看着数百个陌生人走过。有些人走在街上，有些人在聊天，有些人在上下车。这些人会如此冷漠吗？我内心缺少了什么？自从亚丝明的案子以来，这种缺失是否更加严重了？我是不是正在变成一个精神病患者？

当我到达国王十字车站时，我在咖世家（Costa）排队时偶遇了我的朋友珍妮。我们在同一培训计划中担任精神科高级住院医师期间曾是好朋友，还一起学习和考试。我们曾在一次会议上共同撰写了一份关于达尼埃尔·卡纳雷利医生的海报报告，这位法国精神科医生因其病人杀人而被指控，这在第14章中有讨论。珍妮和我在职业生涯中选择了不同的道路，她成为一名普通成人精神科医生，而我选择了法医精神病学。我清楚地记得我们之间的几次对话，当时我们都在申请高级培训职位时决定各自未来的亚专科方向。我曾在成人精神病学和法医精神病学之间犹豫不决，而珍妮在儿童和青少年心理健康服务和成人精神病学之间犹豫不决，最终选择了后者。我们甚至写出了利弊清单。

我们在车站喝着价格不菲的咖啡聊了起来。原来，珍妮和我一样，已婚并有两个孩子。她选择在西伦敦居住。我们坐下后，我向她讲述了我刚刚在曼彻斯特进行的评估。

"哦，是的！我读过他的所有报道，"珍妮皱了皱眉，"他自杀了，不是吗？谢天谢地。"

我搅拌着我的卡布奇诺，盯着她，等着她反应过来。

"什么？"她说。

"你想说的是我刚刚对一具尸体进行了精神评估吗？"

"哦，是的，当然，"她慢慢地点点头，"那么，他是什么样的人？"

我描述了阿诺德的毁容和气味，以及他痛苦的打字行为。

"当然，但他是怎样的一个人？"

"哦，呃……嗯，他的情感平淡，反应迟钝，"我说，"没有明显的精神病症状，如幻觉或妄想。他对自己的行为有适当的洞察力，并表达了悔意。他能够承认……"

"是的，是的。我不是要你叙述完整的精神状态检查。他到底是**什么样**的人？"

我耸了耸肩："我不知道你想让我说什么，珍妮。"

"他是不是有点令人毛骨悚然？"她用手指绕着杯子转圈，"他有没有给你那种感觉？"

"什么感觉？"

"你知道我的意思，索霍姆。"

我吹了吹咖啡，喝了一大口。我忍住了咽喉被烫到的疼痛感。珍妮喜欢开玩笑。

法庭

"他没有表现出任何奇怪的感觉。我不确定是否有那种感觉。"我盯着珍妮的眼睛看了几秒钟,她没有眨眼。"我没有感受到任何危险气息,"我说,"我的意思是,他半身不遂。"

"我不是说危险,只是有点……"

"什么?"

"恶心。"

"我的意思是,气味确实很恶心。"

"停!你总是这样,"她说,拍了一下桌子,"为什么你不能更坦白……?"

"坦白什么?"

她长叹了一口气:"算了,我的意思是,你不觉得他恶心吗?他的所作所为,他能够做到的事情。"

我抿了抿嘴唇,用力吹了吹杯子。我小心翼翼地喝了一口:"不尽然。"

"我不能和这样的人坐在一个房间里。这会让人感觉……我不知道,有点脏,"珍妮皱起了眉头,"你不同情他妻子的家人吗?他可怜的儿子?"

"当然,我同情他们,但我试图考虑未来的受害者。"我说。

她皱了皱鼻子:"你在说什么?"

"在法医精神病学中,我们识别那些可以被治疗的人,我们把他们从刑事司法系统中分离出来,并降低他们的风险因素。因此,我们预防了未来的犯罪,保护了未来的受害者。"

"如果你把他们永远关起来,他们就无法犯罪了。"

"现在你听起来像我的理发师了。"

"你什么意思？"

"没什么。"

珍妮告诉我，那天早上她和她指导的一个年轻医生在剑桥的精神科诊所接诊。她接诊了七个病人。其中一人患有创伤后应激障碍，其他人则患有某种形式的焦虑或抑郁，或两者兼有。她主要讨论了各种药物的药效和副作用，并调整了剂量。没有一个病人和她争论或发脾气（我特意问过）。坐在国王十字车站，耳边偶尔传来低沉的广播声、通勤者的喧嚣声，以及行李箱的咔嗒声和刮擦声，我意识到了一些事情。当然，珍妮所做的是高尚的。她帮助病人康复，让他们过上充实的生活。不过，这听起来太**枯燥乏味**了。危险在哪里？悲惨的背景故事在哪里？惨不忍睹的刺伤照片呢？我很确定我的成功率比她低得多，但我帮助的是最受伤害和最脆弱的人，那些被双重污名化的人。我想起了几年前自己作为初级精神科医生时曾观察过一些普通成人精神科诊所，那时我还未涉足法医精神病学领域。大约八年前，我甚至在一位顾问的密切监督下管理过几家这样的诊所，但现在我再也回不去了。那种感觉太乏味了。

喝了两杯咖啡后，我们意识到我们当天剩下的时间都只有行政工作，没有实际的预约安排。我已经计划好整个周末都用在阿诺德的报告上了，而且在收到口述记录之前我也无法取得任何进展。我们决定取消下午的计划，一起去酒吧，就像我们在准备英国皇家精神科医学院会员资格考试复习时的情景（珍妮的分数比我高出 6%，尽管她的学习时间比我少了大约 20% ——这并不是我在计算什么）。在喝着杜松子酒和汤力水时，我们聊起了彼此的

法庭

生活和各自日益壮大的家庭。事实证明，我们不仅对如何判断行凶的农民有不同的看法，而且对享受以蹒跚学步的幼儿为中心的早午餐也有不同的看法。

珍妮突然把喝的东西喷了出来。"乔治·希尔顿！"她一边咳嗽，一边用纸巾擦干下巴，"你还记得他吗？"

大约 10 年前，我曾在卡姆登附近的一个精神病房轮岗六个月，接替轮换到饮食障碍诊所的珍妮。我们都由同一个顾问指导工作，我们对他那令人窒息的花香须后水的气味记忆犹新。由于职责重叠，我们也曾治疗过相同的病人。乔治在我的记忆中比大多数人都突出。他是一个 40 多岁的和蔼的男人，他的笑容很有感染力，声音柔和。我记得在病房办公室里与他聊了很多。和其他病人相比，与他聊天更随意、友好，他的冷幽默（他很早就发现了那位资深医生的气味，并在我们之前嘲笑他）在那些经常充斥着阴郁对话的日子里，成了一种受欢迎的解脱。当时，乔治——或者（他坚持让我私下称呼他为）"G 先生"——作为一名私人教练，被解雇不久后患上了手臂肌肉萎缩症，这摧毁了他的未来职业前景。他陷入了财务困境，这促使他重新评估自己的生活。他告诉我，他觉得自己是个失败者。除了事业上的打击，他有过一段失败的婚姻，并且和几个"整夜播放重复的躁动音乐、吃着难闻的外卖"的年轻陌生人合租在一间房子里。我鼓励乔治多关注生活中的积极面。他在社区里很受欢迎，他是那种大家都知道并尊敬的人，无论哪个年龄段的人都认识他。他有一个新的伴侣，并与住在几英里外的前妻和女儿关系很好。乔治在一次自杀未遂后被送到了我们的病房。他试图在森林中一个僻静的地方上吊自杀，但树枝断了（他将这件事也添加到他不断增长的失败清单中）。

珍妮成为一名普通成人精神科顾问医生，在那位拥有过于浓烈气味的顾问医生退休后接管了他负责的那片区域。乔治是她接手的病人之一。她告诉我，乔治已经再婚，最近有了个女儿，搬进了新家，并成功经营了一家独立咖啡馆。珍妮一直在非常缓慢地减少他的抗抑郁药（减药太快可能会导致复发）。除了每年一两次短暂的情绪低落外，乔治过得很好。他已经三年多没有考虑过自杀了。当我听到乔治的消息时，我感受到了一种模糊的幸福（可能部分是因为杜松子酒带来的轻微兴奋）。我能清楚地回忆起他咧嘴大笑的样子。我承诺自己很快就会去他的咖啡馆。那一刻，我明白了其中的取舍。我意识到，我为那些惊险万分的案件所付出的代价，就是失去了这种感受。如果幸运的话，我可能会从一些律师那里得到一些关于我为其进行法医工作的人的后续消息，但我不可能在多年后深入了解他们的生活，除非他们再次犯罪。即使是我的法医精神科医生同事——在社区工作并长期跟踪病人，也必须放弃最稳定的病人，为有风险的病人腾出空间。这些病人要么被转交给像珍妮这样的普通成人精神科医生，要么被送回全科医生那里，因为他们被认为风险太低，不需要我们的专业（且紧张的）资源。回顾过去，当我曾在法医精神病科和监狱工作时，我和同事们衡量治疗成功的标准就是不再见到病人或囚犯。尽管他们在社会上处于各种不利地位，我相信他们中的许多人后来还是取得了成功并过上稳定的生活，然而就像一个抛弃家庭的婚外情父亲一样，我从未有幸亲眼见证。

# 第 25 章
# 本性难移的杀手

还没等我从与珍妮的临时会面带来的宿醉中缓过来，另一个谋杀案就溜进了我的收件箱。从表面上看，我完全可以理解为什么外行人会对埃尔金·史密森先生的案件感到震惊。受害者家属有权对服务机构感到愤怒。他们怎么能不止一次释放一个杀人犯，还释放了两次，从而导致其第三次杀人呢？这难道不是玩忽职守吗？不应该有人为此负责吗？

埃尔金是一个 60 多岁的男性，正在伦敦东南部的贝尔马什监狱候审，这是一所关押该国最危险罪犯的 A 级监狱。该监狱的著名狱友包括从泰特现代美术馆的观景平台扔下一个六岁孩子的 17 岁孤独症少年乔蒂·布雷弗里，受胡克船长启发的独眼少年、仇恨制造者阿布·哈姆扎，以及你最不应该与之分享私人秘密的朱利安·阿桑奇。

埃尔金于 2019 年底，也就是在我们见面的六个月前，被指控谋杀了他的前伴侣。他用浴袍绳勒死了她。他在自杀未遂时受了重伤，这与阿诺德的遭遇诡异地相似。他走出公寓，将受害者瘫软的尸体留在厨房里，径直跳到一辆公交车前。

在我收到的数百页医疗记录中，埃尔金的病史得到了充分证实。他出生于多米尼加共和国，在一个有14个兄弟姐妹（包括他在内）的贫困家庭中长大。他们当中三人患有精神分裂症。从遗传学上讲，这说明他存在患遗传性精神疾病的风险。他描述了自己遭受父亲打骂的不幸童年，而且他父亲四处流浪、不常在家。"我们都挨了皮带，但我挨得最多，被打得最重。"他几年前曾这样告诉一名心理学家。甚至有一个未经证实的怀疑，他的父亲还有另一个秘密家庭。我不能容忍这种欺骗行为，但我也对一个人怎么能养育这么多孩子感到惊讶，因为我的两个孩子就已经让我手忙脚乱，钱包空空。

埃尔金有很多孩子，他的生活模式是"播种"后就离开。他大约25岁时移居英国。多年来，他从事过各种体力劳动和零售工作，但很难保住一份工作，因为他经常迟到或请病假。对我来说，这一切都表明他存在缺乏承诺的问题，他似乎效仿了他父亲的"拈花惹草"行为。

埃尔金曾两次因谋杀前伴侣的罪行而被定罪。第一次是在1984年，与当时的妻子争吵后，他将她从他们住的公寓的11楼推了下去。根据案卷描述，埃尔金告诉警方，他和受害者之间的关系非常不稳定，两人经常发生肢体冲突。他说，在那个性命攸关的日子里，他们都在家。他在看报纸，她突然开始对他破口大骂，嘲笑他是一个无所事事的懒汉，并嚷嚷着她多么讨厌他。她用一只鞋抽他的脸。两人打了起来，都跌到了阳台上。他告诉警方，他不小心推了她一下，然后她摔了下去。第二天，她在医院被宣布死亡。他被判处八年监禁，服了四年刑。当时他似乎没有与法医精神病学服务机构有过任何联系,法医精神病学在那个时候还只是一个新兴的亚专科(直到1997年才成为英国皇家精神科医学院的正式院系)。他的心理健康并未被认定是一个问题。出狱后,埃尔金搬回了伯明翰的老家照顾他的孩子,但孩子们最终被送到了寄养家庭。

随后,他搬到了伦敦。在那里,他与一个比他小15岁的女人开始了一段新的恋情。他称两人经常发生口角,但否认在这段关系中存在任何家庭暴力。第二次杀人发生在第一次杀人大约10年后。据埃尔金说,受害者有外遇,当他向她质问此事时,她把他赶出了家门。几天后,他回去收拾自己剩下的东西时,意识到他伴侣的新欢刚刚离开家,因为他能闻到香烟的味道。他和那个女人吵了一架,然后他愤怒地抓起一把刀,多次刺伤她,随后试图上吊自杀。一位邻居听到尖叫声后报警,警察破门而入,发现埃尔金吊在绳索上。根据现有的监狱记录,埃尔金在还押期间患上了严重的抑郁症。他几乎不离开牢房,不和任何人说话,一直在哭泣。他睡得很少,而且停止进食,以至于工作人员不得不通过鼻胃管对他进行强行喂食。医疗报告并不是特别详尽,这在那个时期很常见;我认为,由于现代社会诉讼赔偿行为的盛行,以及由此产生的"别被抓住小辫子"的规避意识,我们现在记录的内容变得更加详细了。从字里行间可以看出,埃尔金的精神疾病似乎被认为风险太大,无法在监狱中管理,尤其是在他绝食的情况下。因此,他被转移到一个安全的精神病院。从那时起,监狱精神病学服务取得了巨大的进步——包括像我这样的法医精神病学家大量涌现——我认为现在会有更多人齐心协力在监狱中对他进行治疗。在审判期间，他承认了以责任减轻为基础的过失伤人罪的指控，这得到了控方的认可。埃尔金最终被判处附带人身限制的强制医疗决定。医院比监狱更合适他，但他的风险很高，以至于他的治疗进展和最终出院必须由司法部监督，就像亚丝明一样。1993年，埃尔金被送到一个中度戒备的法医精神病院，在那里待了约五年时间。顺便说一句，这也是我在前文中提到的被揍了一拳的地方。埃尔金住院后，还出现了其他抑郁症状，包括情感淡漠和快感缺失，他还听到要让他自杀的声音。在服用了几个月的抗抑郁药和抗精神病药后，这些症状有所缓解。

当我在贝尔马什监狱见到他时，埃尔金是一个虚弱、年迈、蓬头垢面、邋里邋遢的坐在轮椅上的黑人。我问自己：连续两起谋杀案的凶手都坐在轮椅上，这个概率是多少？与曼彻斯特监狱里宽敞的房间不同，这间房间不太适合行动不便的杀人犯。探视区由一大片带有巨大窗户的小房间组成，周围是深绿色和红木色的海洋。在进行监狱评估时，我经常会带上一份同意书让被告签字，以获得查看他们的医疗记录的权限。原因在于，如果没有这份文件，一些全科医生诊所和精神病院就不会让我查阅这些记录。贝尔马什监狱的安全级别为A级，它规定我必须阅读并签署他们自己制定的（在我看来过于复杂的）标准表格，以声明我将我的那份文件交给了埃尔金。这不仅令人头疼，而且也是所有监狱血液中都流淌着的毫无意义的官僚主义的完美隐喻。

在亲眼见到埃尔金之前，我先听到的是他的轮椅侧面撞击狭窄走廊角落的哐啷声，以及推着他的狱警的咒骂声。他有两只非常显眼的残臂，从宽松的浅蓝色T恤袖子中伸出来。他说话时嘴唇塌陷，明显缺了几颗牙齿。是牙齿不好，还是因撞到公交车造成的，我不得而知。我逐渐习惯的一个反常现象是，犯下最严重罪行的人往往看起来并不特别危险。除了毁容之外，埃尔金的身材非常瘦小，看起来一点也不张扬。我记得我曾问过自己：他是否散发着珍妮所说的"那种感觉"。至少对我来说，他没有。

他沉默寡言，以非常简短的方式回答我的问题。当我问及他的精神病史时，埃尔金说，他从35岁左右就开始患有抑郁症，多年来一直在服用各种抗抑郁药。当周围都是人时，他还会突然觉得恐慌。他无法向我转述导致他进入法医精神科的诊断结果，也无法向我详细描述他在法医精神科五年的康复治疗情况。这可不是对这项工作有效性的肯定。埃尔金描述了他与最近的受害者萨布丽娜之间相当稳定和幸福的关系，他是在当地的图书馆认识萨布丽娜的。我没有证据来证实或反驳这一点。不过，我确实注意到他没有向我提及，当这段关系在三年前开始时，他没有通知在社区监督他的法医精神科顾问医生，尽管这是他的限制令的具体条件之一：为了她们的安全，所有未来的伴侣都需要被告知他以前的家庭暴力行为和他的罪行。根据记录，小组的社工发现了这段恋情，萨布丽娜被邀请与精神科医生会面。一份总结这次会诊的医疗文件指出，她"被详细告知了埃尔金以前的不良行为"；我认为这是一种过于礼貌的说法。萨布丽娜似乎并不在意，这显然没有影响他们的关系。社工一直密切关注这对伴侣的情况，偶尔会进行家访，担心他们之间可能存在身体虐待行为，但并没有发现证据。

我请埃尔金描述一下萨布丽娜去世前的那段时间。他说自己当时脾气暴躁，而且感到特别沮丧。他的精神科医生增加了他的抗抑郁药剂量，但效果甚微。据埃尔金说，在事发前一天，萨布丽娜同意到他家帮他整理救济金的相关文件。据称，她在最后一刻改变了主意，这让埃尔金很恼火。他说服她第二天早上再来，但她迟到了三个多小时，这让他更加愤怒。一句挖苦的话升级为侮辱，接着是争吵，然后是打架。他声称萨布丽娜试图用锤子打他。埃尔金说，他对接下来发生的事情只有非常不完整的记忆，他"醒过来"时，发现自己躺在萨布丽娜的尸体旁边，才意识到他已经勒死了她。我试图深入了解他当时的思维过程，以确定他的行为是出于自卫、愤怒，还是精神疾病症状的直接反应。但他无法做进一步的解释，对更深入的问题只回答"我不知道"。他泪流满面，哽咽着说："我不知道我为什么要这么做，我恨我自己。她对我很好。我真希望自己已经死了。"作为一名医生，我本能地想对面前的病人表示同情，而不是评判。作为一名评估员，我知道我必须保持良好融洽的关系，以维持谈话的顺畅。然而，考虑到当时的情况，这并不容易。有一次，眼泪如雨点般从他脸上滑落，由于没有手，他所能做的就是用肩膀擦拭脸颊。我当时有一种冲动，想站起来找一盒纸巾，但我知道在贝尔马什监狱严格的安全协议下，这是不被允许的。我除了不安地在椅子上挪动身体，并忍住不去抓挠因同情而发痒的脸，什么也做不了。

埃尔金对自己的自杀企图也只有非常模糊的记忆。"就好像我被困在别人的身体里，透过他们的眼睛看世界。就像看一部恐怖电影，但我已经知道了结局。我知道我必须放弃我的生命，因为我夺走了她的生命。"他愤怒地说道。他解释说，大约一个月后，他在医院醒来，发现四肢都被截肢了。他被送进了监狱，直接进了医疗区。他说，他的情绪一直很低落，几乎每天都有自杀的想法，但讽刺的是，由于身体残疾，他无法付诸行动。

很自然地，面对三起独立却又病态般相似的杀人事件，我不得不质疑这个系统是否辜负了埃尔金、辜负了公众，更重要的是，辜负了受害者们。这一切可以被预测吗？在分析这个问题时，我试图保持客观态度，并消除我可能为我的法医精神科医生同行辩护的任何偏见。从各方面来看，自从1998年出院以来，埃尔金的抑郁症已经有所缓解。他在社区受到了密切的监控，尽管偶尔情绪低落，但他的行为并没有什么特别危险的地方。没有出现已知的攻击行为，萨布丽娜也被告知了他的过去。即使有家庭暴力，她在与社工的多次会面中也没有提到过。她是害怕有什么后果吗？是害怕埃尔金的惩罚，还是害怕外部因素破坏他们的关系？看起来他的抑郁症在杀人事件发生前的一个月里逐渐复发，尽管还处于早期阶段。记录显示，他有几次在与他的社区精神科医生会面时，报告说自己感到悲伤和孤独，他似乎对自己的未来也感到很悲观。据我所知，他们对他进行了全面的评估，他确实令人信服地否认了任何实施暴力的想法和意图。有人可能会说，鉴于他在之前的病症复发期间的杀人行为，也许在那时应该对他进行更高级别的干预和观察。然而，如果事实上还有更多明显具有攻击性且直接构成威胁的病人被记录在案，那么很难证明有理由将更多资源用于定期监控像埃尔金这样的人。即使进行了额外的监控，会有区别吗？在那时将他送入精神病院是没有合乎逻辑的理由的，因为他还没有病重到需要住院治疗。他配合药物治疗，所以违背他意愿的治疗，比如给他打针，是不必要的。在我看来，他的杀人行为是冲动的、无意义的、自发的，而不是与逐渐积累的并可预见的愤怒或者他的精神疾病恶化有关。虽然我不能指责任何个人的决定、临床医生或服务机构，但只要退一步，做一个基本的"目测"就会发现，这个**系统**肯定存在缺陷——模糊、不负责任——才会允许一个人犯下三起类似的致命谋杀案。事实上，只有极少数杀人犯会再次杀人（数据量太少，很难收集到任何有意义的统计数据）。再加上埃尔金在他可怕的行为之间的间隔中没有表现出明显的暴力倾向或危险信号，这就意味着服务机构并没有足够的资源与手段来有效识别和管理像他这样再次杀人的罪犯。

有趣的是，与我同时代表法庭对埃尔金进行评估的还有另外两名精神科医生，我们都提出了不同的意见。这在法医精神病学中相当常见，并且反映了一个事实，即在某种程度上，所有的精神病学概念都是人为的、多变的，而不是经过科学证明的——我很乐意承认这一点。一位医生诊断他根本没有精神疾病，另一位医生诊断他患有中度抑郁症。我认为他患有轻度抑郁症，因为尽管他有这些症状，但他一直都能够正常应对平时的生活，比如每周工作两天、独立购物、乘坐公共交通工具和在酒吧社交。

为了撰写我的报告，我仔细研究了减轻责任的标准。我的结论是，虽然有证据证明埃尔金在案发时情绪低落、精神异常，但其严重程度不足以严重损害他的精神能力，使他无法理解自己行为的性质、做出理性判断或自我控制：这是构成责任减轻辩护的三个相关类别。当然，他在与萨布丽娜争吵时确实失去了理智，这表明他缺乏自制力和理性的判断力。但是在我看来，至关重要的是，这是争吵导致的，而不是由他的抑郁症引起的。愤怒和不耐烦似乎也在杀人事件中起了作用，而这些都不是精神疾病的症状。因此，我的结论是，责任减轻的辩护理由不成立。我没有建议将他转移到精神病院，但我表示，监狱精神病学医疗团队应该定期对他进行复查。法庭同意了我的意见。他被判处至少30年监禁，很可能将在狱中度过余生。

埃尔金的案例让我反思风险分析在法医精神病学中的重要性。通常，我们会做风险评估，判断哪些对象看起来比其他人更危险，并相应地适当分配我们的资源。但我们无法读懂人心，也无法预测未来。我们不可避免地有时会做出错误的判断。在打印关于埃尔金的报告时，我很想知道珍妮对此事的看法。我给她打了电话，正如我预料的那样，她毫不同情他。"还有那么多精神疾病患者，而精神健康服务的资金也很有限。坦白说，我认为他不值得接受任何心理干预，"她说，"让他在监狱里忍受抑郁症的折磨吧，至少他还活着，不像那些可怜的女人。"

我能听到孩子们在后面吵闹的声音。我感到一阵内疚，因为我们曾经是亲密的朋友，却连对方的孩子都没见过。我们约好下周在相距不远的公园玩耍。"江山易改，本性难移。"她后来又绕回了埃尔金的话题。我不知道该如何回答，只好咕哝了一声，我知道她不无道理。

# 第 26 章
# 黑暗的现实

随着时间的推移,我注意到养育孩子的压力在慢慢地减少。我相信政客会用"谨慎的乐观"来形容这种情况。孩子们拒绝吃饭的次数少了,半夜醒来的次数少了,在尿布里留下"小礼物"的次数也少了。早上,除了偶尔给他们擦屁股、清理污渍和擦眼泪(我得补充一下,用的是不同的纸巾),我可以让他们自己玩耍了。这也可能是因为我购买了两台新的平板电脑。孩子们越来越自立了,这让我能够专注于我的工作,尤其是在早上我妻子醒来之前。当然,我仍然需要回答他们无厘头的问题。

"是的,你的牙齿是摇摇晃晃的。"

"不,你现在不能吃巧克力。"

"是的,你可以等会儿吃。"

"不,我不知道几点了。"

"是的,大多数狗都是棕色的。"

这些额外的小块空闲时间越来越多,常常让我感到焦躁不安,不知道该做什么。一天早上,我正拖拖拉拉,偶然发现了一个垃圾网站上关于名人抑郁症的标题党故事。一个小时后,我发现自己挥了挥手，延长了孩子们玩平板电脑的时间，这样我就可以继续钻研名人公开谈论他们各自的精神诊断和与精神疾病斗争的故事。从泽恩·马利克克服他严重的焦虑症，到混合甜心（Little Mix）组合的成员杰德与厌食症的斗争，再到麦莉·赛勒斯的抑郁症，以及女神卡卡（Lady Gaga）的创伤后应激障碍。一方面，看到年轻人的偶像们打破了谈论精神疾病的羞耻，这令人鼓舞；另一方面，我也很沮丧地发现，尽管我的发型很前卫，但我与青年文化如此脱节。特罗伊安·贝利萨里奥到底是什么？某种我没有听说过的新咖啡混合物吗？

然而，当我读到更多"鼓舞人心"的名人逸事时，我感觉有些……不对劲。许多故事似乎都是公关噱头。我并不是说它们是假的，但我注意到它们中很多故事的宣传都与新书发布或新专辑发行的时间一致。我觉得，只有在披露精神疾病能够引起人们对患者的关注，并最终将钱财汇入他们账户的时候，他们才披露，这个做法有些动机不纯、处心积虑和虚情假意。另一个让人难以接受的事实是，所有这些故事都是关于已经康复的名人。他们所有的挣扎都已经过去。显然，如果他们鼓励其他病人公开谈论他们的经历，这可能能够让他们有个健康的宣泄，或者更好的情况是，可能会让他们克服内心的犹豫，最终寻求治疗。我知道这可能是一件积极的事情，但作为一个愤世嫉俗者，我不禁联想到那些患有更严重、更普遍的精神疾病的人；那些因患有精神疾病而进出医院或监狱，或两者兼而有之的人；那些不幸的需要接受我的评估的人。名人们克服疾病的故事会不会疏远这些人，让他们觉得自己更加被边缘化？此外，那些患有不太"性感"[1]的疾病——比如精神分裂症或妄想性障碍——的人呢？他们对应的名人故事在哪里？我决定用我的声音和我的专业经验为**他们**发声。我希望通过讨论和正常化这个有些禁忌的法医精神病学世界，以我自己的微薄之力，为那些深受其害的人减少污名化做出贡献。

我也注意到，许多人对我工作中的一些方面很感兴趣，而这些方面对我来说已经是例行公事，甚至是家常便饭了。这从朋友和邻居的众多询问，以及在接送孩子上学时不得不进行的礼貌对话中都能看出来。人们有很多问题，我也有很多答案。最终，这颗种子萌发成了这本书，但在那时，我开始为《赫芬顿邮报》撰写关于法医精神病学相关话题的博客文章——从进入精神科病房的经历，到囚犯之间的潜规则，再到与精神病患者共事的感受。我得到了一些回应和评论，但通常情况下，我并没有享受这个过程，而是变得没有耐心，渴望得到更多的曝光。有几天，我很难得地没有太多的工作，我就疯狂地寻找更多的媒体机会。我几乎忽略了我所有的邮件。但在我有机会沉迷其中之前，生活给了我一记响亮的耳光，让我幡然醒悟。那是一个周日晚上，我接到了法庭精神病学团队负责人艾丽西娅打来的令人不安的电话。"我需要告诉你关于哈利的事情。"她一反常态，用阴沉的声音说。

哈利·杰克逊只有19岁。他被指控袭击了一名急救工作人员。他曾打电话报警，称他的房东在他睡觉时闯入他的公寓，并

---

[1] 一种比喻用法，在这里并不是指字面意义上的"性感"，而是用来形容某种疾病容易引起公众的关注或被认为是"重要"的。——编者注

法庭

给他注射了艾滋病病毒（人类免疫缺陷病毒）。他还认为房东安装了放射性烟雾报警器，目的是让他患上癌症。当警察检查了报警器后否定了他的说法时，他变得很激动，开始辱骂警察并向警察吐口水。警察了解到他的痛苦，便放了他一马，并设法安抚他。但当他们离开时，他穿着睡衣跑到公寓外面，向他们的车扔了一块砖。警察改变了主意。

当我见到哈利的时候，他被关在法庭的拘留室里，沉默寡言，很不配合。他躺在讯问室的长凳上，套头衫拉得严严实实，也没有去喝他的咖啡。在最初的20分钟里，他拒绝回答任何问题。经过一番温柔的劝说，他终于稍微开口说话，但仍然闪烁其词。他确信就是他的房东一直在非法组织儿童进行卖淫。我问他是否有任何证据。他说他无意中听到了罪犯在电话里的一段对话，但不愿透露更多细节。房东当时住在另一栋楼里，哈利说的事情不太合理，这让我觉得他出现了幻觉。当他抱怨说，在他试图入睡时，能听到这个男人在他耳边说一些诋毁他的话，包括叫他恋童癖者，嘲笑他的阴毛稀疏纤细时，我的怀疑得到了证实。他说，随着时间的推移，这些侮辱性的话语逐渐侵蚀了他的自信和情绪。哈利无意中透露了他有明确的自杀计划，包括想跳到9路公交车前面。他的信念是："666"是撒旦的标志，当这些数字相乘时，你得到18，而18的各位数字之和是9。虽然对普通人来说这是无稽之谈，但在他的妄想中，这表明这辆车是魔鬼派来的。很自然地，我想到了埃尔金那场可怕的事故。我从脑海里赶走了哈利坐在轮椅上，双臂被截成残肢的画面。我不能让这种事发生。

我进一步追问，问他是否已经确定了具体将在何时何地实施自杀计划。哈利的脸色瞬间变了。他从沉闷、烦躁和疏远的态度变成了偏执和警觉。"你为什么要问我这些愚蠢的问题？这不关你的事。我和魔鬼做的任何约定都是私人的。"他把咖啡扔向我们之间的玻璃隔板。在一瞬间的惊慌之后，我和我崭新的白衬衫都很感激法庭工作人员，他们很明智地把我们安排在这个讯问室，而不是走廊尽头的开放式房间。哈利转过身，躺了下去，紧紧地拉上套头衫的拉绳，看起来像一只缩在壳里的乌龟。

在进行了快速的自杀心理风险评估后，警钟敲响了。首先是人口统计学因素。他很年轻，是男性，单身，独居，几乎没有社会支持：所有这些因素都会增加他自杀的可能性。此外，他患有精神疾病，且症状活跃，这给他带来了巨大的痛苦；这是一个巨大的风险因素。就目前的社会压力而言，哈利还必须处理他最近的法律纠纷所带来的后果，他可能面临着监禁。最令人不安的是，哈利有明显的且经过深思熟虑的自杀计划，他试图隐瞒这些计划（而不是模糊的想法、没有任何经过思考的意图）。我开始了漫长而艰难的过程，按照《精神卫生法》为他安排评估，以便将他从法庭送到精神病院。由于以前的暴力行为是未来暴力行为最有力的因素之一，我追着他的律师，以获取哈利在全国的犯罪记录。记录显示，他只有一次几年前因持有大麻被定罪的前科，但没有攻击人的行为。因此，一个普通的封闭式病房似乎比法医精神科病房更合适，因为发生暴力的可能性似乎很小（至少，对除了他房东之外的人来说）。

不幸的是，正如越来越常见的情况一样，"酒店没房间了"。在他所在的伦敦西北部的布伦特没有空余的医院床位。因此，哈利不得不被还押到监狱过夜，而床位管理员在背后疯狂地安排。为了腾出空间,通常需要将情况相对好一些的(尽管不一定健康的)病人从病房中调离,或者与另一家医院达成"协议","借用"一个床位。

第二天,当我在法庭上再次见到哈利时,他对自己即将住院治疗这件事感到愤怒。

"你怎么**敢**把我关起来?我没有疯,你才疯了!"

"我真的很抱歉你这样想,但我非常担心你的安全,而且我认为——"

"去你妈的关心!我从来没有请求过你的帮助。别来烦我。"

我深吸一口气:"我们的首要任务是确保你的安全,希望你不需要在医院待太久。有了适当的支持和药物——"

"我真不应该相信你,"他咬牙切齿地说,"就不应该告诉你魔鬼和他的公交车。你太狡猾了,假装关心我。你只是在找借口把我关起来。法官什么都做不了,所以你们这些所谓的精神科医生就来试试。你们是一伙的。"

"我很抱歉你有这样的感受。"我重复道,因为我实在想不出其他的话了。

"那个猥亵儿童、想让我患上艾滋病(获得性免疫缺陷综合征)的浑蛋,你们把他关起来了吗?"

"没有。"

"为什么不?"

我转动着手中的笔,避开了他的目光。

"那些火警报警器呢?"他问道,"你们用盖革计数器检查过它们吗?"

我在精神科医生生涯的早期就明白了这一点,与妄想症患者争论是徒劳的。我什么也没说。

"那患者的隐私呢?"哈利厉声问道,"你把我的契约告诉别人,这是违法的。我可以起诉你。"

"我觉得你自杀的风险超过了保密的要求。我认为医院对你来说是最好、最安全的地方。"我说道,试图在同情和权威之间取得平衡。

"哦,是吗?那为什么**你**不去那里,如果那里那么他妈的好?"

这回哈利身边没有喝的,如果有的话,我很确定那杯饮料会倒向哪里。我必须承认,在那次咨询后我几乎没有什么担忧。我理解他为什么如此恼火。如果我真的不相信自己有精神疾病,而一些自以为是的陌生人利用我关于魔鬼的个人秘密把我关起来,我也会很愤怒。在我的工作中,心怀不满的病人并不罕见。此外,我对将哈利送进医院的临床决定很有信心。我几乎没有再考虑过哈利的情况。天啊,他甚至不是我那天见过的最棘手的病人。

大约三个月后,我就接到了团队负责人艾丽西娅声音阴沉的电话。她以前从来没有在周日晚上给我打过电话,所以在她说出这个不幸的消息之前,我就知道事情很严重。哈利自杀了,不是跳到 9 路公交车前,而是服用过量的对乙酰氨基酚。他不是我接触到的病人里第一个去世的,但其他人是在我们互动几个月或几年后去世的,所以这个病例对我触动很大。我知道我们一切都是按规矩行事,但这对我来说也没有起到什么安慰的作用。我发现自己在思考他未来的生活,如果他没有过早逝去,他会做什么谋生?他会结婚生子吗?他会找到内心的平静吗?

第二周,我们的团队进行了一次总结,当然,我们仔细考虑了是否还有其他我们可以做的事情。我们仔细检查了我们的护理是否有任何漏洞。我当天就意识到了哈利的自杀风险，并采取了相应措施。从医疗记录来看，他从我们的法庭被送进精神病院治疗了两个月。虽然他在病房里表现得冷漠且回避问题，但他似乎已经获得了一定程度的洞察力，并且出院时能令人信服地保证自己的安全。如果这些信息是准确的，那么让他继续住院是没有必要的，甚至是残忍的。

所以，到底是哪里出了问题？不幸的是，我想我永远也不会知道。哈利可能在住院期间确实有所改善，但他也可能在出院后不遵守服药规定（我们知道他从药房领了药，但这并不能保证他真的服了药）。他可能一直都有结束自己生命的打算，并且一直在等待时机，远离这些讨厌的专业人士的干扰，平静地结束自己的生命。我不禁在想，我是否无意中"教"了哈利不要说什么，以阻止医生干涉他的自由？另一种可能是医院也许过早地让他出院了。他们可能相信了他的保证，而没有深入验证这些保证的真实性。我再一次看到了系统中潜在的漏洞，这些问题引发的疑问远多于答案，令人深感不安。

我发现自己又开始思考那些"鼓舞人心"的名人康复故事，以及它们与哈利等一些病人的黑暗现实的悲剧有多么相去甚远。显然，自杀是反思的时刻，也应该是反思的时刻。其他悲剧也是如此，例如我们的患者在接受康复治疗后继续犯下严重的暴力罪行：在管理术语中，这种情况被称为"绝不该发生的事件"或"严重的意外事件"。这些事件是我们应对法医精神病学中普遍存在的高风险患者时不可避免的一部分。当我面对这样的病人时，当我考虑我和我的同事提供的护理可能存在的不足之处时，我完全可以理解为什么我的一些精神科医生同行，比如珍妮，可能会选择对情况复杂的病人敬而远之，转而关注不那么复杂的病人群体。

# 第 27 章
# 骨子里的幽默

随着时间的推移,父亲的角色逐渐变得不那么令人疲惫,我再次发现自己无法舒适地享受闲暇时光。我不仅无法放松,更糟糕的是,我不想放松。我想创造点什么,以某种方式向公众讲述法医精神病学的世界。我的《赫芬顿邮报》博客有所帮助,但感觉这个平台还不够大,无法充分传达我的信息。我妻子会摇头取笑我,说我需要找一个合适的"中年危机",这并非没有道理。

我接连尝试了几项爱好。在 18 个月内,我尝试了打扑克、练业余拳击和写短篇小说。通常,我不是慢慢地进入状态,而是直接一头扎进这些爱好。打扑克时,我买了好几本策略书籍,每天早上五点半起床,赶在上班前看上几页;练拳击时,我催促教练让我在准备好之前就进行实战练习;写短篇小说时,除了阅读几本关于写作技巧的书籍,我还参加了《卫报》几个月的写作课程。在采访或者和关心我的亲戚聊天时,他们问我培养这些爱好是不是为了平衡我在职业生涯中所接触到的悲剧和背负的压力。老实说,不是。至少,我不是有意识的。我只是喜欢做事。我想,如果我是一个会计或货架整理员,我可能会循环地尝试各种爱好。

我对无聊的低容忍度，以及总是错误地把事情看得比实际容易，驱使我前进。

我取得了不同程度的成功（拳击和扑克打得不好，写作还不错）。每个爱好都使我轻微地分心。然而，我需要更大、更强烈的东西，能够唤醒我沉睡内心的东西，一场与我过高的野心相匹配的中年危机。

再披露一点：我曾涉足过脱口秀行业。最早是在我20多岁获得医生资格的时候。在三年的时间里，我做了大约40场演出。在那段时间里，我从纽卡斯尔搬到悉尼，再到爱丁堡，最后到埃塞克斯。我没有太自律，也没有好好"训练"过。我的演出时间很零散、很不规律，我有时坚持几周，有时几个月就放弃。我最终在大约27岁时放弃了喜剧表演。10多年后的2019年，突然间，我有一种强烈的冲动想要再试一次。一天，我在开车回家的路上突然灵机一动。我想出了一个切实可行的目标时间表：两周内写一个五分钟的段子，再用两周时间预订我的第一次回归演出。在剩下的路途中，各种"梗"（笑点）不断涌入我的脑海。一进门，我就冲上楼去拿笔，把所有东西都记了下来。一小时后，我妻子叫我下楼吃饭。我头也不抬地大喊，说我很忙，晚点再热饭菜吃。两个小时后，我写完了整个剧本。第二天早上，我就预订好了几天后的演出。

大约就在这段时间，我的小儿子进入了哥哥的学校，这大大减少了我们每天的行程。随着我的生活在过去几个月里变得轻松起来，我认为我可以重拾旧日的爱好。我真是太天真了。伦敦的喜剧界活跃着数百名新兴的喜剧演员。大多数人都在20多岁的年纪，没有孩子的负担。他们每周有四五个晚上参加开放麦活动，有些人甚至每晚都演出。这意味着，为了保持在推广者面前的可见度，不被淹没在人群中，我必须每周至少参加两场演出。演出通常在晚上八点左右开始，开放麦表演者至少要提前一小时到场。还应该有礼貌地留下来听压轴的表演。通常，我会在晚上六点半离开家，午夜后才回家。我很快意识到，这个爱好是不可持续的。我寄希望于我是一个喜剧天才，能够以某种方式跳跃等级制度，在几个月而不是几年内跃升为喜剧界的领军人物。

就像任何一个尝试说脱口秀的人一样，在演出之前，至少在前十几次演出之前，我都会感到极度恐惧。即使不是临床精神病患者，这种恐惧感依然难以避免。然而，几个月后，我下意识地培养了一种用禅宗般的专注力控制恐惧的能力。这种场景类似于"洪水"，这是一种心理治疗技术和暴露疗法形式，用于治疗恐惧症和焦虑症，包括创伤后应激障碍。患者会反复面对最初导致创伤的相同情况。（我没有自以为是地认为面对一群满怀期待的陌生人，要求我让他们大笑是一种真正的创伤，但这至少是一种压力。）我们鼓励患者使用放松技巧来消除恐慌。理论上，肾上腺素和恐惧反应是有时间限制的，因此患者最终会平静下来，并意识到他们的恐惧是不必要的。这相当于将某人推入深水区，迫使他们游泳（假设他们不会被淹死）。我很快意识到，我的恐惧感是多余的。我有几次演出炸场，也有几次演出冷场，但大多数演出介于两者之间。在炸场的情况下，观众在表演的其余时间往往会尴尬地避免眼神接触。而在冷场的情况下，在我抽烟休息时，可能

法庭

会有人拍拍我的背或者说几句鼓励的话（紧张导致我重新开始每天吸烟）。但我明白，这些都不重要。我的意思是，**真的**不重要。一场糟糕的演出通常不会导致观众扔烂水果和引发嘲笑，一场精彩的演出也不会促使达拉·奥·布莱恩邀请我参加《一周吐槽秀》（达拉，如果你正在阅读本书，我随时有空）。

然后，我注意到了一件奇怪的事。我作为专家证人的做证技巧提高了。我之前已经在证人席上相当自如。不过，我偶尔仍然会感到慌乱，这种情况通常发生在我被要求从以前没有考虑过的角度评论一个精神病问题时。对于脱口秀来说，在做出临场反应和适应环境的同时保持冷静是至关重要的。从与观众嬉笑互动到忘记台词，再到应对观众的起哄，都是如此。在法庭上，戴着假发、穿着长袍的人彬彬有礼、夹杂着法律术语的嘲讽又算得了什么呢？可以说，在证人席上侃侃而谈比在舞台上更容易，因为你的回答只需要正确，不需要好玩。当在法庭上被问到一个棘手的问题时，我发现自己能够在法官和陪审团的注视下，平静地构思出连贯、巧妙的论据，而不是急急忙忙地拼凑出一堆事实片段。我的脱口秀经历让我能够巩固口头证词的其他要素。我把每次演出的视频都录下来，回看录像时，我注意到当紧张时，我会语速太快，吐字不清（比如在我抛出一个"梗"却冷场时）。在我战胜（或至少减轻）焦虑后，我能够在表演过程中意识到这个问题，并有意识地放慢语速。我以前没有意识到的其他紧张习惯也变得明显起来，包括身体向前倾斜和过度眨眼。同样，通过练习，我在舞台上克服了这些问题，令我惊讶的是，我能够将这些技巧转移到法庭上。不强调笑点是新手喜剧演员的另一个常见错误，我纠正了这一点。我发现自己在做证时会放慢语速，强调结论：一开始是有意识的，但很快就变成了下意识的。这一招果然奏效。我能感觉到律师在我避开他们的重重陷阱后退缩了。我能听到他们在交叉询问时，语气中带着敬意和挫败感。

　　我的喜剧演员兼专家证人的新技能很快就要接受考验了，我将要处理一个我所遇到过的最离奇的案件之一。

# 第 28 章
# 控制戏剧性行为

2019年年中的一天早上,在一个炸场的表演引起的肾上腺素激增导致睡眠不足后,我喝了一大杯咖啡,然后前往刑事法庭,参加了一场离奇的辩护能力评估。丹泽尔·周先生60多岁,是华人,面临持有武器和持续滥用公共电信服务的指控。

案卷称,丹泽尔从车库里拿了一把锤子,当着妻子的面举过头顶。然后,他打电话给急救中心,威胁要自杀。我不确定用锤子自杀在逻辑上是否可行,但至少可能造成严重的头痛。律师们表示,由于他极度焦虑和戏剧化的表现,他们很难从他那里获得明确的指示。他们说,丹泽尔和他的妻子声称他被诊断患有创伤后应激障碍。他们还强调,他是一个受过教育的人。他拥有数学博士学位,还曾顺利担任大学讲师多年。

案卷记录还显示,丹泽尔是一个经常惹祸的人。警方称他是一名酒鬼,经常做出类似的伤害自己的戏剧性威胁。每隔几个月,他就会连续几个小时不断地打这样的电话,通常持续到凌晨。尽管耗费了大量资源和浪费了大量时间,急救人员仍不得不认真对待每一次的来电。我们都知道"狼来了"的寓言。在6月的一个晚上，当救护人员赶到时，他们发现他躺在床上呻吟，枕头上放着那把不祥的锤子。他们和他谈了一会儿，确信他是喝醉了，不需要心理健康服务的干预，便离开了。20分钟后，丹泽尔又叫了一辆救护车。当救护人员到达时，他们对他进行了非常粗略的身体健康检查，毫不意外地没有逗留。这激怒了丹泽尔，据称他拿着锤子追到外面，砸碎了前挡风玻璃。在警方询问和向律师陈述时，他坚称他只是把锤子举过头顶，打算自残。他断然否认威胁过任何人或破坏过任何东西。

医疗记录概述了丹泽尔多次前往急诊室进行精神病学评估的情况，主要意见是他的挑衅行为和自杀威胁与他酗酒有关。他没有潜在的精神疾病，在清醒时具备完全行为能力。

当我在西伦敦艾尔沃思刑事法庭的拘留室看到丹泽尔时，我就意识到自己有一场硬仗要打。他滔滔不绝，显然有自己的想法，总是固执地回到某些话题上。他的许多行为都毫无意义。例如，在我简短询问了他的家庭情况后，他不断向我讲述他成功的兄弟姐妹，尤其是他弟弟的事情。他的弟弟是一名律师，写过几本著名的教科书。丹泽尔带来了七八本厚厚的书，但都不是他弟弟写的。他一再坚持向我展示关于法律的段落，尽管这些内容都与他面临的指控无关。

丹泽尔透露，他一生中经历了许多"会一直困扰我，直到我咽下最后一口气"的创伤。他不断地沉湎于这些创伤，尤其是在喝酒的时候。这些创伤，至少可以说是相当奇特的。20多年前，他的妻子堕过一次胎。那是在他们分居期间，由于他的古怪行为，妻子隔一阵子就会离开他。丹泽尔将这次堕胎视为"谋杀了那个可怜的胎儿，我自己的血肉在她体内成长"。他会想象那个孩子的样子，想象他或她本可以过的生活。丹泽尔还有一个在五年前离世的患有痴呆症的父亲，他在父亲离世之前一直照顾着他。据丹泽尔说，有一次他们发生了一点小争执；他们为一杯茶打了起来，他的父亲不想喝那杯茶，于是把它扔向了他。愤怒之下，丹泽尔把茶杯扔了回去，在他父亲的额头上留下了一块小瘀伤。丹泽尔的兄弟姐妹看到后，指责他虐待他们的父亲，于是报了警。然而，这件事并没有什么结果，丹泽尔甚至没有被逮捕。尽管这是一个相对较小的事件，所有相关的人都已经释怀了，但丹泽尔依然对这件事耿耿于怀；他经常因为自己伤害了父亲和让兄弟姐妹失望而满怀罪恶感。

丹泽尔的行为模式很奇怪。他总是焦虑不安，不断地被这些事件带来的羞耻感所困扰。他大约每两个月就会酗酒一次，尽管在这期间他是完全清醒的。当这种情况发生时，他就会失去控制，变得异常焦躁。这会导致他做出一些引人注目的举动，例如打电话给急救中心和挥舞锤子。据称，他过去还曾冲入车流中，并从卧室窗户探出身子，威胁要跳楼。

在我评估的过程中，丹泽尔非常焦虑和戏剧化。在我们的谈话过程中，他至少有六次躺在我的脚边祈祷，恳求我写一份报告，以防止他被判入狱。每次我都需要花几分钟时间安慰他，把他拉起来，让他平静下来，然后重复提出我的问题。最初几次，我还为他感到难过，但随着这种事情不断发生，我感到越来越沮丧，我的耐心也逐渐耗尽。我能理解为什么这个人最终可能会被扔一杯茶。此外，他每隔几分钟就会变得很激动，开始颤抖和抽泣

（但是没有流下真正的眼泪）。尽管我越来越恼火，但我努力提醒自己丹泽尔是一个受伤的人。这个版本的他内心充满了深深的沮丧，与他以前作为拥有博士学位的大学讲师稳重、睿智和积极向上的形象相去甚远。

当评估他是否适合出庭时，丹泽尔能够概述案件中的证据，包括转述来自受害的医护人员的证人证词中的相关信息。尽管很难让他真正专注于案件的相关方面，但当我最终能够做到这一点时，我发现丹泽尔还是能够恰当而理智地回答问题。为了确定他对法庭程序的理解，我问了他关于法庭上不同角色——如法官、陪审团和律师——的问题。他回答得清晰流利，并对法律术语十分了解。

"好的，现在你已经告诉了我事务律师的角色，那么周先生，你能解释一下大律师的角色有什么不同吗？"

"在一些国家，他们甚至没有对抗性法律制度，你知道的。在法国，是调查审问制度。如果我能给你看看这本书，上面写着——"

"周先生，请专注于回答我的具体问题。大律师是做什么的？"

"他们与事务律师不同，专长于法庭辩护，在法庭上直接与法官沟通，代表客户出庭。我有没有说过我弟弟是一位著名的大律师？他进行了大量的研究。如果你能看看这一章……"

经过痛苦的一个半小时后，我请他的妻子加入我们的谈话，以便从她那里获得一些旁证。最后，我不得不让丹泽尔离开房间，因为他不断地打断我们的对话。当时，我的小儿子，一个小"妈宝"，似乎无法允许我的妻子与其他成年人交谈，总是不断打断她并拉扯她的裙子。不幸的是，丹泽尔不能被平板电脑支开。

周太太与丈夫年龄相仿,也是东亚人。然而,她的举止与丹泽尔截然相反。她阴郁、严肃、安静,最重要的是,冷静。我无法想象他们是一对夫妻,但正如伟大的"哲学家"宝拉·阿巴杜曾经说过的:异性相吸[1]。这可能也解释了他们为什么时不时就分居一段时间。坦白说,考虑到我的耐心很快就被耗尽,可想而知,多年来忍受他的戏剧化行为一定给她带来了极大的考验。周太太在评估期间对他的粗鲁行为视而不见。我一点也不觉得奇怪,她已经在某种程度上适应了他,就像屏蔽冰箱不断嗡嗡作响的噪声一样屏蔽了他。

周太太提供了一些非常有用的背景资料,这有助于我更好地理解丹泽尔的性格。他的母亲有一种根深蒂固的恐惧心理,害怕被独自留下,甚至在家人外出购物时也会威胁要自杀或离家出走。周太太描述了丹泽尔的戏剧化行为,这种行为渗透进他生活的各个方面,即使在他清醒的时候,也是如此。一周前,他去做汽车年检。因为没有从检车师傅那里得到他想要的关于轮胎磨损状况的保证,他竟然躺在地板上,抓住那个人的脚开始祈祷。这让他的妻子很尴尬。她还说,当他喝酒时,他的戏剧性行为会显著加剧。她证实他实际上很少喝酒。仅存的一线希望是丹泽尔在被捕后首次同意接受酒精康复治疗。他们要对丹泽尔进行评估,周太太给我看了下个月的预约信。

访谈结束时,我们俩走出房间,来到大厅。面对着巨大的法

---

[1] 宝拉·阿巴杜是一位美国歌手、舞者,"异性相吸"是她的一首同名歌曲 Opposites Attract 的主题。——编者注

庭，丹泽尔就像一只被单独留在店外的受惊的小狗，扑向我们，开始大嚷大叫。他缠着我，不停地问接下来会发生什么，他会不会进监狱。我尽我所能回答：我会写一份报告，建议让他获得酒精康复团队的支持，以社区戒毒令的形式代替坐牢，不过最终还是要由法官来决定。我解释说，已经有了下个月的酒精康复治疗预约会增加法官的好感。尽管如此，丹泽尔还是不断重复同样的问题。他变得越来越激动，甚至变得相当具有威胁性。他用肩膀撞我，抓住我的手臂不放，要求我重复我已经给他的保证。我感到他的恼怒多于威胁（我们年龄相差大约 20 岁，他比我重了大约 20 公斤）。我掰开他的手指，把他推开。几个法庭保安人员低声交谈，从墙边向我们走过来。但我向他们挥手示意，让他们回去，没必要制造轰动。

在我的法庭报告中，我概述了丹泽尔的一些非常强烈的性格特征。他极度脆弱、情绪化、戏剧化且具有表演型人格。他还总是沉浸在某些创伤和相关的内疚中，而这一切都因他的酗酒而灾难性地加剧，导致了他的不当行为。

尽管律师提出了建议，我还是拒绝了创伤后应激障碍的诊断。为了给法庭提供指导，我指出，在《国际疾病分类》第十版（ICD-10，一种在英格兰精神病学中常用的分类系统，后被 ICD-11 取代）中，创伤后应激障碍"作为对具有异常威胁性或灾难性性质的压力事件或情况的延迟和/或长期反应而出现，可能对几乎任何人造成普遍的痛苦。例如自然灾害、人为灾难、战斗、严重事故、目睹他人暴力死亡，或成为酷刑、恐怖主义、强奸或其他犯罪的受害者"。这与丹泽尔的令人不安的经历不符。此外，尽管他心怀内疚，但他并没有出现真正的闪回（重温或重演创伤）。在我看来，这都否定了创伤后应激障碍的诊断。

相反，我认为丹泽尔的表现表明他患有慢性焦虑障碍，并伴有潜在的人格障碍：在如何看待自己和他人方面存在困难。这些困难是持续的和有问题的，对他的幸福感、心理健康和与他人的关系产生负面影响。我觉得他有边缘型人格障碍的特征，这是一种严重的精神疾病，会导致情绪、行为和人际关系的不稳定；这种诊断也适用于尖叫的乱涂粪便的抗议者斯特拉和在狱中多次严重自残的自我伤害者帕梅拉。我还发现了丹泽尔有一些表演型人格障碍的特征，其特点是过度寻求关注的行为模式，这种症状通常始于儿童早期，包括夸张的情感表达和过度渴望认可或保证。尽管我在早期培训中经常碰到这种情况，但它在罪犯人群中却是一种非常罕见的诊断。可能是因为过度寻求关注的人不善于保持低调并逃避警察，导致他们的犯罪生涯昙花一现。尽管我知道丹泽尔最终需要长期且密集的心理治疗来解决他的情绪问题，但我没有在报告中提出这个建议，因为他当时的精神状态显然不适合接受这种治疗方式。

我还得出结论，丹泽尔的饮酒模式有些与众不同，因为他并不依赖酒精；他没有任何戒断症状，在清醒的日子里也没有任何饮酒强迫症。然而，他可能被诊断为"有害性饮酒"；这也是《国际疾病分类》第十版列出的一种持续饮酒模式，这种饮酒方式会对身体或精神健康造成损害。这最终反映在他犯罪时的破坏性行为中。

至此，事情就简单明了了。我不太清楚的是丹泽尔的认罪辩护能力。一般来说，我不太喜欢愚蠢的人；如果我觉得有人故意不配合或试图破坏评估来假装虚弱，我就会把他们揪出来。毕竟，我抵挡住了乌克兰美女骗子达莲娜的眼泪。然而，这次感觉不同。我注意到丹泽尔变得非常痛苦，他太专注于恳求我写一份有利的报告，以至于很难集中精力进行有意义的对话。

经过一番考量，最后我认定丹泽尔具有认罪辩护能力。不过，我提醒法庭，他很可能会变得情绪激动，这将使审判过程变得非常具有挑战性。我建议为审判提供高水平的支持，包括安排一个中间人（一个中立的调解人，在被告和法律专业人员之间促进沟通）和定期休息。另外，我觉得关于他是否具有认罪辩护能力的判断就像扑克术语中的"抛硬币"（coin flip）[1]一样，结果是五五开。我甚至在报告中承认，如果另一位独立的精神科医生认为他不适合认罪辩护，我完全支持这一不同意见。

检察官对我的立场感到不满。他指责我"磨磨叽叽"（这是他用的词——我不认为我曾大声说过这个词）和"骑墙观望"。他似乎觉得我认为丹泽尔的认罪辩护能力已经接近临界点的判断是优柔寡断，并暗示我的评估在临床上是不可靠的。在他的交叉询问下，我运用了说脱口秀的技巧。我平静而缓慢地发言，充满自信，吐字清晰标准。我确保自己不会驼背或过度眨眼，并着重强调了我的要点。

---

[1] 在扑克术语中，"coin flip"指的是一种概率几乎对半分的牌局对决。也就是说，双方获胜的可能性非常接近，就像抛硬币决定胜负一样。——译者注

法庭

"你怎么能保证周先生在庭审时不会开始哭着躺在地上呢？如果他就是这么对你做的，达斯医生？"

"我无法保证。我的理解是，法庭并不是要求我做出任何保证，而是要求我就可能性的判断发表意见。正如我在报告中所说，丹泽尔确实有崩溃的风险。但是，总的来说，我相信如果法庭遵循我的建议来支持他，这种行为是可以控制的。"我心想，这番发言应该击倒了挑衅者。

基于我的证词，法官同意了社区令。然而，令人遗憾的是，我从一位同事那里得知，几个月后，尽管刚刚躲过了监禁，并参与了康复治疗，丹泽尔还是喝醉了，并再次拨打了急救电话。显然，法官的耐性也达到了极限，丹泽尔被关进了监狱，不过只关了四周。我不敢想象，在如此严重的焦虑状态下，他将如何应对监禁。我只希望这次经历能够迫使他重新审视自己的错误，并控制他未来的戏剧性行为。

# 第 29 章
# 困 惑

在医院工作的那段时间里，我习惯了在查房时和其他专业会议上反复讨论个别病人的问题。我会寻求其他医生、护士、职业治疗师、社会工作者和心理学家的不同意见。"三个臭皮匠，顶个诸葛亮。"但我在撰写法医报告时，像一匹没有后援的孤狼。坦白说，大多数时候我对自己的结论很有信心。然而，像丹泽尔这样棘手的"抛硬币"案例偶尔会让我感到困惑，我觉得我需要一个平台来与其他精神病科专家讨论我的工作。

我联系了几位同行，创建了北伦敦法医论坛。我们每隔几个月会召开一次会议。在会面之前，我们每人会分享一份我们接手的特别具有挑战性的案例的报告副本，并隐去客户的姓名以保证隐私。然后，我们会轮流批判性地分析对方的报告。游戏规则很简单：礼貌，但要严苛。这里欢迎不同的观点，目的是挑战彼此的思维，从而锻炼我们的法医学方面的专业能力，最终提高我们未来所提供证据的质量。虽然我的报告中没有明显的漏洞，但我的同行指出了一些需要改进的地方，我已经采纳了这些建议。这包括在每份报告的开头写一份结论摘要，以防法官只想略读它，并且还包括更深入地探讨特定创伤的情感影响，而不是仅仅机械地描述细节。我提交给论坛的第一个报告是令人困惑的巴里·马利根先生的案例。诊断结果相对明显，但法律问题存在争议。

我知道其他专家偶尔会未能按时提交报告，迫使法院将案件延期几周审理。在我看来，这是对刑事司法系统的不尊重，对被告和受害者也不公平。我想起了前文提到的萨拉·里德的悲剧；2016年1月，她在霍洛韦监狱自杀身亡，当时她正在无限期地等待接受一项关于是否适合出庭受审的评估。直到今天，我从未错过提交法庭报告的截止日期，尽管在巴里·马利根的案件中，我差一点就错过了。前一周，我见过另一个名叫布赖恩·卡拉根的男人，他殴打了他的妻子。这是一个相对简单和平淡的评估（是酒精导致了他的不端行为，而不是精神疾病）。我被众多案件分散了注意力，在家陪孩子们玩耍，回答他们那些无聊的问题：当时五岁的卡姆兰对恐龙非常着迷，不停地问我两个恐龙物种在战斗中哪个会获胜（我编了一个答案，他没有怀疑，也没有能力来挑战我）。虽然我当时不想承认，但我确实也专注于脱口秀。不仅仅是参加演出，回看我的视频和打磨我的素材也占用了我的时间（也许，现在回想起来，我有点过于狂热了）。我把两个客户的名字搞混了，以为他们是同一个人。直到律师发来巴里·马利根的补充医疗记录时，我才意识到这一点。我正要回复他们说他们搞错了，因为我已经提交了报告。翻看我的电子邮件时，我突然意识到自己的错误。那是星期四的早上，报告必须在周五结束前提交。那天晚上我有一场演出，我不愿意取消。这不仅有失礼仪，而且我已经在伦敦北部克劳奇恩德颇负盛名的国王头像剧院楼下新喜剧演员的候补名单上排了四个月。在一阵疯狂的电话之后，我设法安排了那天下午与巴里的会面。

巴里是一个20多岁的男同性恋，感染了人类免疫缺陷病毒，来自南威尔士。他之前被诊断出患有双相情感障碍和注意缺陷多动障碍。我在与他会面前的几个小时里，紧急地翻阅了他的医疗记录。我认为这些记录揭示了一个充满问题的童年。巴里曾经纵火，还曾为了得到母亲的关注故意吞下乐高积木。他曾经用石头砸死他的宠物豚鼠。他在一个充满瘾君子、暴力、帮派和贫困的环境中长大。他是五个兄弟姐妹中的一个，其中两个死于过量吸毒。青少年中期，为了逃避继父的虐待，他和母亲搬到了伦敦。从那时起，巴里开始定期吸食违禁药物，包括在21岁左右整整一年的时间里每天吸食毒品。冰毒、γ-羟基丁酸和甲氧麻黄酮是他首选的毒品。他断断续续地接受社区戒毒治疗，但偶尔还是会复吸。"当我悲伤、愤怒或无聊时，我会复吸，而我几乎总是有这些感觉。"他向他的上一位精神科医生说。

巴里的犯罪记录很少，2012年因酒驾受到过一次警告。当我见到他时，他正面临一项致人身体受伤的袭击指控。2019年圣诞节刚过，他因一场争吵被赶出了祖父母家，然后在苏荷区的街道上徘徊。他遇到了一个陌生男人，然后到这个人的家里发生性行为和吸毒（但据称没有摇滚乐）。他们做了一个"踢屁股"。我不得不承认，天真的我以前从未听说过这个，这听起来很有趣。我在谷歌上搜索了一下，发现它是将一种毒品（通常是冰毒或可卡因）与水混合，然后通过注射器将其注入肛门。我想，不用了，我还是坚持用嘴巴喝我的榛子卡布奇诺吧。

法庭

当我在图书馆后面这间略显脏乱、狭小的办公室（这是我能在如此短的时间里找到的最好的地方）里对他进行评估时，巴里解释说，在体验"踢屁股"后，他变得越来越多疑，担心警察会突袭公寓搜查毒品。他还开始出现幻觉；他看到了龙，听到了咆哮声。他的新欢毫不意外地让他离开，所以巴里去了另一个男人的家，根据案件记录，这个人涉嫌贩毒。他的精神错乱症状更严重了。他的表妹克拉丽斯收到了巴里求救的短信。他让她去那个地址，还声称自己的内脏在燃烧。克拉丽斯狂奔了一英里来到伦敦市中心的一间公寓，在外面的街道上就能听到里面传来的尖叫声。她循着尖叫声来到公寓里一个上锁的浴室。她强行闯入，踢开房门，发现巴里赤身裸体地躺在浴缸里，神志非常混乱，反复声称自己着火了。由于极度焦虑，他完全忘记了自己发过那条短信，还怀疑克拉丽斯是凭空出现的。他以为她来这里是勾结了警方，想要逮捕他。他拿着一把剪刀，朝自己的脸颊刺去。克拉丽斯惊呆了，想要赶紧逃离那里，于是她把视线从巴里身上移开，从地上拿起了他的衣服。她感到头部一侧一阵剧痛。她甚至没有意识到他刺伤了她，直到她感觉到鲜血从耳朵上流下来。克拉丽斯报了警，讽刺的是，这正好满足了他的妄想。毒贩吸了一整天的大麻，已经睡着了，根本不知道克拉丽斯在他的公寓里。他被已经传到了他厨房的打斗声吵醒。他急忙把他们俩赶了出去。除了不想引起警察的关注之外，我想一个流血的裸体男人和一个流血的陌生人一定让他从嗑药的昏沉状态中清醒了过来。警察迅速在街上逮捕了巴里，并把他们俩都送到了医院。克拉丽斯的伤口比较浅，只需要在医院用医用组织黏合剂进行黏合处理。巴里缝了 12 针。

清醒后，巴里对事件的记忆断断续续。他知道自己弄伤了自己，不过他说如果他打了克拉丽斯，那一定是无意的，因为他在疯狂的状态下失控了。他的表妹后来撤销了指控，但皇家检察署仍在追查此案。我怀疑他不愿透露毒品来源的行为可能激怒了他们。

尽管在评估过程中巴里闪烁其词，总是在为自己辩解，但他还是勉强地回答了我所有的普里查德标准问题。因此，我认为他适合出庭受审。他一直强调，他不记得自己在犯罪过程中的行为，似乎在暗示他不能因此被判有罪，这显然是错误的。

评估进行得很顺利，几个小时后我在克劳奇恩德的演出也是如此。我和坐在前排的一对吵闹的醉酒夫妇开了一些玩笑。然而，我无法完全享受其中，因为我知道有一份庞大的报告正等着我。我不得不熬了一整夜，不过我确实按时完成了报告。我那总是做出牺牲的妻子里兹玛甚至在第二天早上帮我完成了原本由我负责的学校接送。

在形成报告意见的过程中，我意识到巴里在第一次体验"踢屁股"后引起了药物性精神病。我的鉴别诊断（最有可能的替代解释）是，他的躁郁症复发了，但这不太可能，因为它不应该来得如此突然。我强调说，关于所谓袭击的确切细节似乎尚不清楚。如果法庭认同巴里是不小心刺伤了他的表妹，那么他就没有犯下被指控的罪行（这需要基本意图）。但是，如果法庭接受控方的说法，我也考虑了以精神失常为由的无罪辩护。根据具体的法律标准（《麦克·纳顿条例》），我认为巴里在涉嫌犯罪时患有精神疾病引起的心智缺陷（他明显的精神错乱症状）。虽然他知道行为的性

法庭

质和后果，但由于他当时担心自己的生命安全，并且他似乎是在自卫，因此他可能并不知道这是错的。在写下我的结论时，我考虑到在许多情况下，如果被告的行为是自愿使用毒品的直接后果，法庭可能不会接受精神错乱抗辩。但本案比较棘手，巴里的行为与实际的精神病（他的妄想）有关，而不是纯粹吸毒引起的精神错乱所致。我意识到在完成我的报告之前，我需要做更多的研究。我读得越多（终于在购买近五年后打开了我的那本厚厚的法医精神病学教科书），就越困惑，似乎有多种可能性和不同的法律解释方式。这是否意味着巴里可以接受精神错乱辩护？我认为他不能，并煞费苦心地详细阐述了我的推理过程。

几周后，我在北伦敦法医论坛的第一次会议上向我的同行们介绍了这个案例。那天还有其他三位精神病学家出席（不过我们的人数后来有所增加）。我们聚集在玛乔丽家的外屋，她是一位亲切友好的50多岁的苏格兰女士。我的一位同行——一位聪明伶俐、刚获得资格认证的顾问，名叫詹姆斯，他有着一头蓬松的头发——支持我关于精神错乱辩护无效的观点。玛乔丽建议我应该忽略巴里的陈述，因为他在当时显然处于嗑药的状态，因此并不可靠。她认为这个辩护理由根本不成立。虽然她得出了和我一样的结论，但我不同意她的逻辑。我认为决定巴里是否可靠应该由法庭来判定，而不是我。第三位精神病学家弃权了。

对于这项任务，我只被问及巴里是否适合出庭受审。我没有被要求就案件的处理方式发表意见，即他应该去医院、监狱，还是在社区服刑。这可能只是律师的疏忽，或者他们担心我的建议可能对他们的客户不利，因此不希望我提出。我本能地在报告中指出，虽然我没有被指示发表评论，但我相信我的建议是有用的。我建议下达社区令，要求巴里接受精神治疗和戒毒康复治疗；条件可以包括巴里必须定期去社区心理健康团队就诊，持续而不是偶尔服用治疗双相情感障碍的药物，戒断非法药物（可以通过定期的尿液药物筛查来加强），以及预约并参加戒毒康复服务。考虑到巴里以前没有暴力犯罪的记录，而且他的袭击似乎与吸毒直接相关，我认为这样做是公平的。这一次，詹姆斯认为我越界了，因为我对指示之外的问题发表了评论。然而，玛乔丽同意我的观点，她认为无论我的委托律师是谁，我的义务都是对法庭负责。

尽管对我的报告进行分析后，我的同行们几乎没有达成共识，但在某种程度上看到存在各种意见和观点也让我感到欣慰。我意识到精神病学，尤其是专家证人法医工作，充满了灰色地带和不同的解释。我可以有困惑。只要我诚实、中立和客观，只要我在我的证据中详细说明我所有的难以抉择的困境和相互矛盾的观点，有时就没有绝对正确的答案。

不幸的是，大约在这个时候，脱口秀带来的新鲜感和兴奋感逐渐消失了。随之而来的是，我的全部乐趣也消失了，这反映了我对其他爱好的态度，也许还暴露了我性格上的一个缺陷。偶尔从"炸场"演出里获得的兴奋感，被罕见的糟糕演出带来的巨大失望所掩盖。之后的好几天里，我都会反复思考我的失败。我天生就不是干脱口秀的料。我太急于求成了，对失败太在意了，给自己施加了太多渴望成功的压力。观众经常寥寥无几，这也让我很沮丧。没有什么比一个喜剧演员在一个几乎空无一人的房间里，试图逗寥寥无几的付费观众（我猜这是个集体名词）更尴尬的了；

法庭

也没有什么比一群想成为喜剧演员的人在一个完全空旷的房间里互相排练他们的段子更令人绝望的了。但最终，**时间**才是结束我短暂的第二次喜剧生涯尝试的关键因素。巴里·马利根的报告差点出错，给我敲响了警钟。我不情愿地承认，深夜演出不可避免地会导致第二天早上昏昏沉沉。我的咖啡因和尼古丁摄入量不知不觉地增加了。我不能在工作中马虎，所以必须有所放弃。当然，我也可以选择偶尔涉足脱口秀。然而，我知道我的自尊心让我难以接受看到周围的其他开放麦演员进入更高规格的演出，而我却只能停留在拥挤的等级制度的底层。

我在六个月内演出了大约40场。我的妻子非常支持我，从来没有给我施加压力让我停止演出，尽管我那么多个夜晚不在家，躲过了那么多次睡前家庭时间，对她一定造成了影响。这是一次醍醐灌顶的经历（四颗星）。它不仅给了我一个了结，让我对这种艺术形式给了应有的尊重，而且让我成为一个更好的专家证人（诚然，是在不知不觉中）。当我确切地知道自己不是什么未经雕琢、注定要成为超级巨星的喜剧天才时，我感到了一丝安慰。不过，我还是相当不错的。任何对此有所怀疑的人都可以在 YouTube 上找到我的视频。

# 第 30 章
## 心灵创伤者的精神科医生

随着脱口秀从我的生活中消失，我需要新的刺激。我确实喜欢与里兹玛和孩子们在一起。现在孩子们不需要被我们过多照顾了，偶尔可以去祖父母家住一段时间，我的社交活动也有了小规模的恢复。偶尔参加锐舞派对、说唱或喜剧演出（作为观众，而不是想成为喜剧演员）是绝对可行的。我继续坚持锻炼。我现在已经 40 多岁了，尽管我试图用一个前卫的发型来掩饰这一点。虽然我感觉自己的头脑很敏锐，但我的身体却跟不上了。2019 年夏天，我的脚踝扭伤了，花了几个月的时间才恢复过来，不久之后，我又因为举了过重的重量而患上了严重的颈椎间盘突出症（这再次反映了我的天真，以为事情比实际情况要容易）。我的痛风也经常发作。虽然急性发作时我可以毫不犹豫地服用秋水仙碱，但起初我并不愿意服用预防性药物。我觉得每天服用药物就像承认自己失败：我知道这很讽刺，因为我给病人用药，并强烈鼓励他们接受自己得到的诊断。不过，我仍然觉得自己还很年轻。我的大脚趾才不管我拒绝承认衰老的问题，每隔几个月就会让我剧痛一周左右。即使在我几乎无法行走的情况下，我也羞于打电话给我工作的NHS法院请病假。对我来说，痛风听起来是最蹩脚的借口，字面上和比喻意义上都是如此。因此，我会蹒跚着走进去，慢慢地走，以掩饰我的跛行。在痛风让我无法运动的那段时间里，我的情绪一落千丈，整个人也变得萎靡不振。在第九次或第十次发作后，我认输了，吃了药。好吧，脚趾，你赢了。

除了家庭、社交和锻炼，我还需要一项属于自己的活动。我逐渐明白，当我痴迷于某件事或朝着某个目标大步迈进时，我才会感到最充实。这些年来，我在《赫芬顿邮报》的博客上发表了一些文章，虽然这样的工作有些零零散散。我参加了几集日间电视节目《谋杀、悬疑和我的家庭》，该节目从两位著名律师的角度，利用当前的法律框架，研究臭名昭著的旧谋杀案。我对一些犯罪者的精神健康问题发表了我的看法，并探讨了当时不存在的精神病辩护是否适用于现在，反之亦然。我参与讨论了1937年10月阿尔伯特·贝克在船上被沃尔特·史密斯枪杀的事件，后者据说是他最好的朋友（谁还需要敌人呢？）。史密斯在诺里奇监狱被处以绞刑。他在法庭上尝试了现在已经失效的精神病辩护——"酒后狂躁"。然而，这种辩护的特点是描述其行为非常疯狂、随机且无法解释，在我看来，这种行为与史密斯冷酷而有计划的行为形成了对比；他用一把单发子弹枪射中了贝克三枪，这意味着他必须装填两次子弹，然后带着他的钱逃之夭夭。我还为第五频道关于布罗德莫尔精神病院的纪录片提供了简短的评论，并对他们的一些非常知名的历史病人进行了心理解剖，包括查尔斯·布朗森和罗尼·克雷。

布朗森当然是一个极具魅力的性格扭曲的人。他可能是英国最臭名昭著的囚犯之一，1974年因持械抢劫被定罪，最初被判处七年监禁。由于行为不端，他在多个监狱和布罗德莫尔精神病院被关押了40多年。他曾袭击狱警和其他囚犯，破坏监狱财产，并劫持了多名人质。其中包括这样一起事件，我不是在开玩笑，他强迫他的人质用羽毛挠他的脚，并用午餐托盘打他的头。暴力通常具有目的性（为了明确的目标，例如获取金钱或提高自己的社会地位），或表达性（无计划的愤怒或沮丧行为）。在我看来，布朗森两者兼具。此外，他似乎真的很享受经常使用暴力。不是为了发泄愤怒，而是几乎作为一种生活方式。它不仅是实现目标的手段，而且实际上是目标本身。在纪录片中，我提出他利用自己的侵略性来维护自己的形象，并获得恶名和关注。他和罗尼·克雷在布罗德莫尔成了朋友。他们制作了一部关于布朗森的电影，由汤姆·哈迪（巧合的是，他还主演了另一部关于克雷双胞胎的电影）主演。布朗森以某种方式设法打入了流行文化圈。他甚至在狱中结婚，这对我来说比他18天的绝食抗议更令人印象深刻。如果没有他的名声，这一切都不会发生，而他是用拳头赢得这一切的。我很希望能有机会亲自对布朗森进行评估。但话说回来，他很有可能会劫持我为人质，甚至可能强迫我用羽毛做一些不可思议的事情。

除了纪录片，我还偶尔接受报纸的采访，并作为嘉宾出现在一些播客和零星的广播节目中，包括马修·赖特的节目和第四电台。我最离奇的媒体经历应该是参加一个现代嘻哈主题的游戏节目，名为《别恨浪荡子》(*Don't Hate the Playaz*)。我必须在一个巨大的仓库里与另一位医生进行说唱对决，现场观众都在呐喊助威，他们大多数人的年龄只有我的一半。这确实就像听起来那样尴尬和荒诞。

虽然我很喜欢在媒体上露面,但我还是觉得有些不对劲。大多数时候,人们问我的问题都不是我专业领域内的。例如,马修·赖特非常热情友好,但他关注的是连环杀手的动机。他想知道我是否认为安德斯·布雷维克(挪威右翼极端分子,2011年7月22日先用炸弹炸死8人,又射杀69人)天生就是邪恶的,以及他是否还有可能改过自新。虽然我很乐意回答他的问题,但这些问题更多地带有哲学和评判性质,而非专业性质。"天生邪恶"不是一个临床概念。此外,他的问题也不太能代表我的病人群体。事实上,我接触过的唯一犯下多起杀人罪的人只有埃尔金,他夺走了三个伴侣的生命。然而,根据最广为接受的定义,连环杀手是指杀害三个或三个以上随机受害者的人,通常是为了获得不正常的心理满足感,而不是出于对熟人的愤怒。同样,其他采访者似乎也在提一些哗众取宠的问题,想知道各种袭击和谋杀的可怕细节。当然,这是我工作的一个方面,在刑事案件中,为了进行法医鉴定,有必要对此进行审查。平心而论,我能理解人们对恐怖事件的迷恋;毕竟,这也是我从事这一行的动力。然而,让我感到不安的是,没有人问及某些公认的精神疾病的症状是如何导致犯罪的。最关键的是,也很少有人询问康复过程的情况。这才是我所工作的系统最终的目标,我想宣传成功案例并教育公众。如果我只讨论我的研究对象所犯罪行的血腥细节,而不讨论他们是如何克服精神疾病并重新融入社会的,那我岂不是在助长污名化,而不是解决它?我觉得我的病人没有被赋予发言权。就像那些患有常见精神疾病的名人一样,他们似乎赶在宣传他们的新书或新专辑的时候正好康复了。

解决办法显而易见，我得创作自己的素材。2020 年 9 月，我开设了自己的 YouTube 频道——《心灵创伤者的精神科医生》（A Psych for Sore Minds）。我剖析了与心理健康相关的各种主题。一些片段聚焦于个别症状和诊断，如幻听和药物引起的精神病，我甚至用巴里的故事作为案例（当然，我对他进行了匿名化处理，就像我在本书中所做的那样）。在其他一些片段中，我梳理了备受瞩目的案件中复杂的精神问题，包括布兰妮·斯皮尔斯被监管事件；在她精神崩溃后，她的父亲代表她做所有的财务决定并从中获利，尽管她显然有能力录制专辑和巡演。我回答了来自互联网上关于精神疾病的问题，"猫会患精神分裂症吗？"是我最喜欢的问题之一。我还采访了患有各种疾病的人，包括创伤后应激障碍患者和精神病患者，我还与被强制住院的人交谈过。我想了解他们在医院的经历。我认为听取双方——精神科医生和病人、拘留者和被拘留者、强制执行者和被强制执行者——的观点会很有启发意义。我不怕问他们关于我职业的不舒服的问题，比如他们是否觉得他们的精神科医生平易近人、知识渊博且乐于助人。虽然我确实谈到了我个人评估过的案例，但我对其中涉及的人物进行了身份隐藏，并会更改人口统计细节（同样，就像我在本书中所做的那样）。我很快就意识到，评论那些已经公开的备受瞩目的刑事案件要容易得多，因为我说话时受到的限制较少。我做到了专注于通过我的专业视角讨论精神问题，而不是像许多 YouTube 真实犯罪频道已经做的那样，仅仅描述那些引人入胜的细节，尽管这个方法对他们来说非常行之有效。

让我触动最大的是安德烈亚·耶茨的案例，我很早就在我的频道里报道了这个案例。她是一名护士,于2001年6月20日在得克萨斯州休斯敦杀死了她的五个孩子。在那个灾难性的早晨,她的丈夫起床去美国国家航空航天局(NASA)上班。耶茨在孩子们吃早餐时,有条不紊地一个接一个地淹死了他们。他们分别六个月大、两岁、三岁、五岁和七岁。可悲的是,她七岁的儿子显然意识到发生了什么事,并试图逃跑,但被她抓住了,并遭受了与他的弟弟妹妹相同的可怕命运。我制作视频的时候,我的大儿子七岁,耶茨儿子逃跑的画面刺痛了我这颗麻木的心。她亲自打电话给急救中心,承认了自己的所作所为,还给她的丈夫打了电话。她后来报告说,两年来她一直在考虑杀死他们,因为她认为他们发育不正常,并且已经被撒旦打上了烙印。她觉得只有结束孩子们的生命,才能将他们从地狱中拯救出来。耶茨还出现了其他明显的精神病症状,例如她认为电视里的卡通人物在告诉她,她是一个坏母亲。她还出现了幻听,有声音命令她拿起一把刀。她甚至看到监狱的墙上挂着带有撒旦形象的泰迪熊和鸭子。

我着了迷似的深入研究了耶茨的背景。她曾在癌症中心做过八年的护士。她和她的丈夫都有坚定的宗教信仰,她每周主持三次《圣经》学习之夜。他们向一名宗教激进主义传教士寻求精神指导,这名传教士宣扬地狱、硫黄火刑和诅咒。我不认为宗教本身是耶茨患上精神疾病的诱因,但我确实想知道,这种散布恐惧的言论是否渗入了她的意识,加剧了她的妄想。

有趣的是,在20世纪90年代中期,也就是杀人案发生的七年前,耶茨在生下第一个孩子后开始出现涉及刺伤的幻觉。在她的其他孩子出生后,她似乎也经历过多次精神病发作。在她的第

290　　谁有病?谁有罪?

四个孩子出生后,她还曾企图服用过量药物自杀。她被送进了医院,但令人震惊的是,在完全康复之前就出院了,因为她的保险公司不愿支付她继续住院的费用。

在2001年初,发生杀人案的几个月前,耶茨的父亲去世了。她的病情每况愈下。她不吃不喝,无视她的孩子。她还开始拔自己的头发。她说有摄像机在监视她。她第三次被送往医院,10天后出院,尽管她情绪低落且沉默不语,出院显然是因为她的睡眠和饮食情况都有所改善。在我看来,让她出院的时间太早了,简直荒谬。耶茨出院后又被送往医院,令人惊讶的是,她的精神科医生开始让她停用抗精神病药物。在我看来,这又是一个令人震惊的错误。考虑到对孩子的潜在风险,我会让任何服用抗精神病药物的病人至少服药六个月,然后再考虑减少剂量,即便如此,我也会非常谨慎地逐步减少剂量。

耶茨被诊断患有重度抑郁症、精神分裂症、分裂情感障碍、双相情感障碍和产后精神病。产后精神病也被称为产褥期精神病,非常罕见,每一千名新产妇中有一到两名患有此病。这种类型的精神病比其他类型的精神病发病更快、更强烈,并且有自杀和伤害婴儿的风险。它以躁狂症状、昏迷或紧张症为特征,同时伴有妄想、幻觉和意识模糊等症状。患者通常在六周到十周内可以完全康复。抗精神病药物或电休克疗法是通常的治疗方法。后一种疗法经常受到诋毁,尤其是因为在遥远的过去,它是在野蛮的条件下(没有麻醉剂)进行的。但与人们的普遍看法相反,在特定情况下,如针对产后精神病,电休克疗法实际上非常有效。

根据我的研究,耶茨的精神科医生在谋杀发生前两天告诉她

法庭

必须"往积极的方面想",在我看来,这是完全无用的建议。他还不如建议她尝试顺势疗法或去看巫医。

碰巧的是,得克萨斯州使用与英国相同的"因精神失常而无罪"法律:《麦克·纳顿条例》。在将近一年后对耶茨审判期间,她试图以此为自己辩护,尽管最初被驳回,她被判处监禁。这让我感到困惑,因为证据似乎表明这是一个明显的可以使用精神错乱辩护的案例。毫无疑问,耶茨的家人聘请的律师表示:"如果这个女人在本州都不符合精神错乱的标准,那么就没有人符合了。我们不妨把它从法律条文中删除。"我同意他的说法。也许她的罪行太不可饶恕了,以至于陪审团根本不在乎她是否有精神疾病,只是想让她像她的孩子们一样受苦。

然而,耶茨案在2006年获准重审,原因是我的同行之一迪茨医生提供的专家证词有问题。迪茨医生是一位被检方聘请的法医精神病学家。首先,他在产后精神疾病方面并没有特别的专业知识背景。更令人吃惊的是,他自1982年以来就没有治疗过任何患者。他似乎在他的领域里相当有名,曾为一些备受关注的案件提供过证据,例如杰弗里·达默("密尔沃基食人者",一个被定罪的美国连环杀手和性犯罪者,在1978年至1991年谋杀并肢解了17名男性)的案件。迪茨医生曾担任《法律与秩序》等热门电视节目的私人顾问。他做证说,就在谋杀发生前不久,有一集讲述了一位患有产后抑郁症的母亲溺死了自己的孩子,并因精神失常而被判无罪。我想他是在暗示耶茨是从节目中得到的灵感。然而,在他做证之后,事实证明并没有播出过这样的节目。

正如我在视频中所说,我个人认为产后精神疾病是一个非常小众的领域，只要医生对诊断一般的精神病有信心，并且对精神病辩护有很好的理解，就不需要这个特定领域方面的专家。一些专家从临床实践工作中"退休"也是合理的。但话虽如此，20年的时间足以让一个人的技能退步。迪茨医生显然认为耶茨一定知道她所做的事情是错误的，因为她表达了这样的信念：是撒旦而不是上帝命令她杀死她的孩子。他承认她有精神疾病，但不认为她的病很严重。正如我在节目中所说，这与证据公然相悖。据称，她感到不得不听从撒旦的命令，并相信将她的孩子们从地狱中拯救出来的唯一方法就是杀死他们。所以，在她错乱的脑海里，她认为她所做的是正确的。从更简单的角度来说，我觉得这说不通：他似乎在争辩说，如果有人精神错乱，听信了来自上帝的声音，他们应该去医院接受治疗，但如果是来自撒旦的声音，他们应该去监狱（或者甚至可以被处决，因为这是在美国）。

当然，在报道这个案例时，我的脑海里浮现出了亚丝明的影子，她闷死了自己的侄子，因为她认为自己是在为他驱除恶魔。像对待亚丝明的案子一样，我对耶茨深感同情。听到在谋杀发生前为她治疗的精神科医生们的无能，我感到震惊和愤怒。即使是现在写下这些，也让我感到义愤填膺。对于同行因病人实施暴力而受到批评，我可能会自然而然地产生防卫心理，因为我知道很多病人都是不可预测的，而且通常只有极少数明显的风险因素。然而，根据我的研究，负责治疗耶茨的专业人员显然是无能的，而且很可能是消极治疗。精神科医生尽其所能为具有挑战性和危险性的病人群体服务，偶尔会出现悲剧性的结果，这与那些似乎根本没有尽力的精神科医生之间存在着巨大的差异。这听起来可能有些夸张，但我认为不可否认的是，耶茨的孩子们的鲜血至少有一部分沾在了不愿为她支付继续治疗费用的保险公司的手上，更重要的是，沾在了那些冷酷无情的专业人员的手上，包括迪茨医生。在我的视频中，我毫不犹豫地抨击了这些"江湖骗子"的糟糕治疗。我相信所有的精神科医生，包括我自己，都应该为自己的行为负责。

在制作关于安德烈亚·耶茨的节目时，另一个引人关注的方面是一些评论中对她的谩骂。坦白说，互联网并不是以理性发声著称。许多观众完全没有抓住重点，无视她的精神疾病对她的行为造成的毁灭性影响。他们只把她看作一个谋杀了自己孩子的邪恶女人。正如一位评论者简明扼要地说的那样："她应该在地狱的熔岩中被活活煮死，永世不得超生。"我怀疑这种态度确实存在，而我的 YouTube 频道使它们以"白纸黑字"的方式呈现了出来。这些正是我作为一名精神科医生在专业领域，以及现在作为一名初出茅庐的视频博主在个人方面，一直在努力解决的态度和污名化问题。不知何故，我忍不住去想象，如果亚丝明收到这样的评论会怎样——无论是在关于她的案件的新闻网站上，还是从认识她的人那里，甚至可能在公共场合。我想象着这对她来说是多么令人沮丧，又是多么彻底的伤害。这在现实生活中可能发生在她身上，也可能没有发生在她身上，我永远不会知道。然而，这是我脑海中挥之不去的画面。

显然，我在制作视频方面还有很多工作要做，但至少我找到了一个新的使命。这个使命不像说脱口秀那样以自我为中心，也不那么自恋。

# 第 31 章
# 诱捕猎食者

当我开设我的 YouTube 频道《心灵创伤者的精神科医生》时，我担心自己会没有主题和案例。事实上，我遇到的问题恰恰相反；我想出点子的速度比我制作视频的速度还要快（目前我的清单上已经列出了 100 多个未来可以制作的主题）。几个月后，也就是 2020 年圣诞节前不久，我接到一个有争议的法医鉴定任务。阅读案卷时，我立刻就想制作一期关于它的节目。我知道，如果安德烈亚·耶茨的故事考验了我观众的道德敏感性，那么这个故事也会让他们看得津津有味。

凯·弗莱彻先生现年 29 岁，在考文垂获得保释，面临与诱奸相关的指控。几个月前，一个自称"未知电视台"的民间恋童癖狩猎组织通过脸书（Facebook）联系了一些男性，其中一些人显然有某种形式的精神障碍。凯是其中之一。这个组织的一名代表——一位中年妇女——假扮成一个名叫凯蒂的 15 岁女孩。她与凯在网上调情，并通过电话与他交谈。他们的谈话内容变得越来越露骨，并约好在一个高速公路服务区见面发生性关系。案卷记录显示，凯乘坐优步（Uber）去了那里，当他遇到一群身材魁梧的"未知电视台"男性代表时,他一定感到非常震惊,这些人拦住他并对他进行人身限制,直到警察赶到。我发现,这个过程被称为"诱捕"。

凯和他的律师说自己有学习障碍,尽管这一诊断尚未正式确认。这类障碍的特点是,由于智力受损,理解新的或复杂的信息或学习新技能的能力显著降低。其中一种突出的形式是孤独症(孤独症有其自身的独特特征):查利·韦杰就患有这种疾病,他性侵了一名带着坐在婴儿车里的婴儿一起等公共汽车的妇女。凯没有上过特殊教育学校,他的阅读和写作能力明显落后于同龄人,需要一对一的辅导,而这正是上述诊断的依据。

一个雨天的下午,我在考文垂的律师事务所对凯进行评估,他是一个身材瘦长的鬈发男人,看上去非常紧张。他只穿着一件T恤就出来了,浑身湿透,在整个评估过程中都在瑟瑟发抖,不停地搓着手。他的弟弟开车送他来,并陪着他参加了评估。他弟弟似乎不是自愿的,因为他一直在玩手机,只抬起头两次,第一次还是我进入大会议室的时候。

深入了解凯的背景后,可以肯定的是,确实有一些迹象表明他的一些能力缺陷可能导致他有学习障碍。他被认为不适合管理自己的财务,因此需要一个财务保护小组的指定人员每周给他一笔预算供他支出。这些专业人员为那些无法处理自己的事务并被认为容易受到经济虐待的人提供法律保护,即以一种授权书形式。几周前,我为我的频道制作了关于布兰妮·斯皮尔斯监管权的视频,比较了美国和英国的法律框架,所以我了解这方面的立法。显然,在包括他母亲在内的一些人利用他提取了大量资金后,有关人员才为凯安排了这项保护措施,尽管他不愿谈论此事。我只从他弟弟那里得到了一个耸肩回应。他抬起头，这是第二次，也是最后一次。根据少量的文件资料，凯在做预算方面很吃力，以前他把所有的钱都花在香烟和电子游戏上，连吃饭的钱都没有。凯也没有能力学习驾驶。然而，尽管如此，在其他方面，他没有任何问题，并且有一定程度的独立性；他能够自主地在当地四处旅行，与家人和朋友见面，而且可以自己做饭，以及进行基本的购物。有严重学习障碍的人通常很难保住工作。凯曾经是一名木匠，但他不是通过自己的能力而是通过父亲的关系得到了这份工作。我确实在想，他在服装选择方面表现糟糕，穿得像盛夏的时候一样，这是否也反映了他的低智商。当时，他的弟弟穿着一件很大的雨衣，上面闪烁着雨珠，雨水有节奏地滴到会议室的地毯上，持续了15分钟。10年前，也就是他19岁的时候，凯被迫与他17岁的女朋友同居，因为她怀孕了。他们有了一个孩子，但两人很快就分了，尽管凯仍然参与了孩子的生活。他以前的犯罪记录很不起眼：十几岁的时候，他曾被指控醉酒滋事和企图入室盗窃。

凯对这些指控给出了在我看来难以置信的解释，再次表明他的智力水平确实有些低下。他声称他的朋友用他的手机入侵了他的脸书账户，并发送了所有的色情信息（再说一次，谁还需要敌人呢？）。当我问他为什么要去高速公路服务区时，他回答说，还是这个朋友让他去那里的一家商店买一个手机充电器。根据我对高速公路服务区的了解，它们通常不会售卖一些专业商品。凯坚称，在他被逮捕之前，他对那些更露骨的不恰当的脸书信息毫不知情。

我注意到，在评估过程中，凯说了一些奇怪的自相矛盾的话。

这包括一些似乎没有理由撒谎的问题，例如他告诉我，他和一个前女友住在一起，后来又和一些朋友住在一起，尽管他有自己的公租房。后来他又说他和父母住在一起。我再次怀疑他可能受到了学习障碍的影响。当我询问他以前企图入室盗窃的事情时，凯告诉我，他曾经"借用"他父亲老板的钥匙进入了自己家的房子。我问他为什么老板的钥匙能打开他家的前门时，他耸了耸肩，告诉我这是一个巧合。

根据医疗记录，凯似乎从未接受过正式的智商测试，而智商测试可以明确诊断他是否有学习障碍。这类评估超出了我的专业领域，通常由经验丰富、合格的心理学家来完成。我知道法院不会为此而休庭，因为根据目前的等候名单，安排评估可能需要一年或更长时间。我的一些同行会在没有这项测试支持的情况下回避做出诊断。这对法院没有帮助。相反，我仔细权衡了证据，把重点放在关注凯的能力上，但是他的能力是多变的。我的结论是，虽然我不能绝对肯定，但在权衡各种可能性后，我认为凯有轻微的学习障碍。我排除了任何其他诊断，如人格障碍或药物和酒精问题。我还认定凯适合出庭受审，尽管坦白说他描述了一个不切实际的事件版本。

出庭律师问我凯是否形成了"mens rea"，这指的是犯罪意图，从拉丁语直译过来就是"罪恶的心"，也就是说，罪犯是否有意图地明知故犯。这适用于大多数犯罪，而非全部。例如，判定超速行驶不需要知道你是否了解速度限制，所以不知道这一点并不是一种辩护理由（我可以证明这一点，我曾多次以不知情为由提起上诉，但均未成功）。正如我在报告中煞费苦心地指出的那样，作为一名精神科医生，我不能就凯是否真的形成了犯罪意图发表意见（因为这是一个法律问题，完全由法院决定），而只能看他是否有能力形成犯罪意图。这听起来可能很迂腐，但我听说过一些可怕的故事，说同行们因为越过了提供专业证据的界限而在证人席上被质疑到体无完肤。尽管在这个案子里，律师们在指示中提出了错误的问题。在回答这个问题时，我专门测试了凯对法定性同意年龄的理解，他知道是 16 岁。我考虑了凯在性方面并非经验不足，他有过几次不同的恋爱关系，并与前伴侣育有一个孩子，还和她同居过一段时间。我还考虑了这样一个事实，根据我收到的脸书信息截图，凯曾多次公开表示，他担心与凯蒂见面，因为她太年轻了。

"请不要告诉你的朋友我们的'关西'（relashunship）。"他写道。

"好的，亲爱的。你可以做我的秘密男友。"

"不'却定'（shore）这样好不好。你什么时候 16 岁？"

"上个月才满 15 岁。"

"我们可以等到明年再见面。只是在网上做男女朋友。（'We cld wait and meat nxt yr. Just be online bf / gf.'）"

"但我现在就想要你，亲爱的。我想做。"

这种糟糕的拼写可能是学习障碍的另一个迹象。不过话说回来，也许像我这样的中年老古董无法理解现在的年轻人是如何互发信息的。

在权衡了所有证据后，我得出结论，凯有限的认知能力和智力水平不足以影响他形成犯罪意图的能力。换句话说，他的学习障碍可能会妨碍他对一些复杂概念的理解（例如他管理自己财务的能力），但他没有理由不能预见和理解他的行为产生的后果：他

法庭

与一名未成年女孩见面，意图发生性关系，而这是违法的。

律师们让我评估凯是否容易受到伤害和诱导。我觉得这个问题有点模棱两可。显然，他既容易受到伤害，也容易被诱导。他不会做预算，并且在经济上被自己的家人剥削，因此需要一个被委托人。据他所说，当他17岁的女朋友怀孕时，他显然是迫于压力才和她住在一起的，他不愿意这样做。因此，我认为总的来说，他比一般人更容易被说服进行性接触。此外，从脸书的信息中确实可以看出，是凯蒂主动进行调情，并提出性要求。

由于凯没有其他急性精神疾病（如抑郁症或精神错乱），并且已经了解了性同意年龄的概念，因此似乎没有任何理由将他转移到精神病院。至少从心理健康的角度来看，他没有什么需要治疗的。我建议，如果要把他送进监狱，可以考虑在监狱里为他提供专门的康复课程，这或许能够解决他未来可能面临的性犯罪风险相关的行为问题。英国皇家监狱和缓刑服务机构之前为囚犯设计的性犯罪者治疗方案是一个巨大的失败；2012年的研究表明，它并没有降低再次犯罪的概率，甚至可能略微增加了再次犯罪的概率，但直到2017年才被搁置。不过，凯可以选择更新的替代方案。当然，这需要他有一定程度的接受能力和动机。而在我进行评估时，他并没有表现出这种能力和积极性。他一直在否认这些指控，给出的借口充其量也只是与手机充电器有关。

虽然我在报告中已经尽我所能回答被问到的问题，但我仍然觉得我传递的信息很矛盾；我说凯是有罪的，但他同时也很脆弱，容易受到伤害。我没有像往常那样只检查一遍我写完的报告，看看是否有错别字和语法错误，而是花了几天时间反复琢磨。不，我是对的，我最终如此决定。凯就是那样的人，即使这些特点看起来很矛盾——至少表面上是这样。

结果是凯被判处短期监禁。我不知道凯是否接受了性犯罪者治疗，但我对此表示怀疑，因为他被监禁的时间很短。我对整个情况感到矛盾。可以说，凯有恋童癖倾向，这些倾向被暴露出来，他需要被监禁，以确保其他潜在受害者的安全。但话说回来，他似乎是被"钓"上钩的，而且他的学习障碍让他更难抵制诱惑，也难以思考自己行为的后果。他真的会危害社会吗？我想没有人能够肯定地回答这个问题。在这项指控之前，据大家所知，他并没有主动与未成年少女或其他任何人发生性接触。如果他不是被诱骗，他很可能永远不会犯罪。他当然不像查利·韦杰那样冒险，到处对陌生人动手动脚。我想，反驳的理由应该是，如果凯曾经处于一个可能引发误解的情境，比如在一个聚会上与一个年轻女孩在一起，他可能比其他人更容易做出不明智的决定。我不得不告诉自己不要想太多，要相信司法系统。

根据凯的律师的说法，"未知电视台"将目标锁定在脆弱的男性身上（包括一名30多岁患有慢性精神分裂症的男子，他在几个月前被诱捕），这也让我感到不舒服。这难道不是歧视吗？还是只有那些特别容易上当受骗的人做出了回应，因为他们不够精明，没有意识到自己被诱捕了？大约在这个时候，我对美国电视节目《诱捕猎食者》产生了兴趣，这个节目的设定与此类似。警察会设置诱捕行动，在互联网聊天室里设置陷阱，用淫秽的暗示性信息来引诱恋童癖者。然后他们会安排在一个装满隐藏摄像头的房子里进行性约会，警察会藏在那里。这有点像《偷拍镜头》，但节目

法庭

针对的是恋童癖者。然而，这些罪犯与凯不同。他们是怀有恶意图谋的猎食者，他们主动挑起了不恰当的聊天。这是一个吸引人的电视节目，但它很低俗，而且有偷窥的嫌疑。我觉得主持人克里斯·汉森油腔滑调，而且自以为是。很明显，他的审讯思路纯粹是为了让罪犯感到羞愧紧张，让他们坐立不安地当场编造一些可信的借口，以在某种程度上取悦观众。这个节目只是披上了心理调查的外衣。我有一点点感觉我好像在为这个扭曲的节目的宣传做贡献。

我实际上已经为我的 YouTube 频道撰写并录制了一段 20 分钟的关于凯的案例视频。这对我来说可不是一件容易的事，因为我对技术一窍不通。有一次，为了给硬盘腾出空间，我不小心删除了所有录制的视频素材。录制关于凯的案例视频花了我大约五个小时的时间。然而，当要在我的频道上发布它时，我在最后一刻改变了主意，决定不发布了。尽管像我所有的其他节目一样，我对被告进行了匿名化处理，并且添加了一些知识点（学习障碍的诊断特征和犯罪意图的概念），但我有一种强烈的预感，评论区会出现铺天盖地的对凯的指责和恶评。一些观众会忽视他的诊断结果和脆弱性，给他贴上掠夺性恋童癖者的标签，这一点从针对安德烈亚·耶茨和我的一些其他案例的漫骂就可以看出来。虽然教育大众、开展关于精神疾病的探讨和减少污名化是我频道的关键要素，但我不得不承认，我的自恋也是其中一个原因。因此，尽管凯永远不会知道，但我觉得为了至少有一部分是我自己的利益让他处于这种境地是毫无必要的，而且是不道德的。

在"钓鱼执法之神"的精心策划下，一个奇怪的巧合发生了。在见到凯之后的一个月内，考文垂同一家律师事务所的另一个类似案件出现在我的收件箱里。布拉德利·斯特赖克先生获得保释，面临两项试图与儿童进行性交流的指控，以及其他多项与持有不雅图片有关的指控。根据案卷记录，布拉德利被一名卧底警官欺骗，该警官登录了一个互联网聊天室，假扮成一名14岁的男孩。布拉德利私下给他发了信息，最初说自己16岁，然后改称19岁。事实上，他29岁，和凯一样大。在进行了一些关于游戏的闲聊后，布拉德利向目标（或者我应该说，"诱饵"）提出要求，索要裸照，并建议他们互相进行口交。警方随后获得了搜查令，在搜查他的房子时，他们在他的硬盘上发现了九张不雅图片。

他的辩护团队在给我的指示信中说，他被诊断出患有孤独症，但经过一番调查，我发现这一说法并不准确；这个诊断只是疑似，而非确诊。布拉德利曾向他的律师报告说，他认为这次交流只是角色扮演，而且以他过去使用聊天室的经验来看，用户实际的年龄比他们假装的要大，所以他认为这个"男孩"的年龄更大，而且"男孩"会知道布拉德利的年龄也更大。我被问及他的孤独症是否可以作为精神病辩护的依据，以及这是否使他更容易在网上与他人进行角色扮演。根据辩护声明，布拉德利断然否认制作了在他的电脑上发现的不雅图片，声称硬盘来自他多年前购买的一台二手笔记本电脑。

他的病历记录很少，只有几页，上面注明，他正在等待孤独症和注意缺陷多动障碍的评估。我觉得这很可疑，他在被捕一周后才向他的家庭医生询问这些病症，考虑到这两种疾病都是终生疾病，应该在他上学的时候对他影响最大。我"戴上侦探帽"，高度警惕地开始了评估。

我在同一家律师事务所、同一个会议室里见到了布拉德利，那里就是我对凯进行评估的地方。奇怪的是，他选择了与凯完全相同的座位。布拉德利是一个友好的、有些发福的男人，穿着非常时髦。他试图参与评估，但似乎很紧张，经常失去思路或让我重复问题。我注意到他与我有很好的眼神交流，这与孤独症患者的特征不符。他也能够非常清楚地表达他的想法和意见，并进行正常的交流。他很好地跟上了谈话的节奏，包括没有打断我：这不是注意缺陷多动障碍患者的预期行为。

布拉德利讲述了他的个人经历，因为他患有严重的阅读障碍，而且口齿不清，所以在学校时不仅有学习上的障碍，还受到可怕的霸凌。显然，他小时候有点难管教，无缘无故就会变得好斗和烦躁。他举例说，14岁的时候，他因为播放朋克摇滚音乐的声音太大而受到斥责，之后他就把邻居的轮胎扎了。他做过很多卑微的工作，比如当过比萨外卖员和汉堡王店员。他还曾误解过他人的行为，这导致他成为社交上的局外人，被同龄人排斥。例如，他讲述了上周发生的一件事，当时他独自一人在酒吧喝酒，随意地与一群陌生人攀谈，然后加入他们的桌子喝了几杯。他原本以为自己是受欢迎的，因为大家都在一起有说有笑，但突然有几个人让他离开，因为他侵占了他们的私人空间。布拉德利还告诉我，他有年轻人的兴趣爱好：他大部分时间都在玩电子游戏和与青少年聊天——他急忙补充说，"不是性方面的聊天"。当我问他是否有朋友时，他回答说，"当然，我有很多"，但随后解释说："这些都是网友，我并不想在现实生活中见到他们。反正我们可能都想去玩《使命召唤》游戏，那为什么要见面呢？"

说句公道话，有一些证据表明他的功能水平确实有限。布拉德利和他母亲住在一起，他母亲承担了大部分的家务活，如做饭、日常购物和洗衣服。他从未谈过恋爱，但他颇为羞涩地说："为了满足自己的需要，我偶尔会去嫖妓。"我还记得，在评估结束后五分钟，他急匆匆地跑回来，为自己使用"妓女"一词道歉，并坚持要求我在我的报告中说明他说的是"性工作者"。我照他说的做了，但我记得当时我想，这根本不是他最严重的问题。

为了协助法庭，我在报告中重点介绍了孤独症谱系障碍的常见症状。在我看来，布拉德利确实表现出了一些特征，包括难以调节情绪、只参与有限范围的活动和只有特定的兴趣爱好，以及社交技能有限。他可能还难以理解别人的想法或感受。然而，根据我的评估，他似乎并没有其他一些特征，包括难以进行对话、难以保持对话中的自然互动、很容易对喜欢的话题发表长篇大论。我还注意到，布拉德利能够与我进行良好的眼神交流，而且我们的互动中也有正常的社会礼节，这些因素与提出的诊断不符。就像凯可能有潜在的学习障碍一样，关于布拉德利的证据也是错综复杂的。在考虑了所有因素后，我得出结论，布拉德利可能患有轻度孤独症。然而，他的许多问题、行为和困难似乎更多地归因于焦虑、抑郁和愤怒管理问题。我还概述了注意缺陷多动障碍的主要特征（如注意力受损和过度活跃），并根据布拉德利在我评估期间的表现反驳了这一诊断。

至于两项企图与儿童进行性交流的指控，我指出，总的来说，即使他像我怀疑的那样患有轻度孤独症,也没有明显的精神原因会导致他认为他是在与年长一些的人进行角色扮演。因此,不存在以精神病为由进行辩护的可能性。根据给我的指示,我还考虑了布拉德利可能患有的轻微精神障碍是否会使他更容易在网上与他人进行角色扮演。我的结论是,总的来说,这种情况是可能的。他的社交圈有限、不合群、不善于交际,而且似乎不善于区分网络和现实生活中的友谊,这些都会促使他在网上与他人交往。我好奇为什么律师们会问这个问题,因为它与布拉德利的刑事责任无关。我怀疑是因为他们和我一样,不相信当事人的解释。他们在试探(例行询问,不是网络诱捕),希望法官能因为这些情况从轻发落。

作为一名专业人士,在我的证据中,我将避免对布拉德利的罪行做出判断。但就我个人而言,与凯的案件相比,我更愿意参与他的案件。是的,可以说如果没有诱捕,布拉德利可能不会犯下这些罪行。然而,关键在于,与凯不同的是,布拉德利是主动者:正是那种可以在《诱捕猎食者》中担任主角的罪犯。而在我看来,相比之下,凯至少有一部分是受害者。尽管他们都否认了这些指控(并不令人信服),但布拉德利的借口似乎更狡猾,更有心计。他甚至似乎把他的家庭医生和律师都卷入了他的骗局。

布拉德利被判有罪,判处三年监禁,并被要求进行性犯罪通报。通俗地说,就是遵守"性犯罪者登记册"规定,当事人被要求必须将自己的某些活动——例如出国旅行或搬入有未成年人的新家庭——告知警方,以减少未来发生虐待行为的可能性。

顺便说一句,我没有再收到那家律师事务所的任何指示。也许考文垂地区的所有罪犯都认识到了自己的错误;或者,也许律师们没有像他们希望的那样从我这里得到为他们的客户开脱的机会，于是他们去别处寻找了。我的诚实让我失去了工作。我是一个与"牛仔专家"截然相反的人（这很适合我，因为我是一个"印第安人"）。

在不透露布拉德利身份的情况下，我毫不犹豫地制作了一期YouTube视频来剖析他的案件。我能够在视频中表达一些正式的法庭报告中没有必要出现的见解，例如某些被告给我的感觉，以及一些任务给我带来的道德困境，这让我感到心情舒畅。我还在我们的法医论坛上向我的同行们介绍了这两个案例。他们对我一直在许多模糊地带苦苦挣扎给予了肯定，尽管到那时我已经处理了300多起刑事案件。

在与我的精神科医生同行进行哲学思考并为我的频道制作内容后，我终于意识到我的观点是失之偏颇的。即使我再做3 000个案例，有些案例在伦理上的混乱感也不会减少。一定程度的怀疑会一直困扰着我，但这不是重点。我必须**适应**不确定性，对系统中不可避免的缺陷更加宽容。我评估的是复杂、多面的个体，他们的诊断有时不容易被归类，他们的行为有时也不容易理解。如果不存在简单的答案，我不应该试图强求。爱因斯坦曾经说过："所有事物都应该尽可能地简化，但不能过度简化。"[1]我很喜欢这句话。

---

1 这句话并非爱因斯坦的原话，很可能是从他另外一句话断章取义而来的。他的原话应该是："不应否认任何理论的终极目标都是尽可能让不可削减的基本元素变得更加简单且更少，但也不能放弃对任何一个单一经验数据的充分阐释。"（It can scarcely be denied that the supreme goal of all theory is to make the irreducible basic elements as simple and as few as possible without having to surrender the adequate representation of a single datum of experience.）——编者注

我明白我的使命是成为刑事司法系统的一副眼镜。尽我所能，为法庭而不是为我自己，让案件变得不那么模糊。出现任何令人困扰的道德困境，我都有责任去面对。在那之后，无论法庭做出什么判决，我都必须接受。

别想太多，索霍姆。我当时这样告诉自己，现在我仍然不得不偶尔再告诉自己一次。你拥有一个迷人、多变、不可预测、复杂的职业。

尽管去做吧。

# 后记

撰写本书的过程更加开阔了我的眼界。我不得不翻阅几十份旧报告，来提取病人故事的细节。我对自己忘记的东西感到震惊，不仅仅是细节，而是整个案例。这不仅反映了我糟糕的记忆力，也反映了我承担的任务数量之多。我变得如此麻木不仁，以至于我的许多评估（这些评估会极大地影响病人的未来、他们的精神治疗和他们的受害者的正义感）在我的记忆中已经消失或融合在一起，这有点令人不安。然而，值得庆幸的是，这个过程帮助我重新想起了那些在我脑海中的故事。这也让我反思了法医精神病学家**到底**是什么这一问题的复杂性。我们评估和改造有精神障碍的罪犯（这是这份工作的核心），但是正如我逐渐意识到的那样，我们远不止于此。

我们是**山地救援人员**。我们拯救像阿德里安娜·德·席尔瓦这样的人的生命和理智，他们被淹没在未被发现的精神病中，在监狱里被忽视。

我们是**关系顾问**。我们为那些像亚丝明·卡恩那样,经常在象征或者实际意义上伤害了他们所爱的人的罪犯修复破裂的纽带。

我们是**代理父母**。我们为被拘留在医院的成年男女设定界限,他们需要改正自己的行为才能重新融入社会。这些病人中的许多人从小就没有受到过纪律约束、界限限制甚至爱的管教。就像毒贩雷吉·华莱士,他在偏执的精神病状态下,在公共汽车上袭击了一个陌生人,并且很难遵守我们病房的规则。

我们是**侦探**。我们筛选证据并评估被告,以获得证明精神病症状的证据(或说明缺乏证据)。我们必须确定包括谋杀在内的非常严重的罪行是不是由精神疾病直接驱动的。

我们也是**命运的代理人**。我们最终决定(或至少强烈影响法官的决定)被告的命运。在像亚丝明·卡恩这样的案件中,如果杀戮是在精神疾病急性症状的背景下发生的,我们会引导他们走上一条长期康复的道路并最终融入社会。在像阿诺德·戴维斯那样的案件中,犯罪行为不是由精神疾病引发的,而是在关系破裂、感到被拒绝、孤独感加剧、酗酒升级和嫉妒愤怒的背景下发生的,我们要确保罪犯受到刑事司法系统的严厉制裁。

我们是**胡话探测器**。我们必须说出对那些我们认为试图通过假装患有精神疾病或夸大精神疾病症状来欺骗系统之人的怀疑,例如被指控犯有数百万英镑欺诈罪的乌克兰前模特达莲娜·博伊科。我相信她是故意装哭,逃避参与法律诉讼,以躲避牢狱之灾。

我们是**沙袋**(最好不是字面意思,就像我当时被揍一样)。我们承受着许多人的愤怒和沮丧,他们希望抨击社会,因为社会边缘化和忽视了他们。比如乔丹·多里安,他差点在一场火灾中自杀并杀死他的母亲。还有帕梅拉·索恩,她需要更厚的皮肤:既能防止自己轻易被激怒,又能保护自己,以免在难过时进行频繁的自残。有时,这真的会留下血泊需要清理。

**我们是格斗训练的学生**。我们定期学习身体约束技术来控制具有攻击性的病人,以保证我们自己和其他住院者的安全。我们必须迅速果断地采取行动,以避免受伤,但也要人道地避免像洛基·本尼特这样的悲剧,这名精神分裂症患者于1998年10月在诺里奇的一个中度戒备的精神科病房中死亡,原因是药物过量和被工作人员长时间束缚。

**我们是赌徒**。有时,我们被迫根据有限的临床信息和不确定的情况来做出判断。在极少数情况下,我们甚至必须违背同事的意见,冒着失误和失去职业尊重的风险。例如斯特拉·劳伦斯的案例,我认为她的精神病症状太严重了,不能安全地从监狱释放,尽管她似乎是一个令人难以置信的恶作剧者。

**我们是顾问**。我们就极其复杂的精神健康问题向法官提供建议,并帮助他们在刑事审判中找到适当的处置方案。例如威尔士人巴里·马利根的案例,他在药物引起的精神错乱状态下刺伤了自己的脸颊和表妹的头部。考虑到巴里没有暴力犯罪前科,而且他的袭击似乎与吸毒直接相关,我说服法官使用社区令,要求巴里接受精神病治疗和戒毒康复治疗。这个结果看起来似乎是合理的。

我们是**"最后机会"酒吧的酒保**。我们拯救那些可能因不堪重负而锒铛入狱的人。我们给他们一个选择、一个证明自己的机会。就像丹泽尔·周的案子,他沉湎于历史的罪恶感中,喝醉后会以一种极其夸张和恼人的方式威胁自杀,给急救服务部门造成了大量不必要的麻烦。他没有被监禁,而是被判处社区令(尽管可悲的是,他后来断绝了后路,最终失败了)。

我们是**外交官和调解人**。在某些情况下,我们需要用理性的声音来平息和缓和局势,比如当乔丹·多里安因为我被迫阻止他离开,推我撞向他的衣柜时。我们必须像对待半职业综合格斗选手约翰尼·本森那样,通过谈判和安抚来解决问题。约翰尼在得知自己的弟弟去世后,在精神错乱的状态下挟持了我们。有时,我们必须用冷静的态度从那些狂怒的人那里获取信息。就像拉尔夫·赖利和他那脾气暴躁、戴着无指手套的父亲,由于他们不断抨击医疗行业和像我这样无能的精神科医生,对他们进行评估非常困难。

我们是**责任的承担者**。在我们分配有限资源的过程中,我们必须决定谁将需要在社区中获得高水平的持续观察和支持,以及至关重要的是,谁不需要。因此,我们被期望拥有预知能力;我们必须尝试预测我们的服务对象中哪些人会继续伤害或杀害他人,哪些人不会。我们的任务是防止类似埃尔金·史密森这样的悲剧案件发生,他杀害了他的三个伴侣并试图自杀,最终导致四肢被截肢。

我们有时会成为**替罪羊**。就像法国精神病学家达尼埃尔·卡纳雷利医生一样，她的一名患有偏执型精神分裂症的病人杀害了他祖母的伴侣，而她被判处一年缓刑和7 000欧元的罚款。

我们是**批评者**。我们会分析同行的证据，有时我们必须驱逐那些"牛仔专家"，因为他们会在贪婪的驱使下，为了委托方和付费方的利益而扭曲信息甚至真相，而不是为法庭保持中立客观。我怀疑过杰克·戈夫的案子就是这种情况，这名退伍士兵据称因创伤后应激障碍而对一名店主进行了种族攻击。

我们也是**自我批评者**。我们永远不能自满或傲慢，必须意识到自己的局限性。我们应该注意像罗伊·梅多医生这样的案例，他提供的有缺陷的证据导致萨莉·克拉克被错误地判处谋杀罪；梅多医生声称萨莉的孩子是被故意闷死的，尽管多年后证实他们死于婴儿猝死综合征。

我们是**系统中的齿轮**。我们评估、诊断和治疗危险的病人，从而保护社会和未来潜在受害者的安全。然而，我们往往看不到我们劳动的成果。

我们是**有选择性的叛徒**。在极端情况下，当生命受到威胁时，我们必须打破保密原则。我不得不透露哈利·杰克逊与魔鬼交易的秘密妄想，以及他打算跳到9路公交车前自杀的想法，以确保他的安全并对他进行强制收治。

我们是**治疗型领导者**。在灾难中，比如哈利自杀时，我们的职责是吸收彼此和团队的情绪。我们必须安抚，我们必须治愈。我们还需要进行自我反省并保持谦逊，以确保我们的服务无懈可击。我们必须识别并填补系统中的任何漏洞，以防止未来的悲剧发生。

**我们是学生**。对于那些极其迂回、错综复杂、模糊不清的案件，存在许多不同的有效观点，我们有义务进行研究和自我教育。这可能包括阅读判例法的细节，以及征求同行的第二意见。就像巴里·马利根的案例一样，他由药物引起的精神病及其与精神错乱辩护的关系让我和我的同事们感到困惑。

我们有很多面。

在撰写本书的近20年前，我获得了医生资格。大约15年前，我专攻精神病学。我专门从事与罪犯打交道的工作大约有10年了。直到我职业生涯的最近几年，我才意识到我们法医精神病学家有义务做得更多。

我们需要成为**教师和记者**。我们必须打开那些防越狱、带有指纹解锁功能、具有工业强度级别的巨大磁性门，揭示它们背后隐秘的世界。人们害怕他们不了解的事物。我们需要揭开法医精神病学的神秘面纱，以真正解决其体系中个体所背负的污名。光靠名人的故事是不够的。我们应该让人们了解我们大多数病人的沧桑经历和可怕背景，以解释为什么他们伤害他人、夺走不属于他们的东西。在此过程中，我们必须谨慎行事。我们应该抵制哗众取宠的诱惑，不要只转述血淋淋的犯罪细节。我们必须宣传那些成功的故事，以表明尽管困难重重，我们的病人仍然能够扭转他们的命运。

我的使命是为那些因精神疾病而受到严重伤害的人发声，因为精神疾病通常直接或间接地导致重复犯罪。我要为那些成年后大部分时间都在医院里被隔离或被关在监狱里的人代言，消除许多耸人听闻、通常由媒体渲染的误解。大约在撰写本书的一年前，我通过我的 YouTube 频道《心灵创伤者的精神科医生》开始了这一进程，该频道逐渐发展壮大。现在，我可以把本书加入我的"武器库"了。

我只希望阅读本书能像撰写本书一样使人有所启发。

# 致谢

感谢我的文学代理人，来自贝尔·洛马克斯·莫顿公司的凯蒂·富尔福德，感谢她不遗余力地支持我。感谢我的编辑，来自斯菲亚出版社的尼基·克兰，感谢她直言不讳，感谢她删除了所有没有进入本书最终版本的无趣笑话。感谢她所有的同事在我创作和塑造本书时给予的帮助。我爱我的父母和姐姐，感谢他们鼓励我的许多滑稽行为。感谢奈特·艾顿公司所有可爱的工作人员，他们帮助我通过电视屏幕与公众建立了联系。

向我过去和现在的所有同事致敬；我们关于精神障碍罪犯的多次讨论塑造了我的技能，使我听起来比实际上更聪明。

向我在爱丁堡大学的所有朋友致意，特别是那些尽管生活和养育子女很忙碌，但仍能抽空聚会的朋友。特别感谢他们中的一些人花时间观看和阅读我的材料，关注我的媒体工作并给予反馈。向我最近认识的朋友们——来自英国国家生育信托基金会的朋友和来自梅里希尔小学的家长们——致意。

特别感谢我的真实犯罪领域的同事和合作者，特别是来自英国犯罪大会的南希·鲍恩，她竭尽全力帮助我，还有肖恩·阿特伍德，他慷慨地使用他的播客为我做宣传。感谢我 YouTube 频道《心灵创伤者的精神科医生》的观众，是他们的鼓励帮助我度过了早期观看人数少得可怜的黑暗时期。请继续观看！非常感谢菲奥娜·盖伊，她是这个频道的幕后英雄，做了所有因我太忙而没时间做或无法胜任的基础工作。

最后但同样重要的是，我美丽的妻子里兹玛（又名维姬·吴）忍受了我所有无情的中年危机（从拳击到扑克，到脱口秀，到短篇小说，再到想成为视频博主），以及现在的这本书（还要忍受我关于间歇性禁食的唠叨）。我至少欠你 100 个睡前家庭时刻。我可爱的儿子们，卡姆兰和拉雅安，你们夺走了我的睡眠，侵蚀了我以前的派对时光，但也给了我最热烈的爱、最多的欢笑、最温暖的拥抱和最欢乐的打闹，这是我以往从未体验过的。